D0988631

NUEVOS Y NOVÍSIMOS: ALGUNAS PERSPECTIVAS CRÍTICAS SOBRE LA NARRATIVA ESPAÑOLA DESDE LA DÉCADA DE LOS 60

RICARDO LANDEIRA
LUIS T. GONZÁLEZ-DEL-VALLE,
Editores

NUEVOS Y NOVÍSIMOS

ALGUNAS PERSPECTIVAS CRÍTICAS SOBRE LA NARRATIVA ESPAÑOLA DESDE LA DÉCADA DE LOS 60

SOCIETY OF SPANISH AND SPANISH-AMERICAN STUDIES

©Copyright, Society of Spanish and Spanish-American Studies, 1987.

The Society of Spanish and Spanish-American Studies promotes bibliographical, critical and pedagogical research in Spanish and Spanish-American studies by publishing works of particular merit in these areas. On occasion, the Society also publishes creative works. SSSAS is a non-profit educational organization sponsored by the University of Colorado, Boulder. It is located in the Department of Spanish and Portuguese, University of Colorado, Campus Box 278, Boulder, Colorado 80309-0278, U.S.A.

International Standard Book Number (ISBN): 0-89295-051-X

Library of Congress Catalog Card Number: 87-61581

Printed in the United States of America

Impreso en los Estados unidos de America

PQ6144
.N84
1987

This text was prepared on the Xerox Star word processing system by Sandy Adler, Foreign Language Word Processing Specialist for the College of Arts and Sciences, University of Colorado, Boulder.

CONTENIDO

MAR 24 1995

MAR 28 1923

PREFACIO

No hace mucho que Juan Goytisolo se quejó, entre otras cosas, de la poca atención que ha merecido la literatura española en los últimos ciento cincuenta años fuera de España.[1] Al hacerlo, Goytisolo detectaba como imágenes preestablecidas de lo español constituyen un obstáculo en la publicación de traducciones de ciertos textos españoles que podrían facilitar que se conociera a autores que no se ajustan a lo que se cree prevalente en España.

Si bien hay gran validez en las aseveraciones de Goytisolo, no está en manos de los críticos profesionales de la literatura española resolver la problemática planteada por este novelista. No lo está porque nuestra función es estudiar cuidadosamente los textos de que se dispone sin convertirnos en propagandistas. Lo que sí podemos hacer los críticos es crear una mejor comprensión de la literatura española a través de estudios rigurosos que si bien tienen un alcance limitado («en el pequeño ghetto de la erudición hispánica», si se usan las palabras de Goytisolo) no por ello dejan de constituir una sólida base para los que quieren separar la «paja del trigo».

Es en este espíritu, por tanto, que cobra vida esta colección de ensayos escritos por varios especialistas. En este tomo hemos deseado incluir artículos que, utilizando cualquier metodología crítica válida, consideren aspectos específicos de una o más obras de autores de las dos últimas décadas. Nuestra intención es darle ímpetu — y a veces iniciar — a un diálogo profesional sobre un grupo de escritores cuya obra se ha desarrollado en los últimos años de Franco y durante la democracia más reciente, novelistas cuyas creaciones responden en poco a las ideas que hasta la fecha prevalecen sobre lo español en ámbitos no especializados. No se ha pretendido, sin embargo, dar una visión equilibrada de la novelística española más reciente.

Concha Alborg escribe uno de los dos ensayos panorámicos más detallados de esta colección. «Cuatro narradoras de la transición» enfoca la década 1975-1985 a través de las obras de Cristina Fernández Cubas, Lourdes Ortiz, Rosa Montero y Soledad Puértolas. En las novelas de estas narradoras que se distinguen por su originalidad creativa, su individualidad estilística y su diversidad temática pero que comparten una idéntica dinámica fictiva, Alborg descubre un mínimo de innovación en la novela actual. A ésta la caracteriza, en cambio, como una evolución del género que no rompe totalmente con la novelística del período político anterior sino que opta por un paulatino despojamiento de ataduras sociopolíticas y

7

clichés feministas, sustituyéndolos por un predominio de la fantasía donde reina casi únicamente la imaginación.

El ensayo de Janet Pérez, «Rhetorical Structures and Narrative Techniques in Recent Fiction of José María Guelbenzu», forma parte de una gavilla de tres artículos, además de una sección parcial de un cuarto trabajo (vid. G. Gullón «El novelista como fabulador de la realidad»), dedicados a este destacado y fecundo novelista. En su crítica Janet Pérez examina topoi, estructuras, técnicas y diversos otros elementos retóricos (parodias, alegorías, mitologías) que constituyen lo más característico de su producción. Así mismo se ocupa de este autor Gemma Roberts en «Amor sexual y frustración existencial en dos novelas de Guelbenzu». Son objeto del análisis de Roberts *La noche en casa* y *El río de la luna*, siendo su interés por ambas la ilustración de cómo diversos conflictos sicológicosociales sirven para impedir el amor de toda índole entre hombre y mujer en los años que les toca vivir. Ensayo monográfico, enfocado sobre una sola novela, es el de David K. Herzberger, titulado «The 'New' Characterization in José María Guelbenzu's *El río de la luna*». En él Herzberger mide, explica y delinea la importancia central que en manos de Guelbenzu ha logrado recobrar el personaje novelístico. Sirviéndose del protagonista de esta novela ganadora del Premio de la Crítica de 1981, Herzberger demuestra como uno de los grandes aciertos de Guelbenzu es su creación de personajes complejos pero creíbles y memorables.

El primero de los dos trabajos de Germán Gullón, «El novelista como fabulador de la realidad: Mayoral, Merino, Guelbenzu . . .», coincide en dos conceptos muy importantes con el anterior de Concha Alborg. En primer lugar la ubicación cronológica es la misma, los últimos diez años de la novelística española; segundamente, las conclusiones que obtenemos de ambos convergen en sus aspectos claves. Esto es, que la narrativa de nuestros días se ha despojado de las trabas que durante tantos años la mantuvieron cabizbaja y titubeante por razones no sólo políticas y sociales sino también experimentales. Interesante, pues, resulta comparar estos dos ensayos inaugurales cuyos límites son parejos pero cuyos sujetos son diez escritores (además de los tres anunciados en el título, Gullón atiende a los leoneses Luis Mateo Díez, Julio Llamarzares y Juan Pedro Aparicio) de indiscutible individualidad. En su segundo ensayo, «El reencantamiento de la realidad: *La orilla oscura* de José María Merino», Gullón reincide sobre este novelista en un ahondamiento cuya intención es revelar la tupida red de interreferencias textuales, método que facilitará el entendimiento de esta última entrega de Merino.

A la novelista catalana Ana María Moix, acaso tan bien conocida como José María Guelbenzu, corresponden otros tres ensayos.

El de más abarcamiento en cuanto a novelas escrutadas nos lo brinda Catherine G. Bellver en «Division, Duplication, and Doubling in the Novels of Ana María Moix». Bellver explora en *Julia* y *Walter ¿por qué te fuiste?* la función de la técnica del *doppelgänger* o del desdoblamiento de la personalidad y la miríada de complicaciones comprendidas en este fenómeno cuyas resultantes parecen siempre ser la alienación y el fracaso. C. Christopher Soufas, Jr., haciendo hincapié en la primera novela de Moix pretende demostrar el valor emblemático de *Julia* como obra «anti-establishment». «Ana María Moix and the 'Generation of 1968': *Julia* as (Anti-)Generational (Anti-)Manifesto» resulta ser un acercamiento sociológicoliterario que eficaz y convincentemente ilustra como esta obra, mediante el conflicto entre generaciones en ella contenido, es paradigma de las flaquezas políticas, éticas y sociales de una nación en estado de cambio. Linda Gould Levine elige como tema de su ensayo la recién editada (1985) colección de cuentos de Ana María Moix. Titulado «Behind the 'Enemy Lines': Strategies for Interpreting *Las virtudes peligrosas* of Ana María Moix», el trabajo de Gould Levine nos suministra una serie de claves con las cuales interpretar los cinco cuentos reunidos en este tomo, todos ellos colmados de interrogantes. Así nos ofrece esta investigación la oportunidad de colegir dos géneros hermanos, la novela y el cuento, y comprobar los tientos y diferencias entrambos de modo sumamente novedoso y útil.

El estudio de Luis González-del-Valle nos ofrece una visión general—panorámica—de las trece novelas de Ramón Hernández, vinculando las unas con las otras e identificando varios de sus elementos más significativos.

Tres escritores que todavía no han alcanzado la difusión de los ya atendidos pero merecedores de igual admiración por la valía de sus respectivas novelas son Juan José Millás, Pedro Antonio Urbina y Esther Tusquets. Echando mano de las cinco novelas que hasta ahora ha publicado el primero, Gonzalo Sobejano explora en «Juan José Millás, fabulador de la extrañeza» la condición de anormalidad que poseen las situaciones de sus novelas y el efecto enajenador resultante de esta extrañación. Tal enfoque, que por añadidura abarca la totalidad de una producción narrativa, entrega al lector una visión de conjunto no sólo sintética casi por definición sino también interpretativa e iluminadora. Igualmente seminal es «Themes, Style and Structure in the Novels of Pedro Antonio Urbina» de la pluma de Kessel Schwartz. Las ocho novelas que Urbina (Schwartz hace caso omiso de la primera dignándola infantil) publica entre 1967 y 1979 son blanco de un prolongado examen temático, estilístico y estructural. A través de este análisis tripartito Schwartz rescata una visión del microcosmo absurdo si bien verosímil ideado por Pedro Antonio Urbina. Gonzalo Navajas por su parte aporta sobre otra novelista catalana el ensayo «Repetition and the Rhetoric of Love in Esther

Tusquets' *El mismo mar de todos los veranos*. En este trabajo detalla el crítico las múltiples implicaciones filosóficas y estructurales que la técnica de la repetición comporta en la novela en cuestión. Difícil, pero original y bien pensado resulta ser el ensayo escrito por Gonzalo Navajas acerca de esta importante pero poco conocida narradora.

Ricardo Landeira
Luis T. González-del-Valle

Otoño de 1987

NOTA

[1]«Captives of Our 'Classics'», *The New York Times Book Review* (26 de mayo de 1985), pp. 1, 24.

CUATRO NARRADORAS DE LA TRANSICIÓN

Concha Alborg
Saint Joseph's University

De acuerdo con la encuesta publicada recientemente en *Insula,* no existe una nueva novela que haya surgido en estos diez años de la democracia—o en otros términos, de la llamada transición política.[1] Existen, eso sí, novelas nuevas y escritores jóvenes que han comenzado a publicar desde 1975; pero como bien se sabe, los cambios intelectuales y políticos no coinciden exactamente.[2] Sin embargo, en el mismo número de la revista mencionada, varios críticos pueden ver caraterísticas y tendencias que son evidentes en la novelística contemporánea; no como ruptura con la anterior sino evolución, o sea: novela en transición de la transición.

Gonzalo Sobejano destaca, además de una variedad evidente, el interés por la autocrítica de la escritura, o la metaficción y las novelas donde predomina la fantasía; otros tipos de novelas que menciona este crítico son la histórica, la lúdica y la poemática, que definiremos más adelante. Santos Sanz Villanueva enfoca su mirada en el realismo de las últimas novelas y Rafael Conte afirma que en esta época de post modernidad existe una total libertad de temas y formas que dejan el campo completamente abierto a los nuevos narradores.[3]

Un rasgo que es evidente en la novela contemporánea es la aparición de un grupo de narradoras jóvenes que se distingue por su originalidad creativa. Ymelda Navajo ha seleccionado a varias de éstas en su antología, *Doce relatos de mujeres* (Madrid: Alianza, 1982).[4] Inicialmente se puede observar en ellas algunos rasgos en común: varias son catalanas, casi todas se dedican al periodismo, la crítica o la enseñanza y todas ellas sienten una conciencia feminista presente en su narrativa; lo que Marcia Holly llama «consciousness».[5] Pero, aunque sus experiencias vitales sean parecidas, sus estilos no lo son. Sus obras demuestran una variedad total de puntos de vista narrativos, de creación de los personajes—tanto masculinos como femeninos—y del uso del lenguaje. Centrándonos en cuatro de estas narradoras: Lourdes Ortiz, Cristina Fernández Cubas, Soledad Puértolas y Rosa Montero, que merecen ser destacadas por su individualidad estilística y por su diversidad temática, se podrá observar que también las nuevas novelistas cultivan los diferentes tipos de novela ya mencionados como representantes de la transición política.

La lista de publicaciones de Lourdes Ortiz Sánchez demuestra la variedad de sus intereses: ha escrito en revistas sobre temas de literatura y sociología, ha hecho traducciones del francés (*Las tentaciones de San Antonio* de Flaubert), ha publicado un libro de niños — *La caja de lo que pudo ser* —, una farsa poética — *Las murallas de Jericó* —, varias obras de crítica y cuatro novelas.[6]

El título y la estructura de su primera novela, *Luz de la memoria* (1976), se basa en el epígrafe de Cernuda: «Tú rosa del silencio, tú, luz de la memoria», puesto que gran parte de la narración está en segunda persona y comprende los recuerdos del protagonista. Enrique, un joven de 29 años, se encuentra recluído en un sanatorio psiquiátrico después de haber sufrido una crisis emocional. A través de las deposiciones que su familia hace a los médicos, se dejan ver las raíces de sus problemas.[7] Desde niño se sintió marginado de su padre que prefería a los otros dos hermanos: «Siempre ha sido un chico raro. Desde pequeño era distinto: menos abierto, más difícil que sus hermanos. Mi marido me decía muchas veces, 'Con éste vamos a tener problemas'» (p. 27). Sus ideales contrastan con la vida acomodada, burguesa, intransigente, de sus padres que reflejan la situación socio-política del franquismo. Es significativo que Enrique sea el único que siente responsibilidades políticas en su casa; sus atormentados pensamientos se combinan eficazmente en el texto con las transcripciones de la matanza en Viet Nam del teniente Calley (pp.67-68) y con las actas del Proceso de Moscú de 1938 (p. 59).

Su crisis se manifiesta con la pérdida del habla, lo cual es un hecho simbólico puesto que Enrique pertenece a una generación que no tuvo ni voz ni voto. Tampoco dice nada cuando, para cubrir las apariencias, se tiene que casar con Pilar que está embarazada. Y permanece callado ante las libertades de su mujer que comparte el lecho con Carlos, el mejor amigo del marido. Cuando sale «curado» del sanatorio, su actitud es el aceptar, sin comentarios, las insinceras muestras de cariño de su familia y la separación de su mujer que se ha ido definitivamente con el otro.

En la superficie, Enrique se adapta a los cambios sociales: experimenta con drogas y diferentes estilos de vida — sugerencias de Pilar — y vive con un grupo de gente joven en Ibiza. Pero en sus pensamientos está claro que sigue enamorado de Pilar y que la desea, no como una manifestación de esa vida liberada, sino como una esposa tradicional.

Al nivel lingüístico se manifiesta la ambivalencia de esa generación; valga esta perorata sobre la palabra «rollo» como ejemplo:

> Cuestión de enrollarse. Eso ha sido lo nuestro: estar
> en el rollo. jo, no ten enrolles; tienes rollo para rato. ¿A
> ver quién encuentra más acepciones? Todo lo nuestro
> es cuestión de rollo, ¿qué os apostáis? En el sesenta
> y cuatro cuando alguien estaba en el ajo, en la cosa
> de la lucha, decíamos: ése también está en el rollo y,

12

¿qué decimos ahora, qué decís ahora cuando alguien le da al asunto? ese conoce el rollo, le gusta el rollo. Todo es cuestión de rollo, nuestro propio rollo ¿Cúal de vosotros no se ha enrollado nunca? Todo lo mío ya sabéis que es enrollamiento. (p. 160)

No hay nada en esta novela que sugiera que su autor sea una mujer. Su punto de vista predominante es el masculino del protagonista y, sobre todo, en el uso del lenguaje que utiliza expresiones vulgares y palabrotas, como en este recuerdo de sus días de demonstraciones políticas:

> — ¿Sabes cuál es la causa de que esto se mantenga, de que esto sea eterno y nos joda a todos bien jodidos? Te lo voy a decir yo: aquí hay mucho miedo, aquí el que más o el que menos se caga de miedo. ¡Ya me gustaría a mí veros a vosotros con un arma en la mano! Si de una puñetera vez nos decidiéramos y pasáramos a la acción directa! ¡ya verías cómo los que iban a empezar a estar acojonados iban a ser ellos! ¡Pero no señor! Preferimos hacerlo todo de boquilla. (p. 73)

Otros recuerdos de su torturada juventud recurren en su memoria, como el del suicidio de una criada que se tiró al patio de su casa (pp. 70-72), suceso que preludia el final de la obra cuando también Enrique cae de una torre a su propia muerte.

Luis Suñén interpreta la problemática de los jóvenes como Enrique de acuerdo con los que «... desarrollan su peripecia antes del comienzo de la transición política, antes de la muerte de Franco, pero que ejemplifican muy bien lo que la sociedad de esos años, lo que la vida española, lo que el franquismo también, en definitiva, supuso en la vida de unos jóvenes nacidos en una sociedad como la española».8

Otra novela de Lourdes Ortiz, *En días como éstos* (1981), está relacionada con *Luz de la memoria*. De nuevo aparece el matiz típicamente masculino de la obra anterior, con los conocimientos de la pesca, las armas y con su tema en general. También los protagonistas son jóvenes, aunque éstos sean trabajadores y gente del campo, que viven marginados de la sociedad por sus actividades políticas. Se trata de unos terroristas que viven escondidos, perseguidos, luchando violentamente por unos ideales un tanto indefinidos. Sin las referencias históricas de la novela anterior no es posible discernir ni el tiempo ni el lugar de la acción; por lo tanto esta obra, pese a la urgencia de su título, carece del testimonio social que era evidente en *Luz de la memoria*.

13

El interés de esta novela se centra, pues, en el dramatismo de las situaciones: la persecución por el monte, la captura en la granja, la huída de la cárcel y la redada final donde los enemigos no eran otros que sus mismos compañeros. El suspense se mantiene con eficacia en esta novela densa y compacta donde nada es supérfluo. Los personajes están bien caracterizados; entre ellos se destaca Toni, que por medio de monólogos interiores nos deja ver la complejidad de su carácter. Desafortunadamente, cuando pierde sus deseos de luchar y quiere volver a su pueblo, ya es tarde y su muerte llega inalterable — Lourdes Ortiz tiende a los finales trágicos — tal como él había previsto: «Pensé en Agustín y en Jorge. Todos iban cayendo. Cualquier día él también, él y Carlos dejarían de necesitar ropas secas, algún día un agujero rojo en la espalda o en la frente, como en el caso de Marta» (p. 29).

Contrasta el tono comprometido de estas dos novelas con *Picadura mortal*, 1979, la cual, según la solapa, pertenece al género de «la novela negra» y es una historia policíaca. Lourdes Ortiz parece tener una intención feminista al invertir el papel tradicional de un detective por el de una mujer, Bárbara Arenas, que va a Canarias para solucionar el misterio de un desaparecido industrialista. En primera persona, de una forma subjetiva, la protagonista narra los sucesos. Sus acciones, presentadas con humor y cierta espontaneidad, son las típicas de un hombre detective: ella es muy astuta, sabe defenderse y sabe disparar. Los modelos sexuales masculinos sirven para esta mujer que está interesada en encuentros fugaces: «No estaba mal Chema. La hierba me pone romántica, aquel muchacho tenía un no sé qué y, de vez en cuando, se puede echar una canita al aire ...» (p. 129). Tampoco le importa hacer uso de sus atributos femeninos para salirse con sus fines: «Le miré con esa coquetería que quiere decir: 'Me muero por tus huesos'. Es inverosimil, pero los hombres en general están siempre dispuestos a creerse cosas de ese tipo. Es un viejo truco que siempre me ha funcionado y confiaba que la suerte que me había hecho ganar a la ruleta no me abandonara» (p. 89). Como es de esperar en una novela policíaca, todos los personajes son sospechosos; en ese mundo decadente cada uno de ellos tiene su secreto de amoríos, drogas y chantajes que se solucionan con el consabido final sorprendente.

Se ha destacado el interés por la novela criminal en esta época de transición; en esto Lourdes Ortiz se distingue al haber creado la figura del detective femenino.[9] También sigue las corrientes actuales al escribir una novela histórica, *Urraca* de 1982, que es un libro notable. Basada en la vida de la reina Urraca de Castilla y León (1109-1126), la madre de Alfonso VI, quien acaba usurpándole el trono. La novela está estructurada en forma de diálogo; la reina Urraca se dirige a un monje, que casi nunca responde, quien le trae la comida mientras ella está encarcelada en un monasterio. Siguiendo fielmente los hechos históricos, se dejan ver las rencillas políticas, la ambición y los prejuicios de la época medieval. Un lenguaje arcaizante contribuye a recrear la veracidad histórica: «Carretas desvencijadas y asnos infinitamente viejos a los lados del camino; asnos que portaban el agua como si la mecieran . . . Quizá fue entonces cuando la voz del almuédano se dejó oír sobre las bóvedas blancas de la ciudad; quizá fue entonces cuando Bernardo, desairado, blandió su cruz de madera por encima de marranos y muslines« (p. 15).

Se destaca, sobre todo, el personaje de la reina; una mujer fuerte, ambiciosa e independiente, que prefiere la muerte a volver a una corte donde ella ya había perdido el poder:

> No es débil quien reina, sino el lobo; no hay cabida en el corazón de aquél que controla los destinos de los demás para la tristeza o la clemencia, para la compasión o la ternura; uno elige mandar y, si es el mando lo que produce el goce, debe llevar hasta el final las consecuencias de lo elegido. Por eso ahora, encerrada en este monasterio que es el reflejo de la Torre de Luna donde mi padre encerró a García, sé que, si he perdido, es porque en algún momento vacilé, me equivoqué y dejé de controlar los hilos. (p. 18)

Aparte de su papel mítico de la mujer guerrera, gran parte de su caracterización se basa en su sexualidad lasciva.[10] El monje escucha los detalles de las relaciones de Urraca con sus maridos y amantes y también él, la desea; la escena de la última noche juntos es atrevida y elocuente (pp. 205-206). No cabe duda que desde el punto de vista feminista, ésta es la novela de Lourdes Ortiz que más contribuye a crear un personaje admirable y original.

Ya vimos que una de las tendencias de la novela de la transición era un predominio de la fantasía; en este aspecto se distingue la narrativa de la catalana Cristina Fernández Cubas que ha publicado hasta la fecha un libro de literatura infantil, *El vendedor de sombras*, dos colecciones de relatos cortos y una novela.[11] Los dos libros de cuentos, *Mi hermana Elba* (1980), y *Los altillos de Brumal* (1983) tienen muchos rasgos en común. En su forma, ambos constan de cuatro narraciones cada uno, narradas todas en primera persona por personajes —aparentemente— diferentes; en sus temas, existe una predilección por el elemento sobrenatural y metafictivo.

«Lúnula y Violeta», en el primer libro, está narrado por Violeta, una escritora que se transforma en su amiga, a la vez que Lúnula continúa su escritura. Sus papeles se cambian cuando Violeta se queda en la casa de campo y Lúnula se va a la ciudad en una situación totalmente opuesta a la del comienzo. Una nota del editor añade que más tarde se encontró el cuerpo de una mujer con las iniciales de «V.L.» bordadas en las camisa y la gente del pueblo recuerda vagamente a una señorita Victoria y a una tal señora Luz, ¿o era su nombre Victoria Luz? Este inquietante ambiente de misterio se mantiene en todo el libro. El lector tiene un papel importante en esta obra al verse forzado a descifrar situaciones como ésta y como la de «La ventana del jardín» donde no se sabe si los padres de Tomás Olla son crueles carceleros o abnegados veladores del enigmático niño. El narrador, un antiguo conocido de la familia, descubre que el hijo de sus amigos se comunica con sus padres por medio de un lenguaje arbitrario; su nombre para ellos no es Tomás, sino Olla. En otro final sorprendente, cuando el narrador está convencido de que debe ayudar al chico, se da cuenta de que él es el único que ve algo extraño en la situación, hasta el taxista se refiere a Tomás como «Ollita».

El relato más logrado es el que titula al libro «Mi hermana Elba».[12] Una narradora adulta recuerda su adolescencia; de la manera más normal escribe en su diario las experiencias en un internado de monjas, los veranos en la playa y los poderes sobrenaturales que su hermanita compartía con ella. Las niñas tampoco parecen preocuparse por los problemas de sus padres y la narradora ejemplifica el egoísmo de sus años el día en que Elba muere de un accidente. La anotación en su diario para aquel día del verano de 1954 lee: «'Damián me ha besado por primera vez.' Y, más abajo, en tinta roja y gruesas mayúsculas: 'Hoy es el día más feliz de mi vida'» (p. 93).

Este relato se relaciona con el que titula el otro libro Los altillos de Brumal.[13] Además de servir de título, de ser también el tercero de la colección y de tomar lugar en las mismas fechas, su narradora se parece mucho a la adolescente de «Mi hermana Elba». Pero el punto de vista predominante en «Los altillos de Brumal» es el de la mujer adulta que evoca su pueblo natal; un lugar misterioso que ha dejado de existir en los mapas. Allí los niños hablaban leyendo las palabras de derecha a izquierda y allí se vuelve Adriana en busca de su pasado con su nuevo nombre «Anairda». De nuevo es evidente el elemento fantástico que se confunde con lo cotidiano como parte inseparable de lo real. Se crea este efecto otra vez en «El reloj de Bagdad» de este mismo libro, donde reaparece la narradora adolescente que narra con la mayor naturalidad los sucesos más extraños. El lector se esfuerza por encontrar una explicación racional a lo que sucede, mientras que la narradora se indentifica con Olvido—la vieja criada que parece una bruja—aceptando el hechizo del antiguo reloj cuasante del incendio de su casa.

Anteriormente indicamos que los narradores de estos relatos eran diferentes sólo en apariencia, porque al examinarlos en conjunto se puede observar una dinámica narrativa entre ellos. Además de la narradora feminina que hemos analizado en estos últimos relatos, existe un narrador masculino — ya lo vimos en «La ventana del jardín» — en «El provocador de imágenes» (*Mi hermana Elba*) y en «En el hemisferio Sur» (*Los altillos de Brumal*). Bajo este otro punto de vista, predomina un tono irónico, casi cínico que dista mucho de las otras narraciones. Este narrador más que protagonista de sus relatos es el antagonista. Se distingue un ambiente extranjero en «El provocador de imágenes» que recuerda al mundo esóterico de Borges. No es posible definir aquí si Ulla Goldberg es víctima o verdugo de José Eduardo E., el amigo del narrador (nótese lo borgiano de los nombres). En «En el hemisferio Sur» hay un caso más de desdoblamiento de una escritora que se transforma en otra novelista muy famosa: Sonia Kraskowa.

En el relato que nos falta analizar, «La noche de Jezabel» de su segunda colección, se superponen la narradora feminina con la ironía y el antagonismo típicos de su narrador masculino. Jezabel — como sugiere su nombre bíblico — es una mujer atrevida que se invita a cenar en casa de la narradora. Allí los invitados cuentan diferentes historias que se combinan para crear varios niveles ficticios. Una tempestad que corta la luz (estropeando la comida) ayuda a crear un ambiente de suspense intensificado con la presencia de la invitada desconocida de todos. Además de la originalidad argumental y las técnicas narrativas mencionadas es necesario señalar la maestría del lenguaje de Fernández Cubas; su prosa es nítida, precisa, expresiva y al mismo tiempo rica en alusiones culturalistas.

Su reciente, y única novela hasta ahora, *El año de Gracia* (1985), nos sorprende por su marcada diferencia temática. Se trata de una novela de aventuras al estilo de *Robinson Crusoe* o *La isla del tesoro*, pero situada en pleno siglo XX. Sin entrar en el mundo esóterico y fantástico de sus relatos, se incorporan elementos oníricos y extraños creando un ambiente de misterio. El lector sabe que el protagonista — un exseminarista llamado Daniel — sobrevive el naufragio y las aventuras en la isla, puesto que es él quien escribe sus recuerdos, pero el suspense se mantiene eficazmente a través de la narración.

De forma tradicional, dividida en tres partes y un apéndice, el argumento es prototípico del género de novela al que pertenece. El joven narrador deja el seminario, y con la ayuda de su hermana Gracia, se decide a pasar un año en búsqueda de aventuras. Después de unos meses de vida en París, donde enamora a Yasmine, se embarca en Saint-Malo con el sospechoso capitán Jean y el siniestro egipcio Naguib. El viaje por alta mar no está ausente de peripecias dignas de un principiante como él. En medio de una tormenta naufraga y milagrosamente despierta en una isla inhospitable donde subsiste con unos pocos enseres rescatados del barco y bastante astucia. La isla está contaminada por un experimento nuclear y en ella habita un pastor medio salvaje, Grock, que le cuida y atemoriza al mismo tiempo. Por fin una expedición rescata al naúfrago. El final feliz convencional—Daniel se casa con una colegiala recién conocida—no sorprende al lector quien está completamente inmerso en ese mundo de las aventuras inverosímiles.

Santos Alonso ve este tipo de novela que acepta modelos del siglo XIX desechados anteriormente, como característica de la transición; al igual que Alejandro Gándara, aunque este último no lo vea, necesariamente, como algo positivo.[14] A pesar de sus convencionalismos, esta novela de Fernández Cubas tiene un aire de modernidad logrado en parte por la caracterización pseudomítica del protagonista. Por sus reflexiones metafictivas pertenece al siglo XX y como un hombre culto que es, revisa la forma de sus memorias y está consciente de su papel de narrador; a menudo se dirige al lector:

> Pido perdón, al hipotético lector, por los frecuentes saltos de humor que jalonan, desde su inicio, el relato de mis andanzas. En aquellos sombríos días yo escribía para mí; para conjurar el fantasma de la locura; para olvidarme que bastaba un solo momento de resolución y mis pesadillas y, sobre todo, yo mismo pasaríamos felizmente a mejor vida. . . . (p. 99)

Pero por su afán de aventuras su lugar corresponde con los héroes del siglo pasado: «. . . por las noches, me gustaba imaginar que era aún náufrago, que mi fiel amigo dormitaba a mi lado y que, a lo mejor, al despertar, me encontraría de nuevo en la apacible Isla de Grock» (p. 184).

Soledad Puértolas Villanueva es otra narradora que como Cristina Fernández Cubas—con quien tiene rasgos en común—promete mucho.[15] Su primera novela, ganadora del premio Sésamo 1979, *El bandido doblemente armado*, es un libro bello, original, muy estilizado. Sus diez capítulos, titulados cada uno, podrían leerse como cuentos independientes, aunque tienen, evidentemente, a la familia Lennox como hilo conductor. La pieza primordial de la obra es el narrador-testigo, el amigo íntimo de uno de los hijos que nos presenta a los diferentes miembros de la familia conforme él se relaciona con ellos. Se indica en el prólogo de la novela—a Soledad Puértolas le gusta mucho explicar su obra—que el narrador es el verdadero protagonista.[16]

Como personaje es un tanto enigmático; su caracterización es implícita puesto que no sabemos ni su nombre ni nada de su propia familia. Es escritor, es soltero, vive solo, es parco de palabras y trata de ser objetivo en su narración, aunque dificilmente lo consiga. Es

18

manifiesta, por ejemplo, su simpatía al señor Lennox, el vaquero como él le llama; un hombre fiel y comprensivo que apoya a los cuatro hijos de su esposa como si fueran los suyos propios. También se siente atraído a la legendaria señora Lennox y estuvo enamorado de Eileen, la hija mayor; pero es su relación con Terry la que predomina. Los dos fueron amigos desde los días del colegio cuando formaron el club de los buscadores de oro y pasaban las tardes del domingo en la impresionante casa de los Lennox.

Terry podría ser «El bandido doblemente armado» del título puesto que es él quien, como si estuviera aburrido de su vida aristocrática, se busca líos que le mantienen marginado de su familia. Pero otros personajes también llevan una vida doble; James es infiel a su esposa que a su vez se entiende con Terry, Eileen tampoco es fiel a Luigi y Linda, la menor de la familia, tiene sus inquietudes. Inclusive el narrador, pese a sus supuestas dotes de observador y escritor, no se percibe del amor que Linda sintió por él.

El valor de esta novela es puramente estético y radica en su tono intimista que nos acerca a estos fascinantes personajes. Según la definición de Sobejano, esta novela, como *El año de Gracia* de Fernández Cubas, serían ejemplos de novelas poemáticas: «la que aspira a ser por entero y por excelencia texto creativo autónomo».[17] Puértolas, como ella hubiera deseado, ha logrado crear un pequeño mundo que creemos conocer tan de cerca como su propio narrador: «Escribir, describir, son actos de elección y convención y poco tienen que ver con los valores de la realidad. ¿Objetividad? ¿Subjetividad? ¿Verdad? ¿Mentira? Todo es mentira en literatura, y eso no importa si al final se consigue la sensación de verdad».[18]

El resto de la obra de Soledad Puértolas es un excelente libro de cuentos, *Una enfermedad moral*, de 1982.[19] De carácter muy diverso, los relatos presentan anécdotas a modo de «vignettes» con finales a menudo abiertos, y todos tratan — según la autora — de una cuestión moral. Es de notar, sobre todo, su habilidad en crear ambientes diferentes. Varios cuentos tienen lugar en el extranjero — «Un país extranjero», «Koothar», «Contra Fortinelli» y «En el límite de la ciudad»—; algunos se sitúan en el pasado (específicamente en el siglo XVII, un tiempo predilecto de Puértolas) — «La vida oculta» y «La orilla del Danubio»—; y otros están desarrollados en un lugar indefinido similar al de *El bandido doblemente armado* — «La indiferencia de Eva», «La llamada nocturna» y «Una enfermedad moral», que titula al libro.

Se destaca por su subjetivismo, el último de la colección, «El origen del deseo» que es el único que tiene lugar en España y es autobiográfico. La narradora — trasunto de la autora — nos descubre un secreto de su infancia: los extraños vecinos que se emborrachaban todas las noches y con los que nunca se trataron, eran parte también de su familia. Este descubrimiento la deja perpleja y le hace reflexionar sobre su propia existencia:

> Aquellos hombres altos y vestidos de oscuro que yo no había llegado a ver jamás, habían encarnado para mí, con sus correrías nocturnas, el misterio de la vida. Y cuantas veces los busqué inútilmente a través de la mirilla de la puerta, sentía vibrar la vida en mi interior. Pero el descansillo siempre estuvo vació para mí. Pasados tantos años, tuve que preguntarme si el descansillo no estuvo, también, siempre vació para ellos. Y supe que, lo que desde el interior del piso de mi abuela me arrastraba hacia ellos, era, en parte, ese temor. (pp. 162-63)

Se ha comentado que la autobiografía es típica de la literatura escrita por mujeres y es cierto en las novelistas españolas de la posguerra; pero esto no es tan manifiesto con este grupo de narradoras nuevas. Inclusive, cuando hay detalles autobiográficos en sus obras, el enfoque tiende a ser más práctico que sentimental. Los temas que las conciernen son los que atañen a la mujer de hoy: ya sea el aborto o la carrera. Esto es evidente, por ejemplo, en la obra de Rosa Montero.

Rosa Montero es la novelista del grupo de las nuevas narradoras que ha conseguido mayor difusión popular. Su obra ha tenido un gran éxito editorial con la aparición de varias ediciones de cada una de sus tres novelas.[20] La primera, *Crónica del desamor*, 1979, a pesar de sus fallos, ya deja ver algunos de los rasgos que van a caracterizarla.[21] Ana es la protagonista, una madre soltera que trabaja en la redacción de un periódico. Su vida transcurre en un ambiente de tedio y de rutina que no le permiten salir adelante. Sus preocupaciones son las de una mujer liberada que tiene que bregar con un mundo que no la acepta.

La palabra «desamor» del título se refiere a la falta de verdadero cariño que sufren los personajes. Todas las mujeres son protagonistas de esa historia: Elena, que sufre sin atreverse a dejar a Javier; Candela, otra madre soltera; Ana María, insegura a pesar de su título de médico; la Pulga, con su serie de jóvenes amantes; Julita, separada del marido; Olga, experimentando con las drogas. Y, naturalmente, Ana; que después de varias relaciones amorosas frustradas, acaba con su jefe, Soto Amón, a quien había idealizado por mucho tiempo, sólo para cerciorarse de que también él era el prototipo de un hombre casado: incomprendido por su mujer a la que no puede abandonar a causa de los hijos . . . etc.

Las mujeres no son las únicas víctimas del desamor; también los ancianos y los homosexuales tienen que enfrentarse con sus propios problemas. En el caso de Ana hay un alivio que compensa por esa falta de afecto, puesto que es el amor de su hijo lo que la mantiene a flote. A ella puede faltarle un hombre, o un marido en su vida, pero tiene el apoyo de sus amigos y, últimamente, no se siente defraudada ante el futuro.

La palabra «crónica» tiene que ver con el libro que quiere escribir la protagonista: «Piensa Ana que estaría bien escribir un día algo. Sobre la vida de cada día, claro está . . . Sería el libro de las Anas, de todas y ella misma, tan distinta y tan una» (pp. 8-9). Después de la patética desilusión que experimenta con su jefe, Ana ha cambiado: «. . . quién sabe, recapacita ella con ácida sonrisa, puede ser un buen comienzo para ese libro que ahora está segura de escribir, que ya no será el recoroso libro de las Anas, sino un apunte, una crónica del desamor cotidiano, rubricada por la mediocridad de ese nudo de seda deshecho por la rutina y el tedio» (p. 273). Contrasta este final con el de la película que también con el título «Crónica del desamor» se estrena en la siguiente novela de Rosa Montero.

En *La función Delta*, 1981, Lucía es la narradora de su vida en dos épocas distintas: una semana cuando ella tenía treinta años y se iba a estrenar su primera película y unos meses del año 2010 antes de cumplir los sesenta, en el sanatorio donde se estaba muriendo de un tumor cerebral. Los capítulos que narran su vida de joven están denominados con los días de la semana y alternan con las fechas consecutivas de sus últimos días, creando una tensión temporal y un suspense dramático que culmina confundiendo los dos tiempos narrativos y a los personajes.

Si la novela anterior era una historia de desamor, ésta es una relación de los amores de Lucía por los tres hombres que formaron parte de su vida: Hipólito, Miguel y Ricardo, tres personajes memorables, convincentemente caracterizados. Hipólito se parece a Soto Amón; es un hombre casado, egoísta, que pese sus declaraciones de pasión no tiene intención de dejar a su mujer por Lucía. Miguel es el amante fiel, un hombre sensible y cabal con quien comparte los mejores años de su vida de adulta. Ricardo es el amigo de siempre, un solterón excéntrico que estuvo enamorado de ella en silencio y le acompaña en su agonía final.

Más que las preocupaciones feministas de Ana, Lucía se absorbe con las cuestiones metafísicas: la soledad en su juventud y la muerte al sentirse enferma. Sus inquietudes se acentúan por las crisis que está sufriendo y los cambios que experimenta en cada uno de los tiempos que forman parte de la novela. A los treinta años acaba de vacilar entre sus dos amantes decidiéndose por Miguel. Ante su muerte, se cerciora de la belleza de la vida y lo efímero del tiempo. Las últimas cincuenta páginas de la novela que describen su angustia existencial tienen un ritmo acelerado, dramático y son bellísimas. Rosa Montero nos sorprende con un lirismo sin clichés, ni sentimentalismos, dignos de una narradora cabal en pasajes como éste:

> Pese a todo siento en mi cuerpo tal avaricia de vida que me maravillo de mi insensibilidad de antaño, me maravillo de no haber sido capaz de calibrar en lo debido el gozo infinito que es tener un futuro ilimitado. Si pudiera recuperar todo aquel tiempo que he vivido embrutecida y sin conciencia de vivir, si hubiera ahorrado todos los días que despilfarré y quemé en el tedio, ahora tendría muchos años de tregua por delante. Pero es imposible porque me estoy muriendo. Escribo que me muero y no siento nada o casi nada. Es increíble la capacidad de anestesiarse que tiene el ser humano. Hablo de mi muerte como si no existiera, como si no fuera la mía, vaciando de comprensión mi conciencia. Claro que luego está el horror que me acecha de continuo, los pozos negros de espanto en los que a menudo caigo, cuando alcanzo a comprender mi muerte. (pp. 335-36)

Cabe preguntarse si, desde el punto de vista feminista, es esta buena literatura o no. De acuerdo con el criterio de Cheri Register, lo es si se preocupa por cuestiones de mujeres, si procura ser andrógina, si da modelos, si establece alianza entre las mujeres y si aumenta la conciencia de lo femenino.[22] Está claro, pues, bajo estas normas que Rosa Montero ha creado en Lucía y, sobre todo, Ana de *La función Delta* y *Crónica del desamor,* respectivamente, a dos personajes que, sin ser prototípicos, sirven de ejemplo para el lector femenino. La literatura feminista no trata de imitar la escritura de los hombres, ni de dar cualidades masculinas a los personajes femeninos — lo cual parece ser la intención de Lourdes Ortiz en *Picadura mortal* — sino que representa a una mujer triunfante y en equilibrio sin desesperación y en comunión con otras mujeres.

Ya hemos destacado el énfasis del tema metafictivo en la novela actual.[23] Los novelistas contemporáneos, tanto hombres como mujeres, se preocupan por el proceso de la escritura y, a menudo, es materia para sus novelas. Este es el caso de Lourdes Ortiz en *Luz de la memoria* y, especialmente, en *Urraca,* donde la reina era cronista de su propia historia. También se puede ver por el narrador-escritor en *El bandido doblemente armado* de Soledad Puértolas y es tan evidente en los relatos de Cristina Fernández Cubas como en su novela *El año de Gracia.*

En las dos obras de Rosa Montero que venimos analizando continúa esta tendencia. Ya vimos que Ana, periodista de profesión, es quien va a componer la crónica de las otras muchas Anas. Lucía, en

La función Delta, decide escribir sus memorias al enterarse de que se está muriendo. El proceso se complica cuando le da a leer unas páginas a Ricardo que se convierte en un crítico interno y censura algunos episodios por ficticios. El lector se encuentra ante diferentes grados de ficción y se percata de que Lucía, según Ricardo, omite detalles, cambia hechos y se apropia como suyos a sucesos de la vida de otros personajes. En el colmo de la ironía, la película que se estrena el domingo, titulada también «Crónica del desamor», tiene un final melodramático—Ana se suicida en un pantano—muy distinto al de la novela.

Aparte de la contemporaneidad de sus temas, hay que destacar que el punto fuerte de Rosa Montero es la caracterización de sus personajes.[24] En sus dos primeras novelas ya se podía ver su habilidad al crear unas figuras originales y convincentes; esto es todavía más evidente en su última novela, *Te trataré como a una reina* de 1983, donde se trazan con humor certero a unas figuras excepcionales. Antonia, que es un personaje patético, ensimismada en su soledad y la frustración sexual. Antonio, su hermano un funcionario de ministerio, un hombre enfermizo y apocado, que bajo la apariencia de un neurótico inofensivo esconde a un verdadero psicópata. Menéndez, el dueño del Desiré, un bar de ambiente sórdido y deprimente donde se desarrolla la mayor parte de la acción. El Poco, un hombre enigmático que escribe boleros y en días mejores había trabajado en el Club Tropical de La Habana. Y la Bella Isabel, una mujer noble y fuerte, la cantante de boleros del Desiré, una artista frustrada y oprimida que recurre a la violencia en su desesperación.

En el pasado, se ha censurado a la novelística escrita por mujeres por su inhabilidad de crear a personajes masculinos de envergadura.[25] Enrique en *Luz de la memoria* de Lourdes Ortiz y Daniel en *El año de Gracia* de Fernández Cubas son dos de los casos donde hemos visto que no era así. Rosa Montero con los personajes masculinos ya mencionados y otros como Tadeo de *La función Delta*, Benigno de *Te trataré como a una reina* o Paulo del relato incluido en la antología de Ymelda Navajo, demuestran igualmente su capacidad de percepción y desarrollo no sólo en temas y figuras femeninas sino en la presentación de lo masculino.

Aunque sea discutible si existe o no una nueva novelística española en esta reciente época de transición política, se puede afirmar que hay una renovación en su temática. De los temas típicamente españoles de la posguerra—la guerra civil, la realidad social—se ha pasado a otros de tipo universal como la fantasía y la metaficción. Si queremos seguir el ejemplo de Juan Goytisolo en su ensayo «Captives of Our 'Classics'», donde se interesa por la difusión de una literatura que rompa con aquellos clichés de antes, será necesario incluir la obra de las mujeres novelistas que están publi-

23

cando en España, como las cuatro que hemos estudiado en este artículo.[26] Al seguir las nuevas tendencias en sus novelas—apartándose de una literatura puramente intimista o feminista—las narradoras de la transición están rompiendo no sólo con los clichés típicamente españoles, a los que se refiere Goytisolo, sino con los que se crean al considerar su obra bajo normas preconcebidas por el mero hecho de estar escritas por mujeres. Estas nuevas novelistas de la transición, al igual que los hombres, están escribiendo una literatura sin coerciones políticas ni sociales donde el único límite es el de la imaginación.

NOTAS

[1]464-465 (1985), 10-11. De las quince figuras literarias entrevistadas, sólo tres, Juan Madrid, José L. Moreno-Ruiz y Esther Tusquets, creen que existe una nueva novela que haya surgido en los diez años de la democracia. También José María Martínez Cachero, «Diez años de novela española (1976-1985) por sus pasos contados» pp. 3-4, concluye que no existe una nueva novela. Casi todo este número de *Insula* está dedicado a la novela en España (1976-1985). Varios autores usan el término «transición política» al que nos referimos en lugar de democracia; véase Luis Suñén, «Escritura y realidad», p. 5 y Juan Tébar, «Novela criminal española de la transición», p. 4.

[2]El artículo de Rafael Conte, «En busca de la novela perdida», *Insula*, pp. 1 y 24, resalta a algunos de estos novelistas jóvenes: José María Guelbenzu, Gonzalo Suárez, Eduardo Mendoza, Alvaro Pombo, Juan José Millás, Raul Ruiz y José María Merino entre otros. Ignacio Soldevilla Durante, *La novela desde 1936* (Madrid: Alhambra, 1980), denomina a este grupo como la generación de 1966 (la de los nacidos entre 1936-1953), los que han «nacido a la conciencia del mundo bajo el régimen franquista», y destaca entre ellos a un número extenso de novelistas: Javier del Amo, Jesús Torbado, Germán Sánchez Espeso, José Antonio García Blázquez, José María Guelbenzu, Manuel Vázquez Montalbán, Ana María Moix, Vicente Molina-Foix, Antonio Burgos, José María Vaz de Soto, Javier Marías, Augusto Martínez Torres, Felix de Azúa, Javier Fernández de Castro, Juan Cruz Ruiz, J.J. Armas Marcelo, Mariano Antolín Rato, Felipe Alcaraz y Félix Francisco Casanova entre otros, pp. 385-444.

[3]Gonzalo Sobejano, «La novela poemática y sus alrededores», *Insula*, 464-465 (1985), 1 y 26. Santos Sanz Villanueva, «El realismo en la nueva novela española», pp. 7 y 8 y Rafael Conte que afirma: «No hay tendencias, somos libres, todo está permitido», en el artículo mencionado en la cita anterior.

[4]Luis Suñén ha dedicado varios artículos a este fenómeno: «Consuelo García: dos libros y dos mujeres», *Insula* 437 (1983), 5 y «La realidad y sus sombras: Rosa Montero y Cristina Fernández Cubas», *Insula*, 446 (1984) 5. María José Obiol también ha destacado la tendencia de «una nueva generación de autoras» con una extensa lista de títulos publicados recientemente, «De puño femenino», *El País* (5 de agosto de 1985), p. V. En una conferencia en Ohio State University: Literature, the Arts and Democracy: Spain in the Eighties, 3-5 de octubre de 1985, me ocupé de este grupo de novelistas, «Las últimas narradoras en búsqueda de la individualidad». Las autoras incluidas en la antología de Navajo son: Cristina Fernández Cubas, Clara Janés, Ana María Moix, Rosa

Montero, Beatriz de Moura, Lourdes Ortiz, Rosa María Pereda, Marta Passarradona, Soledad Puértolas, Carmen Riera, Montserrat Roig y Esther Tusquets.

[5]En su artículo «Consciousness and Authenticity: Towards a Feminist Aesthetic», en *Feminist Literary Criticism*, ed. por Josephine Donavan (Lexington: The University Press of Kentucky, 1971), pp. 38-47.

[6]Lourdes Ortiz nació en Madrid en 1943, se licenció en Filosofía y Letras y es profesora de arte dramático. *La caja de lo que pudo ser*, ilustrada por Montse Ginesta (Madrid: Ediciones Altea, 1981), trata de la paz en la historia. Lourdes Ortiz, como otros novelistas contemporáneos—Ana María Matute, Jesús Fernández Santos—se interesa por la literatura infantil. *Las murallas de Jericó* (Madrid: Peralta, 1980), es una farsa en tres actos y un prólogo con personajes simbólicos, (Razonable, Nadie) e históricos (Rimbaud, Malroux, Stalin). Su tono es intelectual por su tema existencial y las referencias bíblicas. Sus obras de crítica son: *Comunicación crítica* (Madrid: Pablo del Río, 1977) sobre la teoría de la comunicación; *Conocer Rimbaud y su obra* (Barcelona: Dopesa, 1979) y ha editado *Artículos políticos* de Mariano José de Larra (Madrid: Editorial Ciencia Nueva, 1967). Uso las siguientes ediciones de sus novelas: *Luz de la memoria* (Madrid: Akal Editor, 1976), *En días como éstos* (Madrid: Akal Editor, 1981), *Picadura mortal* (Madrid: Sedmay Ediciones, 1979) y *Urraca* (Barcelona: Puntual Ediciones, 1982). Su última novela *Arcángeles* (Barcelona: Plaza & Janes, 1986) es posterior a la redacción de este artículo.

[7]Por sus conversaciones con el médico, su aspecto confesional y la variedad de rasgos tipográficos esta novela recuerda a *Las guerras de nuestros antepasados* de Miguel Delibes (1975) y en las deposiciones de la madre se puede apreciar la misma moralidad de Carmen Sotillo en *Cinco horas con Mario* (1966).

[8]En «Escritura y realidad», p. 6.

[9]Véase el artículo de Juan Tóbar mencionado arriba. Bárbara Arenas también protagoniza el cuento «Pintan oros», todavía inédito.

[10]Esta obra tiene muchos rasgos en común con *La que no tiene nombre* de Jesús Fernández Santos (1977) por su ambiente histórico, por la presencia del monje testigo y por el tema de la mujer guerrera. Véase mi libro: *Temas y técnicas en la narrativa de Jesús Fernández Santos* (Madrid: Gredos, 1984).

[11]Cristina Fernández Cubas nació en Arenys de Mar en mayo de 1945. Estudió Derecho y es periodista. Ha vivido en Latinoamérica y El Cairo y conoce el árabe (el ambiente árabe es evidente en «Omar, amor», el relato seleccionado para la antología de Ymelda Navajo, pp. 15-20). *El vendedor de sombras*, ilustrado por Montserrat Clavé (Barcelona: Argos Vergara, 1982) está traducido al catalán y al vasco en varias ediciones. *Mi hermana Elba* (Barcelona: Tusquets, 1981), primera edición de 1980. *Los altillos de Brumal* (Barcelona: Tusquest, 1983). *El año de Gracia* (Barcelona: Tusquets, 1985). Las referencias a estas obras aparecerán en el texto con las páginas correspondientes.

[12]Así opina también Luis Suñén en su artículo «Cristina Fernández Cubas y Rafael Argullol», *Insula*, 415 (1981), 5.

[13]Para un estudio de esta obra véase Luis Suñén, *Insula*, 446 (1984), 5.

[14]Santos Alonso, «Un renovado compromiso con el realismo y con el hombre», *Insula* 464-465 (1985), 10 y Alejandro Gándara, «Verbalmente ciegos», en el mismo ejemplar, pp. 12 y 13.

[15]Nacida en Zaragoza en 1947, estudió periodismo y recibió un M.A. en literatura española en la Universidad de California, en Santa Bárbara. Actualmente trabaja como periodista en España. Puértolas ha publicado una obra de crítica: *El Madrid de la lucha por la vida* (Madrid: Helios, 1971). La primera edición de *El bandido doblemente armado* es la de Madrid: Egasa, 1980; la que utilizamos aquí, Madrid: Trieste, 1984. María José Obiol dice de esta obra: «... su excelente novela *El bandido doblemente armado* cuyo tema y estilo resultaron sorprendentes en el panorama narrativo», «Madurez en el oficio de contar», *El País* (5 de agosto de 1985), p. V. Su última novela *Burdeos* (Barcelona: Anagrama, 1986) es posterior a la redacción de este artículo.

[16]En la página 10 del prólogo, donde también elabora sobre los nombres de los personajes que sacó de *El largo adiós* de Philip Marlowe.

[17]«La novela poémática y sus alrededores», *Insula* 464-465 (1985), 1 y 26.

[18]En el mismo prólogo, p. 12.

[19](Madrid: Trieste, 1982), las citas quedarán señaladas con las páginas correspondientes en el texto.

[20]Rosa Montero nació en Madrid en 1951. Estudió periodismo y Filosofía y Letras y es periodista. En 1976 publicó un libro de entrevistas titulado *España para ti para siempre. Crónica del desamor* (Madrid: Editorial Debate, 1984) ha tenido trece ediciones con la de noviembre del 1984. *La función Delta* (Madrid: Editorial Debate, 1985) va por la séptima en enero de 1985 y *Te trataré como a una reina* (Barcelona: Seix Barral, 1983) iba por la septima edición de 55,000 ejemplares a los siete meses de salir. Las citas correspondientes aparecerán en el texto.

[21]Cristina de la Torre ha hecho un estudio a fondo de *Crónica del desamor*, «Women as Innovators: Spain's Rosa Montero». SAMLA, (31 de octubre de 1985), Atlanta, Georgia. Su conclusión es que en esta obra se pueden ver las dificultades que encuentra la mujer al enfrentarse con los cambios que está experimentando la sociedad española durante la transición política.

[22]Cheri Register, «American Feminist Literary Criticism. A Bibliographical Introduction» en *Feminist Literary Criticism*, pp. 1-28.

[23]Se destaca sobre este tema el artículo de David K. Herzberger, «Literature on Literature: Four Theoretical Views of the Contemporary Spanish Novel», *Journal of Semantic Studies*, 7 (1979), pp. 41-62.

[24]Luis Suñén también considera este punto en su artículo, «La realidad y sus sombras: Rosa Montero y Cristina Fernández Cubas», *Insula*, 446 (1984), p. 5.

[25]Críticos como Joan Brown han repudiado esta acusación con ejemplos como el de Carmen Martín Gaite en *El cuarto de atrás* o Ana María Moix en

Walter, ¿por qué te fuiste?, «*El discurso del otro*: Images of Men in Present Spanish Fiction by Women», conferencia dada en Northeast Modern Language Association, University of Hartford (28 de marzo de 1985).

[26]Juan Goytisolo, «Captives of our 'Classics'», *The New York Times Book Review* (26 de mayo de 1985), pp. 1 y 24.

DIVISION, DUPLICATION, AND DOUBLING IN THE NOVELS OF ANA MARÍA MOIX

Catherine G. Bellver
University of Nevada, Las Vegas

Ever since the ancients envisioned Centaurs and the composite Chimaera, the notion of the double has fascinated mankind. Within the Judeo-Christian tradition the very act of creation is construed as a gesture of doubling. More than deciphering the world around us, this view of reality sheds light on the nature of the human mind, for as Robert Rogers says, "If monsters, as well as gods, are made in the image of man, perhaps the mind of man is not altogether unlike the composite body of the Sphinx."[1] The universality of the double and its integral connection with the human mind accounts for its wide use in literature and criticism. In fact, Albert J. Guerard asserts that "no term is more loosely used by casual critics of modern literature. As almost any character can become a Christ-figure or Devil-archetype, so almost any can become a Double."[2] In the study of Spanish literature the term "desdoblamiento" has been broadly used in treating well-known authors such as Unamuno and Antonio Machado, and it has appeared as the central theme of one of the few articles published on the fiction of Ana María Moix.

Doubling in literature was for Freud and his disciples a complex process in which all the characters of a literary work are part of one composite psyche: "modern writers [to] split up their ego, by self-observation, into many part-egos, and in this way [to] personify the conflicting currents in their own mental life in many heroes."[3] However, as C.F. Keppler points out, this theory leads to the debatable conclusion that the second self is created "as a scapegoat on which to unload shameful psychic contents, or that the artist is 'disturbed' and his art a symptom of the fact."[4] Encasing the fictional character solely within a psychoanalytical framework precludes the consideration of any relationship between author and text other than a strictly autobiographical one and of few motivational factors other than purely instinctual ones. A distinction must always be drawn between the mimetic and the actual, between literary form and the vital content and context it molds. A text is an unconscious mirror image of a particular psyche, a singular projection which, unlike the pool in which Narcissus saw his reflection, has no autonomous existence prior to the act of its human creation. But at the same time, the mirror-text is also a field of perception open to other viewers who can see in it a myriad of differing images of their own.

As a psychological phenomenon, the double generally has been seen as a representation of individual, inner conflict, but as a literary vehicle it also deals with a broad, collective exterior reality. By resorting to the sense of duality and the antithetical structure that seem to underlie the human psyche, writers translate the specific, unfamiliar elements of their particular world into the understandable terms common to universal human perception. Despite the possible autobiographical implications of Moix's fiction,[5] her pessimistic rendering of the alienation of the young people of one particular bourgeois, Catalan family reflects the common vision of a whole generation of Spanish writers. Many authors of the late sixties and early seventies, such as Ana María Moix, Germán Sánchez Espeso, and Juan Goytisolo, do not see childhood as an innocent, carefree time but as a period of confrontation with meaningless norms and repressive social structures. In *Julia* (1969) and *Walter ¿por qué te fuiste?* (1973), Moix studies a series of siblings and cousins who feel themselves alienated by a restrictive adult society that offers them nothing attractive, alienated from their vaguely defined dreams, and ultimately disconnected from themselves. The extensive use of doubling, duplication, and division in these two novels enhances the dramatic effect of their pervading themes of alienation and failure.

Michael D. Thomas studies "desdoblamiento" in *Julia*, and Margaret E.W. Jones points out that the double is a significant feature of all of Moix's fiction;[6] but neither critic identifies the distinct types of doubles included by Moix nor delves into the content of those variations. This study singles out four major kinds of doubles in Moix's two novels: 1) the split character or divided self, 2) the multiplied character, 3) the composite character or opposing self, and 4) the added character or ideal self. All doubling implies some form of splitting, fragmentation or decomposition. Even multiplication generates the existence of distinct but interrelated parts. The complexity of doubling arises from the fact that it signifies a paradox of simultaneous outwardness and inwardness, of difference and identity, and of duality as well as unity. To limit the scope of an element of multiple implications, this study will consider the double only in connection with two of Moix's main characters: Julia and Ismael.

The first double encountered in Moix's novels is that of the split character or divided self of Julia, the protagonist of the novel by the same name and a secondary character in *Walter ¿por qué te fuiste?* Doubling by division involves the splitting up of a recognizable, unified entity into separate, complementary, distinguishable parts represented by seemingly autonomous characters.[7] According to C.F. Keppler, Julia's double, the five-year-old child within her, would not qualify as a second self, only as a split-off part of a single psyche, an opposing side of a single person with no suggestion of external independent existence.[8] However, the autonomy of Julia's double is stressed so strongly, and her supplantation is so complete, that the effect of her presence has virtually the same effect as the second self. The independence of Julita and the subordination of

Julia are clear in the recurring nightmare with which *Julia* opens. The spirit of the five-year-old child forces the dreamer into a regressive fetal position and invades her entire body until she can no longer control "el temblor que le sacudía el cuerpo." Julia realizes she is being terrorized by "otro cuerpo que no era suyo." Julita's separateness haunts Julia even in her waking hours: "Julia, a veces, tenía la seguridad de que Julita existía aún, de que vivía y habitaba en otro mundo inalterable, inmóvil, sin tiempo. Era como si Julita existiese con vida propia."9 Surpassing coexistence, Julia's second self adopts the feature of a tyrannizing master: "Algo o alguien permanecía encerrado en su interior demonstrándole con descaro el indestructible lazo de su esclavitud" (p. 77). Julita's persistently pugnacious nature identifies her as one of the primary types of second selves surveyed by Keppler: the Pursuer. "The pursuit need not be a literal chasing ... the general movement is the same — a pushing forward of the first self, whether by a gradual crowding or a headlong driving, toward the precipice of catastrophe ... the relationship between the selves is too sensitively intimate a one to be brought to an end by their physical separation; and in general the destruction of the one entails, either figuratively or literally, the destruction of the other as well."10 In the case of Julia, her pursuer's harrassment persists until she is driven over "the precipice of catastrophe." Julia's psychic destruction does not stop her pursuing second self from exacting further destruction. Even though it is true, as Thomas points out, that Julia, in the second part of the novel, attempts to control the demon within her,11 she is always the reactor and not the actor in this struggle. She remains the pursued, the subordinate member of the duality between Julita and herself. The twenty-year-old woman tries literally to kill her pursuer, but because her pursuer lives within her, to kill it she must necessarily also kill herself. Julia's attempted suicide, then, can be viewed as as final retaliation against her second self, and her failure signifies her double's ultimate triumphant as martyrizing master, as "un dios martirizador, un dios que reclamaba continuos sacrificios para calmar su antiguo dolor" (p. 220).

This "dolor" is the resentment the girl of five feels toward the twenty-year-old woman for having grown up and left her behind. As a split self, Julita forms not only a hostile opposite to Julia but also a complementary double who personifies Julia's underlying, obsessive desire to return to the childhood lost forever in the timeless shadows of the past. The tension between the destructive malevolence of the past and its attractiveness conforms well to the ambivalent duality and the element of conflict inherent in the doubling phenomenon. Julia's story is an account of multiple alienation. Sensitive by nature, emotionally insecure, and feeling betrayed by her mother, Julia lacks a lasting sense of integration with the world around her. The hostility between her parents, her failure to form affective bonds, and the demands of subservience and passivity

31

made by her traditionalist society compound her alienation. Julia wants to return to the blissful years of childhood in which she enjoyed the love of her mother and did not suffer psychological dichotomy. Although the young adult rationally recognizes the impossibility of recuperating those golden years, emotionally she cannot break away from her past. Therefore her evolution from child to adult, as Sara E. Schyfter points out, is a "transition from one state of loneliness into a more intense state of loneliness in which all hope for communion with another human being must be given up."[12] Her inability to function within her social environment obliges her to withdraw into her past self. But her past self becomes a demonic presence that denies her of a future just as it interferes with her sense of real present. Allowing her inner world to take precedence, Julia reduces her environment to the inert frame within which her private, internal conflict takes place. Julia's constant opening of her metal box from which she takes another and another box, "así hasta diez," parallels her shedding the outer layers of her present self, and her continual disassembling and disordering of the multiple layers of the box suggest visually the disintegration of her psychic wholeness. Similarly, the holes that she is constantly digging under the fig tree to bury her trading cards and other treasures serve as a graphic manifestation of her withdrawal from reality.

The existence of a divided self need not be a prerequisite for psychic disintegration as long as it is but a step in the process of self-realization. Inner duplication can serve as a constructive means of finding and rescuing one's alter ego in order to incorporate it with the present self and thereby achieve an enriched, unified psychological whole. The well-adjusted, balanced, or individuated person is one who is able to reconcile collective qualities of the human being and the uniqueness of the individual. The failure to harmonize disparate or conflicting psychological forces constitutes the beginning of psychic fragmentation, which can degenerate into schizophrenia, a situation of dual alienation including a separation from the environment as well as from the self. Rather than rescuing her alter ego and incorporating it into her present self, Julia remains shackled to her double and thereby deprived of all possibility of individuation. Impelled by her fractured view of reality, Julia represses and ultimately abdicates her natural urge to self-assertion. Within this context, her suicide represents a transference to herself of the hatred and aggression she feels toward others. She would like to exert enough power over her reality to alter it, but suicide actually is the last manifestation of her impotence. We discover in *Walter* that after her suicide attempt, Julia's estrangement grew to include a withdrawal from the basic physical activities of living — speaking, eating, moving — until non-action coincided with death. In the end, Julita, her pursuing inner half, alienates her from society, from the present, and from her self, first killing her spirit and finally her body.

The novel *Julia* traces a young girl's love for her mother, her rejection by that mother, and the paralyzing anxiety caused by the conflict between her dependence on love and its absence. As a child, Julia suffered from an irrational fear of losing her mother, a fear graphically materialized in an easily decipherable nightmare in which she envisioned herself separated from her mother by an apocalyptic fire. Her mother's neglect and blatant preference for her sons only exacerbates Julia's alienation from her original object of desire. The final disassociation from her mother comes after the day her father accuses her mother of adultery. When Julia goes the next day to the train station to await her mother's return, she sees her mother's lover instead. From that day forth Julia unconsciously begins to hate her mother and seek alternative mother figures. Within the scope of this study, these substitute mother figures become multiplied characters and objective doubles. Subject doubling, as we have already seen in the example of Julia's divided self, represents "conflicting drives, orientations or attitudes towards other people."[13] Julia's surrogate mothers are called multiplied characters here because, while they constitute idealized, understanding and loving mothers in contrast to her immature, self-centered, and unattentive mother, they also multiply Julia's unified concept of her mother as a person who gives and then withdraws love.

Julia's mother is multiplied three times: by aunt Elena, Miss Mabel, and Eva. Each one bestows attention on Julia, comforts her, and brings her temporary inner strength, only to abandon her later. A year after the unveiling of Mamá's infidelity, Julia's father leaves home for nine years and Julia is sent to live with her grandfather and aunt. Unlike her mother, aunt Elena displays physical signs of affection toward her and does not relinquish that affection when Julia's sick brother joins her. However, when a boyfriend enters her aunt's life, Julia once again sees a motherly figure forsake her for a man, and once again she feels a hate that severs her affective bonds: "Sentía un odio asesino contra Félix, y a veces también contra tía Elena" (p. 122). Although on a rational level she could rebuke her grandfather for his opposition to her aunt's marriage, on an emotional level she could not adjust to her aunt's division of affection.

Julia's second maternal substitution was brief and undeveloped. Miss Mabel, the director of her school, singled her out for special attention but soon withdrew it when jealous classmates found a malicious way to bring about Miss Mabel's rejection of Julia.

Julia forms a much deeper emotional tie with Eva, her college literature professor. The connection between this woman and Mamá is made clear by the overlapping of the images of both in Julia's mind: "A veces, cuando pensaba en Eva, le asaltaba la imagen de Mamá" (p. 13). In the same way she dreamed of her mother coming to soothe her after her childhood nightmares, she tried to imagine Eva consoling her after her visions of fat, shiny monsters. The suggestion of Eva as a duplicate mother is accentuated by the real possibility that she could have been her biological mother had her father married Eva, as her grandfather had wished. In much the same way the grandfather had been for the seven-year-old child, Eva serves as an intellectual mentor and a worthy model of self-identity for the college student. Above all, Eva represents a repetition of Julia's scarce moments of happiness: "Las tardes con Eva eran una continuación de un paseo por las montañas en compañía de don Julio, por el puerto con Rafael, o una breve salida con Mamá" (p. 206). As a multiplied mother character, Eva provokes in Julia the same reactions as her mother: a demand for exclusive possession and absolute emotional dependence. When Eva refuses to talk with Julia because she is entertaining dinner guests, Julia, once again feeling rejected, is overcome by hatred.

Viewed objectively, these three women — Elena, Mabel, and Eva — are complementary opposites to Julia's mother. The self-centered, negligent, and frivolous mother is paired with women who are understanding, attentive or intellectually active. However, Julia's unfulfilled need for maternal love forces her to perceive a duplication of her mother in each of these older women. By doubling through multiplication, Julia repeats with these maternal doubles the same ambivalent love-hate relationship she has with her mother, continues her psychological dependency, and reproduces her alienation from maternal love. The abandonment of her by her mother surrogates projects her sense of rejection regarding her mother more than it represents treachery on their part. Although a perceiver's ambivalence toward an object usually results in doubling by division, Julia's situation illustates it can also give rise to multiplied doubles.

By age twenty Julia is psychologically an orphan, abandoned by her mother and her alternative mother figures, separated through death from her grandfather and her younger brother Rafael, and estranged from her father. The portrait Moix paints of Julia's father is as negative as the one she paints of her mother. Her father is presented as cowardly, dependent, passive, and ineffectual. Despite the imperfections of both her parents' personalities, Julia's attitude toward each one is different. While her love for her mother is overwhelming, her feelings toward her father range from mild scorn to indifference. Even though he made inconsistent gestures of friendliness to her during his separation from the family, Julia remains unresponsive to them. And although her mother ran away with her lover periodically, Julia blames her father for these separations.

Just as Julia encountered multiples of her mother, she finds a multiple of her father in her grandfather. Both men try to develop her creative or intellectual sensibilities. They both involve her in outdoor activities, her father taking her fishing and her grandfather taking her horseback riding. However, for the most part, her grandfather is not an analogous double, a multiplied father figure, but an antithetical good father double, a double through division. "This kind of representation typically expresses ambivalent feelings, the conjunction of which (particularly when hostility is repressed) is so intolerable that the ambivalence is dealt with defensively by decomposing the loved and hated father into separate and seemingly unrelated persons."[14] The contrasts between both of Julia's father figures are numerous. First, she harbored a certain hatred toward her father that never existed toward her grandfather. In addition, her father's cowardliness clearly makes him a negative counterpart of her rebellious paternal grandfather. Don Julio was a man of strong moral principles who valued personal freedom above all else. He represents a model of social defiance and strength of character that Julia's father cannot perpetuate for her. Because of financial problems, he succumbs to the pressures from his wife and mother-in-law to return home and resume working in the grandmother's business. Disengaging himself from the world, he spends his free time reading, watching television, or sleeping. Finally, we find a definite contrast between these two father figures by comparing Julia's sense of identity with each. While Don Julio, as we shall see, becomes her alter ego, the psychic identity between her and her father, as Julia herself recognizes, is illusory: "Bajo la aparente confabulación con Mamá, Julia trataba de hallar en Papá la muestra de su alianza . . . La alianza con Papá nunca existió" (pp. 35-6).

Doubling occurs in Ana María Moix's novels not only around Julia but also in connection with Ismael, the protagonist and principal narrator in *Walter ¿por qué te fuiste?*. Julia and her cousin Ismael are twin characters in that they are parallel personality types, but not in the sense of the complementary opposition typically underlying the phenomenon of doubling. The similarities between them — sensitiveness, passivity, shyness — reflect the author's narrative design rather than any psychological interrelationship; they underscore and broaden the theme of alienation Moix began in her first novel. The physical juxtaposition of Julia and Ismael highlights their psychological parallelism. In *Walter*, we find these two cousins together constantly: they played together, together they ran errands for Lea, they spied on her, and they repressed their love for her. They were unconscious accomplices in a single destiny of failure: "Cómplices, sin saberlo, o ignorando, al menos, sino el objeto y los fines de dicha complicidad, sí la naturaleza de la misma, así como el destino al que los arrastraría."[15]

Ismael, like Julia, experiences a painful separation from childhood, but his alienation does not trigger the same radical inner fragmentation. Rather than withdrawing within himself, he evades reality by escaping to the circus. He nevertheless evokes his past with the same ambivalent mixture of nostalgia and anguish. Perhaps because he is older than Julia when he reflects upon his past, he displays more cynicism: "Y tú, desprovisto de agallas, o borracho, ni fuerzas posees para firmar su extinción" (p. 37). Nevertheless, like Julia, his has been a life of unfulfilled dreams: "¡Tu mundo! Acabado, sí. Pero, ¿qué era tu mundo, que veías a través de esos ojos de pájaro ahorcado? ¡Sueños, sueños, sueños!" (p. 37). *Walter ¿por qué te fuiste?* opens as Ismael dreams he has returned to T..., the vacation home of his family of cousins. He evokes and re-experiences the moments they shared there and the life that set them all on their path to failure.

Like Julia's, Ismael's story is a chronicle of failed love. Since childhood he has secretly been in love with his cousin Lea. She rejects him, but she does not provoke in him the retaliatory hatred Mamá did in Julia. Ismael has been futilely searching for Lea for seven years, not only to deliver to her the packets of letters Julia entrusted to him, but because she continues to be his elusive ideal figure of youthful energy, independence, and assertiveness. She attracts him with an irresistible magnetic force. The complementarity of their personalities and the instinctiveness of his reaction suggest the basic drive toward one's sexual opposite that Plato designated as the consequence of the splitting of the original Androgyne. Keppler explains that to be a literary motif the beloved as second self must not only include complementary opposites in character but also involve lovers who attract each other if necessary from the ends of the earth, because they *are* each other.[16] In Moix's novels, however, the painful alienation she exposes is intensified precisely because this attraction is incomplete, temporary, or askewed in some way. Ismael continues to search for Lea "from the ends of the earth," but her attention is not placed exclusively on him.

The emotional conflict between desire and reality, as already seen in Julia, leads to the alternative multiplication of the desired object. The woman Ismael cannot attain is substituted by his circus companion Albina, a creature with the body of a horse and the head of a woman. The duplication of Lea by Albina is confirmed by the two photographs of them that he keeps in his small red suitcase. Margaret E.W. Jones sees Albina and Lea as stereotype doubles of the good and bad woman,[17] which in some ways they are, for while Lea is the temptress who sexually seduces and then abandons Ismael, Albina is the faithful long-suffering companion who, in the end, commits suicides over the rejection she feels from him. The ambiguous significance of these two women reflects a concerted effort on the author's part to portray human relations as unsettling and unsettled, as complex and intricate. Moix's doubles proliferate, intertwine, and converge. Lea is herself a decomposed double, a composite of the terrible and good mother, of sexuality and spirituality. This inner division of Lea is duplicated in the dual physical nature of Albina, in the dichotomy between her ethereal white female head and the bare animal sexuality of her body. In turn, this material division of Albina incarnates Ismael's unreconciled attitudes toward sexuality. Ismael, along with his cousins, is a victim of a repressive, materialistic society that has succeeded in depriving him of a sense of inner wholeness. In regard to sexuality this frustration manifests itself in Moix's characters as deviation from accepted norms, as ambivalence, or as fear.

The third type of double singled out in this essay, the composite character, has wide currency in literary criticism. The composite character is composed of two, or sometimes more, interdependent, interrelated characters. They are totally separate persons who together form a psychological whole. The interrelationship between the dualistic components of this type of double may be based on antagonism, attraction, or both, but the second self, though independent, always displays some linkage with the first self. The composite character is the double that coincides best with Keppler's definition of the second self: "an always contradictory being, a paradox of simultaneous outwardness and inwardness, of difference from and identity with the first self ... He is always 'there,' a self in his own right, never translatable into a product of mental aberration; yet he is always 'here' as well."[18]

We have already suggested that Lea as Ismael's secretly pursued beloved functions as a second self. Lea is defiantly rebellious, sexually aggressive, independent, and apparently free. All her cousins idolize her because she dares to disobey their loathed grandmother and she seems immune to the rules that restrict them. The sexual overtones of her relationship with Ismael make the pairing of their personalities assume the magnetism underlying the dualistic composite character. True to her kaleidoscopic rendering of doubling, Moix makes Lea a twin character of both Ismael and Julia. Because Lea singles them out from among their cousins for special attention, they repay her with slavish devotion. She initiates both of them into sex, but she maintains a rather ambivalent attitude toward them, alternatively attracting and rejecting them. Although the personality contrasts between Ismael and Julia, on one hand, and Lea, on the other, are clear, the interdependency between Julia and Lea is more complete. The fact that, before she dies, Julia leaves a packet of letters for Lea suggests a special, unexplained linkage to her; and Lea's furtive appearance at Julia's grave at the end of *Walter* and her secret defrayment of the cost of flowers for the grave indicate that Lea feels a lasting attachment to Julia. As typically occurs in doubling, "a certain strange and special affinity" exists between Lea and Julia. "It is an affinity which, like whatever impulse causes the second self to intrude into the life of the first, can never be entirely accounted for by the facts of the case or by logical reasoning about them."[19]

The composite character in Ana María Moix's novels invariably incorporates one member who is a dominator and one component who is a dominated person. This prevalent feature of Moix's fiction has already been noted by Jones, who observes that the individualist in this antithesis "attracts the less fortunate person and binds him in a symbiotic relationship of dominated/dominator from which the weaker one is unwilling or unable to extricate himself. Such relationships generally have obvious sexual overtones."[20] We might add that the symbiotic bond between these two character types is sometimes devoid of the implicit adoration underlying Ismael and Julia's attraction to Lea. For example, at school Julia allows her classmate Lidia to dominate her through harsh verbal aggressiveness, unexpected sexual advances, and subversive machinations. Lidia maintains Julia in a constant state of insecurity by the abrupt alternation of special attention and punishment, but her power, unlike Lea's, engenders fear, not admiration.

Julia's most positive opposing self is her grandfather, a surrogate father figure and the double with whom she interacts with mutual attraction and some psychological interchange. Critics have interpreted Don Julio in a number of different ways. For one, he is a signifier of imperfect sociopolitical circumstances, a representative of "the liberals that were defeated by the traditional regime."[21] Juan Antonio Masoliver Rodenas believes Don Julio is too much like Heidi's grandfather and that his "anarquismo humanista e idealizante" is more like the stance of a reformist of the Institución Libre de Enseñanza than that of a true anarchist.[22] Geraldine Cleary Nichols asserts that because Don Julio's ideals of individual liberty are "inasequibles" in contemporary Cataluña, he must impose exile upon himself to maintain them.[23] Despite these implications, Don Julio's isolation does offer Julia an example of the personal benefits of freely chosen alienation. The five years she spends with him represent an unattainable alternative to the expectations of conformity, dependence, and intellectual atrophy placed upon her by her family. The failure of what her grandfather offers her intensifies the pathos of her defeat and underscores the author's indictment of contemporary society.

Julia's grandfather nearly changed her life because they shared, in the term of Robert Rogers, the "secret kinship" of the secret sharer.[24] The differences between Don Julio and Julia are obvious: one is old and already formed, and the other is young and still undeveloped. The one is outspoken, the other painfully shy. Yet they seem to possess a similar individual nature. Beyond their biological relation, they share a basic keen intelligence and a rebellious bent. The facility with which Julia learns Latin confirms her superior intellectual ability. The rebellious core Don Julia nurtures in her manifests itself, once she returns home, in her refusal to attend mass, in her defiant reading of prohibited books, and in her vindictive participation in a student demonstration. From the very first evening she spends in his home, he treats her as an equal: "¡Bah! una niña ... Los niños no existen, ¿qué es un niño? Julia no es una niña ¿entendido? ... Es una persona ... digamos pequeña" (p. 92). The old man builds up her self-esteem, stimulates her interest in the world of nature, and modifies her melancholy. To complete their symbiotic relationship, the young Julia very subtly exerts her own influence over her grandfather and moderates his gruffness. By addressing her grandfather as "abuelo" instead of as "Don Julio," the title used even by his son and daughter, she penetrates the austere shield with which he protects himself from emotional attachment to anyone. Later, when Julia rebukes her grandfather for his opposition to Elena's marriage and tells him he is being tyrannical, she assumes his role as instructor in liberty. Final proof of the role of the grandfather as alter ego or male counterpart is the clear coincidence of their names: Julio/Julia.

The affective bonding between Julia and her grandfather, coupled with his lessons on freedom, gives her a brief feeling of psychic wholeness. But her experience is not thorough enough for her to achieve a strong identity of her own, and her grandfather's needed support is gone once she returns home to face criticism and authoritarianism. Furthermore, the grandfather's example in independence is a defective one. Don Julio's withdrawal from society is a consoling posture for an older man who has already enjoyed some degree of social integration, while Julia's alienation represents stunted psychological development prior to integration. Don Julio is the mirror in which Julia saw her image reversed into what she might have become, just as Julita is a haunting shadow of what she used to be. Caught between elusive reflections, the flesh and bones Julia loses all sense of the temporal progression that constitutes life.

The final type of double considered in this study is not a bonafide example. It does not possess independent, external existence nor illustrate the two-fold nature of the mind. More than a mirror image, it is a mirage, a hallucination, a creature of the imagination. Nonetheless, it serves as a useful concluding sign for the alienation prevalent in Moix's fictional world. The final double noted in this study is Walter, Lea's mysterious boyfriend. Her embellished image of Walter enthralls her cousins so much that they do not stop to question his reality. Each one invents an identity for Walter corresponding to his or her concept of a hero: a spy, a revolutionary, a pirate. This pastime of childhood is symptomatic of their dream of freedom; and Walter, a projected or imaginary double, becomes their ideal second self. Walter's disappearance and subsequent demythification symbolize their definitive separation from childhood and the insurmountable failure of their dreams. Moix creates a microcosm of human beings who find themselves circumscribed within structures that seem to predestine them to failure. Childhood offers an illusion of success — a Walter — but in the end all her young people find themselves alienated from those they love, from themselves, and even from reality.

The uniqueness of Moix's rendering of the conflict between the child and the adult lies not so much in her use of the double as in the absoluteness of the encarceration of her characters. About the same time she wrote her two novels, Juan Goytisolo produced his works of inner duplication. But while the division between Alvaro and Alvarito becomes an aggressive attempt on the part of Alvaro to exorcize and destroy his inner self, the fragmentation of Moix's Julia results in the submission of the first self to the invasive attacks of a double. Consequently Moix's character suffers dual victimization: one applied on a collective level by restrictive social norms, and one exercised on a psychic level by the power of unfulfilled desires. Moix expands and complements the disintegration of Julia by reproducing it with significant variations in Ismael. The creation of Walter extends the doubling process beyond these twin female-male characters to include in some way her entire cast of young people. Through her intricate and effective use of division, duplication, and doubling, Moix paints a powerful portrait of comprehensive alienation.

NOTAS

[1]Robert Rogers, A Psychoanalytic Study of the Double in Literature (Detroit: Wayne State University Press, 1970), p. 1.

[2]Quoted in Rogers, p. 2.

[3]Sigmund Freud, Collected Papers, trans. Joan Riviere (New York: Basic Books, 1959), vol. 4, p. 180.

[4]C.F. Keppler, The Literature of the Second Self (Tucson, Arizona: University of Arizona Press, 1972), p. 202.

[5]Margaret E.W. Jones, "Ana María Moix: Literary Structures and the Enigmatic Nature of Reality," Journal of Spanish Studies: Twentieth Century, 4, No. 2 (1976), 108, affirms that in Moix "the transfer of autobiographical elements to fictional guise is responsible for several major themes."

[6]Michael D. Thomas, "El desdoblamento psíquico como factor dinámico en Julia de Ana María Moix," in Janet W. Pérez, ed., Novelistas femeninas de la posguerra española (Madrid: Porrúa, 1983), pp. 103-11 and Margaret E.W. Jones, see note 5.

[7]Rogers, p. 5.

[8]Keppler, p. 8.

[9]Ana María Moix, *Julia* (Barcelona: Seix Barral, 1970), p. 63. Subsequent references to this novel will be indicated in the text by page numbers.

[10]Keppler, p. 28.

[11]Thomas, pp. 106-7.

[12]Sara E. Schyfter, "Rites Without Passage," in *The Analysis of Literary Text: Current Trends in Methodology*, ed. Randolph D. Pope (Ypsilanti, MI: Bilingual Press/Editorial Bilingüe, 1980), p. 44.

[13]Rogers, p. 5.

[14]Rogers, p. 5.

[15]Ana María Moix, *Walter ¿por qué te fuiste?* (Barcelona: Barral Editores, 1973), p. 22. Other citations from this work will be indicated in the text by page number.

[16]Keppler, p. 132.

[17]Jones, p. 114.

[18]Keppler, p. 10.

[19]Keppler, p. 11.

[20]Jones, p. 113.

[21]Schyfter, p. 46.

[22]Juan Antonio Masoliver Rodenas, "La base sexta contra Ana María Moix," *Camp de L'Arpa*, 9 (enero 1974), 10.

[23]Geraldine Cleary Nicholas, "*Julia*: 'This is the Way the World Ends ...'" in Janet W. Pérez, pp. 113-24.

[24]Rogers, chapter 3.

UNA VISIÓN ESQUEMÁTICA DE LA NOVELÍSTICA DE RAMÓN HERNÁNDEZ

Luis T. González-del-Valle
University of Colorado, Boulder

A mi madre: Ella leyó y conoció a Ramón.

Al referirse Santos Sanz Villanueva a la llamada generación de 1968, le dedica varios párrafos a Ramón Hernández, autor que para él no ha recibido la atención crítica que merece en vista de la «extraordinaria profesionalidad y regularidad [con que] ha dado a conocer ya una labor de considerables dimensiones,» uno «de los mundos novelescos más sugestivos desde finales de los sesenta.»[1] Estas aseveraciones son muy importantes a todos los que nos interesamos por la crítica literaria e, implícitamente, reafirman algo que por muy sabido no puede dejar de ser reiterado: al escoger qué textos va a estudiar, la crítica no está siempre motivada por la importancia de los textos disponibles y sí, lamentablemente, por modas que responden a factores extraliterarios. Y es que si se hace una meticulosa revisión de la novelística española desde la década de los cuarenta, son pocos—muy pocos—los escritores cuyas obras individualmente y en conjunto comparan favorablemente con las trece novelas que hasta la fecha ha publicado Ramón Hernández.[2]

Sin tratar de desacreditar a otros autores, me propongo examinar sintéticamente las novelas de Hernández con vista a llegar a ciertas conclusiones preliminares sobre ellas y documentar críticamente su variedad conceptual y su complejidad técnica.

I. *Presentimiento de lobos*

Publicada originalmente en 1966 con el título *El buey en el matadero* se convirtió en su segunda edición de 1979 en *Presentimiento de lobos*, título con el cual se expresa cómo el ser humano está siempre acechado por fuerzas disruptivas que existen dentro de sí y en la sociedad que le rodea. En este sentido, el relato no sólo atañe a sus dos protagonistas—Berilo y Celso—ya que se pone énfasis también en cómo la situación de ambos es algo que comparten con el resto de la humanidad.

La exposición de la problemática de los protagonistas—del hombre en general—se concentra, entre otros, en una preocupación por la posición social y el poder económico, en la fuerza de la lujuria y cómo este sentimiento puede llevar al hombre a su destrucción al no ser esta emoción una que la sociedad acepta abiertamente, en la hipocresía en que el ser humano tiene que desenvolverse si desea triunfar en el mundo en que le ha tocado vivir. Esta problemática se manifiesta más que nada por medio de la exposición de los pensamientos de los personajes. Dicho de otra forma, en la novela existen diversos focalizadores[3] que al estar yuxtapuestos dentro de un capítulo, página y aun un mismo párrafo intensifican implícitamente esa visión que el lector deriva de la realidad cual algo sumamente complejo: un mundo pluralístico que paradójicamente resulta ser monolítico y cohesivo. Es a través de estos focalizadores que el narrador quiere ocultar sus percepciones cuando a su vez funciona como focalizador para así infundir al relato de mayor verosimilitud al quedar sus creencias atribuidas a aquéllos que bregan en el mundo de esa supuesta ciudad castellana — Itia — donde se nos dice que todo ocurre, sitio que por sus características resulta ser semejante a muchos otros en España.[4]

II. Palabras en el muro

Reeditada en 1984 y finalista del Premio Biblioteca Breve, *Palabras en el muro* (1969) es la novela más extensa de Ramón Hernández y, como bien sustentó Robert J. Clements de *Saturday Review*, el relato novelesco español más significativo en los últimos tiempos.[5] En esta obra se ofrece una visión de los sufrimientos que padecen individualmente tres presos como índice de ese mundo concreto y abstracto que confronta a todos los reclusos día tras día debido, parcialmente, a cómo la institución penal se niega a tratarles cual seres humanos individuales. En este contexto, los tres presos en que se concentra la acción — Sabino, Alberto y Genaro — sirven para ilustrar la diversidad de problemas y percepciones asociables con los presos a la vez que se recalca en un sentido panorámico que los tres son uno, que los tres son como el resto de sus compañeros al compartir con ellos la inhumanidad de la sociedad.

Los presos de *Palabras en el muro* viven constantemente en un mundo monótono y por ello, en parte, buscan evadirse en términos físicos y mentales de su circunstancia. De las dos, la evasión mental es la más importante al constituir una exploración de una realidad privada y bastante profunda de algunos reclusos. Estos seres se refugian en su mente al verse confinados. La ascendencia de lo mental en este texto conlleva posibilidades que enriquecen esta novela: no sólo se centra esta obra en lo que ocurre en la cárcel y en la reacción personal de los presos a su realidad inmediata; además, la novela tiene la libertad de darle al lector el pasado de estos presos, sus problemas personales de ayer y de hoy, sus añoranzas, sus esperanzas hacia lo que les depara el futuro, su imaginación mientras intentan evadirse de todo aquello que les es hostil. Es, pues, la perspectiva mental que predomina en *Palabras en el muro* algo que, además de resultar apropiado, facilita la existencia en la obra de una variedad de medios de expresión. En *Palabras en el muro* existen varios focalizadores que enriquecen el texto al visualizar la realidad en formas diferentes que le permiten al lector atisbar semejanzas entre ellos a pesar de que son esencialmente distintos.

Como resultado de la perspectiva mental que prevalece en *Palabras en el muro*, cobran vida seres humanos que le resultan sensitivos y complejos al lector. Me refiero especialmente a Alberto y Sabino, dos jóvenes que articulan en sus pensamientos, explícita e implícitamente, aquellos problemas que los han llevado a la cárcel. Del otro compañero de celda hay poca elaboración ya que Genaro es un sordomudo sin una formación académica. Estas características hacen poco plausible la presencia de disquisiciones mentales de profundidad en él. Genaro está en la cárcel, según queda intuído, después de intentar proteger su honor. Su gran obsesión es ir a las canteras para de esta forma estabilizar su vida lo más posible. A finales de la novela queda el lector ignorante de su suerte: esta ignorancia final es paralela a aquélla que caracteriza el conocimiento que el lector tiene del personaje a través de la obra y recalca la continuidad del proceso vital en la cárcel ya que seguirán ocurriendo sucesos allí que el lector ignorará.

Añádase a lo ya dicho que es fundamental para *Palabras en el muro* que el lector descubra profundidad en Alberto y Sabino, dos personajes que reflejan la realidad de la cárcel. Sólo así la visión crítica del presidio adquirirá la magnitud necesaria para crear un impacto sobre los lectores (sólo si los presos son de carne y hueso — cual los lectores — podrá el lector proyectarse en su circunstancia y percibir el horror que rodea a estos entes de ficción).

En vista de lo ya dicho, no debe sorprender que sea de capital importancia la figura del narrador en esta novela: entidad que focaliza desde su perspectiva externa lo que ocurre y por medio de la cual también se expresan esos otros focalizadores que participan directamente en la acción. Esta mezcla de focalizadores resulta, indudablemente, muy efectiva en la presentación de un mundo esencialmente limitado por los muros de una cárcel, de un cosmos que en un sentido transcendente es asociable a ése más amplio en el que el ser humano se desenvuelve diariamente y donde sus muros no dejan de serle reales por el simple hecho de carecer de una dimensión física.[6]

III. *La ira de la noche*

Ganadora del Premio Aguilas 1970, *La ira de la noche* es la novela de la insanía al concentrarse en la reproducción de los pensamientos caóticos de su protagonista, Walia, ser que fusiona momentos reales de su vida y sus fantasías dementes. Síntoma fundamental en la dolencia de esta joven es su rompimiento con los límites espaciales y temporales al asociar ella diversos sucesos y lugares dispersos a través de su vida: ni las distancias geográficas ni las cronoló-

45

gicas constituyen un obstáculo en el proceso de actualizar la realidad mental. La locura de la protagonista queda sintetizada muy efectivamente en el título de la obra. En este sentido, la ira es esa furia que padece el ser humano en la noche de su demencia.

Si bien en *La ira de la noche* se puntualizan ciertos problemas que provocaron el estado mental de Walia, el lector siempre es consciente de que casi todo cuanto lee son los pensamientos de la joven y que, por tanto, sus percepciones son indignas de confianza al ser ella muy a menudo y simultáneamente la narradora focalizadora del texto.[7]

Por último, y en un sentido más amplio, la situación de Walia — la presentación de una realidad conflictiva y demente — puede ser interpretada como una especulación — un tipo de delimitación — sobre lo que es real para el ser a la luz de los recursos artísticos de que se puede valer cualquier novela y de la capacidad imaginativa — creativa — del hombre. En este contexto, el relato adquiere mayor importancia al vincularse con la novelística auto-consciente.[8]

IV. *El tirano inmóvil*

Aparecida en 1970, *El tirano inmóvil* a primera vista puede parecer como un alarde sintáctico cuando en verdad es testimonio vivo de la extraordinaria capacidad de expresión, del increíble dominio que del español tiene Ramón Hernández al valerse de un lenguaje actual e imaginativo que nada tiene que envidiarle al de los grandes escritores hispanoamericanos de las últimas décadas.

Como bien ha dicho Vicente Cabrera, «La confrontación del hombre con la realidad y la imaginación constituye el problema filosófico fundamental de la novelística de Ramón Hernández.»[9] Y añade este crítico que «Sus personajes sueñan alcanzar una realidad imaginaria con el fin de desarrollar su yo individual. Al no contar con los medios adecuados para ello o al no tener iniciativa y fuerza para lograrlos, una ola de frustración, conformidad y pesimismo los inunda» (p. 185).

En líneas generales, lo sustentado por Cabrera se vislumbra en *El tirano inmóvil* sobre todo en la figura de Bruno Riba, individuo tuerto, asmático y jorobado que anhela destruir, cual «Hércules» moderno, a Demetrio (representante de la opresión) para así afirmar su yo. El conflicto ya planteado adquiere aún mayor envergadura al ser contrapuesto a tales circunstancias coexistentes con él como lo son el vacío de la existencia y, por consiguiente, «lo absurdo del esfuerzo humano»: todo esto llevando al ser a una ineludible aceptación de las cosas cual son a la vez que se ve obligado a desenvolverse — a afirmarse — en un mundo esencialmente grotesco.

46

Como ya se ha dicho, el mundo de *El tirano inmóvil* es absurdo y dentro de él viven seres que comparten esta característica. En este cosmos el lector se pierde al ser testigo de la pesadilla en que viven los personajes diariamente. Ese conocimiento lo deriva el lector de un narrador que actúa como testigo — otro personaje más — del mundo que describe (tipo de narrador homodiegético según Rimmon-Kenan), ambiente en el que predomina una marcada fragmentación argumental y linguística que responde, como bien asevera Cabrera, a un concepto «artístico de yuxtaposición espacial y temporal» que facilita la expresión «de la caótica realidad del hombre contemporáneo» (p. 189). En vista de lo ya dicho, se acepta con facilidad que esta novela posea gran modernidad experimental.[10]

V. *Invitado a morir*

Dos años después de *El tirano inmóvil*, en 1972, aparece *Invitado a morir*, obra bastante simbólica en que Simpson — su protagonista deshumanizado — encarna aspectos de una sociedad hipócrita donde ciertos seres se sienten insolidarios con sus semejantes al considerarles por debajo de ellos. De hecho, lo que encarna Simpson es ese tipo de individuo — en este caso un ejecutivo — que sufre un tipo de desintegración en términos humanos como reflejo de la civilización deshumanizante en que le ha tocado desenvolverse, desintegración que surge de su deseo de ser — de existir — y que, paradójicamente, le lleva a no ser, a la destrucción final.

Fundamental al relato es el Invitado de la segunda parte de la obra, ente cargado de incógnitas que bien puede «implicar la evolución de otros Simpsons, que claro puede ser el lector mismo en la realización de su ser.»[11] Con este Invitado adquiere la novela una estructura abierta al no saberse cómo se realizará este ser, individuo que debido a su imprecisa identidad lleva la historia a un plano universal si se le contrasta con el Simpson específico con que comienza el texto.

Coexistiendo con esos aspectos de *Invitado a morir* que he identificado tan brevemente, están ciertos recursos expresivos que operan en la novela con marcada efectividad y que reafirman implícitamente su importancia en la novelística contemporánea de España (por ejemplo, la ironía, el discurso directo libre, el uso de mayúsculas en la definición del individuo, los totalizantes conglomerados de palabras, la fragmentación sintáctica, etc.).[12]

VI. *Eterna Memoria*

Quizá su mejor relato hasta la fecha, con *Eterna Memoria* (1975) obtuvo Hernández el Premio Hispanoamericano de Novela Villa de Madrid en 1974. La acción de la obra se manifiesta a través de los pensamientos de su protagonista, Ernesto Obermaidan, personaje que narra a comienzos del texto y con cierta verosimilitud sucesos que ocurrieron una mañana del mes de febrero y que concluye el relato detallando lo que le pasa a su cuerpo después de morir. Entre el comienzo y el fin de la novela ocurren hechos que dejan al lector desorientado, sin seguridad alguna sobre cuanto es narrado. Esta actitud del lector emana en mucho de que Ernesto, siendo como es aparentemente un ser esencialmente desequilibrado, es muy a menudo el narrador y el focalizador de su historia.

La fusión extrema de realidad y fantasía que predomina en *Eterna Memoria* no permite que el lector sepa nada con certeza. A pesar de ello, sin embargo, en Ernesto se descubre una figura sintética de todos los soldados del mundo al compartir con ellos su horror ante la muerte. Pero Ernesto es mucho más: a través de él se documentan las reacciones de diversos individuos que de una forma u otra están vinculados a cualquier conflicto bélico sin que queden justificados lógicamente estos desplazamientos suyos a no ser en lo concerniente a su supuesta enfermedad mental.

La riqueza de *Eterna Memoria* es tal que aquí no puede comenzársele a hacer justicia. Baste, pues, mencionar algunos aspectos de la novela que merecen exploración: la influencia del impresionismo pictórico en la concepción gráfica y ambiental de la obra, lo simbólico en el texto a través de los números y de la expresión de una realidad unitaria y cohesiva, el narrador y los focalizadores, las proyecciones imaginativas, las técnicas narrativas, el absurdo.[13]

VII. *Algo está ocurriendo aquí*

La obvia sencillez del argumento de *Algo está ocurriendo aquí* (1976) puede provocar que el lector considere la obra como poco profunda. Nada más lejos de la realidad si se tiene en cuenta que lo presentado en la novela es a la vez las observaciones racionales de un hombre, Eguren, y sus obsesiones privadas e incomprensibles a veces para el personaje y aun para el lector. Pero *Algo está ocurriendo aquí* ofrece todavía más. La novela nos hace copartícipes no sólo de una realidad privada; somos además testigos de ese proceso de búsqueda que caracteriza a los seres humanos y que evidencia su falta de iniciativa o miopía para distinguir el nexo entre sus objetivos y sus medios dentro de un mundo carente de garantías y seguridades para el individuo.

No creo que sea atrevido afirmar que en *Algo está ocurriendo aquí* vivimos el proceso de destrucción del ser. Que esta destrucción sea o no total depende del sentido que le demos a las últimas páginas de la novela. El proceso al cual me refiero no es el normal, el biológico. Hablo de uno más profundo y no menos común: el mental, donde el hombre comprende sus limitaciones y se desilusiona consigo mismo y con sus poderes. Esta es la realidad que Hernández, a través de sus obras, ha tratado de expresar por poseer para él atributos que facilitan la mejor comprensión de la humanidad.

Al centrar su atención en la mente humana en *Algo está ocurriendo aquí*, Hernández logra destruir las limitaciones espaciales y temporales que sirven de frontera a la realidad física. Ello es posible si se tiene en cuenta la complejidad de la mente, sede a la vez de recuerdos, sueños, voces inexplicables, cargos de conciencia, imaginación, lo absurdo, lo aparentemente lógico sin serlo, etc. De todo esto hay en *Algo está ocurriendo aquí*, obra que a primera vista nos parece presenta las ideas de una persona, Eguren, pero que en realidad no depende de una monoperspectiva. Al no concentrarse únicamente en Eguren, en lo que él siente, al permitir que percibamos el caos en que vive el joven como reflejo de un caos más amplio que rodea al personaje, la desorientación de Eguren adquiere proporciones cósmicas y al hacerlo nos afecta. Esto ocurre ya que nosotros, los lectores, somos parte del mundo moderno que impulsa al personaje a luchar consigo mismo (cual lo hacemos nosotros en forma privada e individual). No importa que la realidad presentada en esta novela sea soñada, imaginada o con bases poco tangibles: el ser la vive y sufre diariamente como nosotros la nuestra.[14]

VIII. *Fábula de la ciudad*

En *Fábula de la ciudad* (1979) se hace copartícipe al lector de la desintegración, la putrefacción, de una sociedad donde, en última instancia, ningún ser humano se preocupa por sus hermanos y donde se vive apoyando lo establecido u oponiéndose sin moderación a ello sin alcanzar verdadera satisfacción vital. La novela es además un relato obsesivo al repetirse en ella escenas deprimentes sin que a primera vista se crea que dicha reincidencia resulte indispensable. Lo que ocurre es que únicamente al haber terminado de leerla se puede comprender que la supuesta redundancia a que me he referido permite que cobre cuerpo una percepción — imperfecta si se quiere — de la triste sordidez, la pobreza espiritual, en que viven los personajes de este relato.

El argumento de *Fábula de la ciudad* no es sólo obsesivo. Es también impreciso pues no se sabe con certidumbre qué es real y qué es soñado por los personajes. Desde este ángulo la obra se asemeja a otros escritos de Hernández donde el lector desconoce con exactitud qué ocurre. Lo fundamental en la obra concierne al fracaso existencial (sea real o mental) que cada individuo confronta debido a sus limitaciones inherentes y al imperfecto mundo que le rodea. Lo esencialmente temporal en la obra — referencia al franquismo y asuntos de esta naturaleza — , si bien asuntos populares en nuestro momento histórico está generalmente subordinado a través de la novela y ello infunde de envergadura a este texto.[15]

IX. *Pido la muerte al rey*

Publicada en 1979, *Pido la muerte al rey* es la extraordinaria historia de Gontrán Zaldívar Miedes, un enfermo en un manicomio que sufre la barbarie de una institución que fracasa en su intento de ayudar a aquéllos que están recluidos en ella. En este manicomio se es testigo de la indiferencia y el abuso de los médicos, las enfermeras, los administradores, etc., a la vez que se percibe la soledad de los pacientes y cómo pierden su humanidad y se convierten en animales siempre listos a satisfacer sus deseos físicos sin que les preocupen los sentimientos de los demás e ignorando todo tipo de normas civilizadas.

A pesar de lo ya dicho, *Pido la muerte al rey* es mucho más que un ataque violento a cómo la sociedad trata a los enfermos mentales. Es, también, una acusación de la sociedad en términos amplios pues Gontrán — e implícitamente quienes le rodean — ha sido víctima desde que nació y aun fuera del manicomio. Al respecto, sin lugar a dudas, resulta reveladora la cita de Chesterton con que comienza la novela: allí queda claro que el hombre se vuelve loco después de perderlo todo excepto su propia razón. No sorprende, pues, que en esta triste situación el protagonista conciba la muerte como el supremo medio de escape y que, por tanto, le pida al Rey ser ejecutado.

En términos artísticos, *Pido la muerte al rey* es otro magnífico ejemplo en la narrativa de Hernández de una inmersión en el mundo de lo incoherente, absurdo y caótico que depende en mucho de un lenguaje extraordinariamente innovador y creativo. Además, por medio de diversos focalizadores — Gontrán, otros personajes, el narrador mismo — se revela un mundo en el cual se carece de garantías sobre lo que en sí es real. En este ambiente, sin embargo, sólo una cosa se sabe con certeza: el ser sufre ante la hostil realidad que le rodea y se refugia — a veces en un tipo de autotortura — en un mundo esencialmente mental que se ha inventado para poder sobrevivir.[16]

X. *Bajo Palio*

Utilizando como punto de partida esa «nostalgia de los años de ayer» que ha prevalecido por diversas razones entre tantos españoles desde el regreso de la democracia a España, Hernández ofrece con *Bajo Palio* (1983) una obra que simultáneamente demuestra su gran humanidad ante la problemática política de su país y un marcado virtuosismo técnico que hace de esta novela un relato que si bien resulta muy español tiene mucho que decirle a aquéllos que tienen poco interés por esa nación.

Como bien ha dicho Frans Amelinckx, esta narración es una «hermosa y fascinante exploración de recuerdos individuales y colectivos» que se vale al unísono de los mitos de Osiris (algo universal) y Abel/Caín (representativo de la barbarie del hombre con el hombre y, más específicamente, de la problemática española como ya lo han documentado diversos textos).[17]

La historia de doña Virtudes Ladevota y su esposo, el caudillo don Leónides Eldevoto, es una de amor en lo relacionado al vínculo que unía a los dos personajes según esta relación es evocada por ella. Al mismo tiempo, la historia se sumerge en la realidad española de las últimas décadas, circunstancia donde, paradójicamente, se detectaba poco amor. Si bien por todo el texto se observa una actitud displicente hacia lo que representó don Leónides, ello no prohibe que se perciban los sufrimientos y aspiraciones de doña Virtudes cual auténticos. Dicho en otra forma, la novela evita dar una visión estereotípica de la realidad española y al hacerlo cuanto es descrito adquiere vida para el lector.

Con *Bajo Palio* demuestra Hernández, sin lugar a dudas, sus grandes dotes de fabulador. Como resultado, nada en el texto sorprende a pesar de que lo narrado debiera resultar a veces inverosímil (por ejemplo, la resurrección del caudillo y su desaparición durante un acto público).

XI. *Los amantes del sol poniente*

Con esta obra recibe Hernández el Premio de Novela Casino de Mieres en 1983. Indudablemente, es una de las creaciones suyas mejor ubicadas en el tiempo y en el espacio al ocurrir en un lugar específico (Toledo) y durante un momento bastante preciso (un mes de noviembre de un año posterior a la muerte del General Franco y de la visita que a España hizo el Santo Padre). A pesar de ello, es esta una densa novela ya que el lector al igual que el protagonista, nunca adquiere un conocimiento total de lo que ocurre. Ello es así debido a que en este texto Hernández pone gran énfasis sobre el equivoco que caracteriza a la realidad en términos prácticos.

La novela es la historia de un profesor de Instituto, Adrián Maldonado, que comienza a confundir y mezclar actos supuestamente reales con sucesos que ocurren en sus pesadillas. Aparentemente, esto queda justificado con una enfermedad que sufre y que nunca aparece verdaderamente diagnosticada en términos científicos, dolencia que le llevará a la muerte a finales de *Los amantes del sol poniente* y que, muy posiblemente, justifique las proyecciones imaginativas del joven profesor. Si bien lo que se ha sustentado se ajusta al texto que nos concierne, se ha excluido, sin embargo, un elemento de capital importancia en esta narración: la extraordinaria lógica que caracteriza los sueños de Adrián, atributo que tiende a convencer a este personaje y al lector de la veracidad de cuanto ocurre en ellos y de la posible supremacía que tienen estos sucesos sobre esa realidad cotidiana que usualmente creemos es expresión fidedigna de todo en el cosmos.

Pero no sólo se concentra la obra en la anfibológica realidad viviente. Se preocupa además de ese fin ineludible que confronta todo ser humano y que en el caso de Adrián se materializa en una figura etérea que él percibe junto a sí y a la cual él pretende identificar al asociarla con una de sus estudiantes, Margarita Pondal. De este ente que quizá surja de su mente desequilibrada se tiene plena conciencia ya que en el mundo psíquico de los personajes creados por Hernández está siempre presente el conflicto humano: lo que ellos piensan, por descabellado que parezca, se convierte en su realidad, en lo que justifica sus actos, pues en esta narrativa lo soñado posee bases tangibles al vivirla y sufrirla el ser diariamente al igual que nosotros la nuestra que usualmente es mucho más convencional.

Como es el caso en otras narraciones de Hernández, el título de esta novela es una magnífica metáfora que expresa perfectamente su contenido al hacer referencia a la aparente relación amorosa que vincula al hombre y a la muerte cuando se pone el sol, cuando se avecina la noche perpetua que durará esta curiosa e inevitable relación entre los dos. Lo ya dicho queda documentado en esos versos de Miguel Hernández que encabezan la obra: «No perdono a la Muerte/enamorada», esa figura que se aferra al individuo amorosamente y que le acompaña eternamente de forma tal que no puede ser perdonada por el que la sufre perennemente.

Otros aspectos de *Los amantes del sol poniente* que merecen mención especial lo son la presencia de pasajes descriptivos de gran maestría, el uso de un famoso cuadro de El Greco, y las técnicas narrativas que se utilizan a través del texto.[18]

XII. *El ayer perdido*

Se inicia la penúltima novela de Ramón Hernández con una nota de su narrador-protagonista, Vincente Anastasio, que afirma la realidad innegable de cuanto este texto contiene y como lo que se expresa en el relato es, simultáneamente, la historia de seres específicos y de todos los hombres al compartir ellos, en última instancia, una misma realidad. En este sentido, el individuo — según se documenta en su naturaleza y circunstancia — es igual a los restantes mortales, algo que justifica el por qué en este breve comentario del texto no me detenga a relatar su vida.

52

La historia de *El ayer perdido* (1986) es narrada por Vicente Anastasio ya después de su muerte. La ubicación del narrador fuera de la vida es sumamente efectiva al quedar justificado en esta forma que pueda expresarse sobre lo que percibió cuando todavía estaba en el útero de su madre y que logre demostrar marcada omnisciencia sobre aquellos que se cruzaron con él durante su vida. Más significativo lo es aun, sin embargo, que Vicente Anastasio consiga en ocasiones comprender el sentido transcendente de las cosas como resultado de su posición privilegiada al recrear su pasado desde la otra ribera.

Quienes conocen la producción literaria de Ramón Hernández descrubrirán en *El ayer perdido* una reafirmación de preocupaciones existenciales con antecedentes en otros textos suyos. Es así que la figura del padre de Vicente Anastasio recuerda a la de Hugo Obermaidan en *Eterna memoria* y que la difícil situación del protagonista sea parecida a la de los personajes centrales en *Fábula de la ciudad* y *Algo está ocurriendo aquí*. Añádase también cómo la tendencia de descubrir lo genérico en el individuo es algo que ya quedó planteado en *Presentimiento de lobos*, novela de la que proviene la figura del cura Celso, párroco que en *El ayer perdido* pasa a ser el confesor de la madre de Vicente Anastasio. Es también muy significativa la semejanza entre «El impostor» y las últimas escenas de la novela que nos concierne: en ambos el cuento y la obra más extensa se hace hincapié en lo que es la vida y en la equívoca y dolorosa relación entre el hombre y la deidad.[19]

La reaparición de tantos aspectos anteriores en la novelística de Hernández en *El ayer perdido* es de capital importancia: sirve para reiterar la cohesividad de la problemática humana en el tiempo y en el espacio a la vez que facilita nuestra mejor comprensión de otros escritos de Hernández al ser la escritura de su última novela más directa y accesible sin que por ello pierda en términos artísticos.[20]

Con *El ayer perdido* nos ofrece Ramón Hernández una magistral creación donde quedan plasmadas sus preocupaciones existenciales de forma tal que el lector llega a compartirlas en términos conceptuales y emotivos. Y es que en su última novela Hernández logra despertar esa nostalgia reflexiva que cada ser humano siente por su pasado y lo hace al mismo tiempo que se sumerge en la vida de una persona — Vicente Anastasio — que lleva dentro de sí mucho de todos los que como él compartimos, ineludiblemente, las debilidades físicas y espirituales que caracterizan al hombre en su efímera existencia individual.[21] Todo esto lo consigue *El ayer perdido* por medio de esa dimensión estética con que se expresan los recuerdos.[22]

XIII. Sola en el Paraíso

La última novela de Hernández, *Sola en el Paraíso* (1987), es una obra evasiva si se pretende identificar su historia. Y es que tal parece que la focalización que predomina en ella es la de su protagonista, doña Paulina, ser a través de quien, así mismo, se manifiestan las focalizaciones de cuantos le rodean. Es decir, esta dama, al narrar el texto, sostiene conversaciones con diversos narratarios—amigas, criados, empleados, Víctor y sí misma —donde, probablemente, imagina lo que ellos sustentan creándose así la falsa impresión de que existían en el relato diferentes focalizadores cuando en realidad es ella la fuente de todo cuanto se escucha. (Es ella un ejemplo vivo del típico narrador indigno de confianza.) La ya mencionada focalización es también aun más intensa cuando se mezcla lo que fue o pudo ser el pasado con lo que es o quizá sea el presente de doña Paulina.

La impresición que emana de la focalización predominante en *Sola en el Paraíso* resulta muy eficaz al captar el estado psíquico de una mujer sensible y desequilibrada quien pasada su juventud siente un gran vacío al comprender, en términos emotivos e intelectuales, la soledad en que se encuentra. Esta «solterona»—y uso el término en su sentido más angustioso y, por tanto, poético—recide en una mansión que para otros podría resultar un lugar ideal y que para ella se ha convertido en una tumba en vida. Es debido a esta situación que a esta residencia se le llama «Paraíso», sitio cuya perfección le es negada al ser humano.

Fondo ineludible al texto que nos concierne es la ciudad de Cuenca. Es allí que se observa la represión latente en términos existenciales que pueblos de esta naturaleza ejercen sobre quienes viven en ellos. Es en parte debido a lo que caracteriza a este lugar que resulta comprensible el absurdo predominante en mucho de lo que ocurre en esta narración.

Con *Sola en el Paraíso* hace Ramón Hernández, nuevamente, una cala en la sensibilidad humana y en el trágico destino que acompaña a cada cual debido a la existencia de fuerzas superiores que si bien hacen sufrir a los seres humanos nunca pueden—como bien dijo Hernández en otro contexto—dejarlos «vencidos».[23] Y es que el hombre—en este caso una extraordinaria mujer—aunque no le es permitido desentenderse de la realidad circundante, si puede, hasta cierto punto, crearse con su imaginación una que le resulte más placentera, más a fin con su sensibilidad.[24] Es, pues, *Sola en el Paraíso* una obra muy vinculada a la restante novelística de Hernández no solo por las alusiones intratextuales a otros escritos suyos. Además, prevalecen en este relato ciertos problemas usualmente identificables en otros escritos suyos (por ejemplo, el impacto negativo de la figura paternal sobre el hijo, la naturaleza enigmática de la realidad — posible reflejo de la incertidumbre en que viven ciertos personajes —, la inestabilidad mental — quizá locura — de su protagonista, el poderío de lo sexual — su represión — en el individuo. Todo esto y más lo da Hernández en su última novela, texto donde queda documentada la extraordinaria cultura de su autor.

* * *

La narrativa española de la posguerra civil se ha convertido para muchos — quizá demasiados — en una producción creativa esencialmente alienígena a la luz del gran número de escritores con que contamos y su marcada productividad. Esta situación, en mi opinión sin paralelos en las letras españolas durante previas épocas, explica parcialmente la ignorancia que sobre muchas facetas de la novelística contemporánea caracteriza no sólo a lectores «cultos» sino también a los llamados «especialistas o críticos literarios». Lo que he afirmado queda documentado si se recuerda el sinfín de estudios académicos que existen sobre unos pocos novelistas contemporáneos mientras que el resto — la mayoría — recibe poca atención a manos de los críticos sin que ello quede verdaderamente justificado. Ejemplo vivo de lo ya dicho lo es la narrativa de Ramón Hernández, escritor que aunque ya ha sido algo estudiado requiere más lectura y adicionales acercamientos críticos por parte de un público más amplio.

Como bien ha afirmado Santos Sanz Villanueva, todos los personajes de la obra de Hernández le conceden a su obra «una básica unidad — dentro de una pluralidad de matices — soportada sobre una acusación contra la sociedad, que hace posible la infelicidad» del ser (p. 173). Y es que en las obras de este extraordinario autor madrileño es posible sentir la necesidad que siente por expresar el dilema del ser humano en cuanto ansia universal de ser que termina en el no ser, en cuanto deseo persistente por realización que acaba en destrucción. Una variedad de factores precipita al hombre a su fracaso: su propia falta de iniciativa o miopía para vislumbrar la relación entre el objetivo y los medios, su desorientación provocada por la compleja realidad absurda del mundo contemporáneo y el carácter opresivo de fuerzas sociales que, establecidas para proteger al individuo, se convierten en su opresor. En cada una de las obras aparecen todas estas fuerzas, unas con mayor énfasis que otras. Dos hechos provienen de esta hermenéutica: el lector al leer una obra de Hernández lo que hace es, por una parte, vivir la destrucción del ser y, por otra, sentir una fuerte ola irónico-pesimista en la visión del mundo de aquél.

En la novelística de Hernández realidad e imaginación no sólo son alternativas a escoger, sino dos manifestaciones posibles del ser en su éxito o fracaso. Deseosos por realizarse, los personajes en unos casos sueñan y en otros crean y realmente viven su propia realidad imaginada. Pero el hecho de que el ser logre así realizarse o no es la pregunta que cada una de las obras procura y consigue desarrollar a su manera, dejando para el lector que forje su respuesta y que tenga que bregar por ella, desconociendo la opinión última del creador. A pesar a ser la imaginación un ingrediente clave en la realización del ser, el mundo psicológico — la mente — del personaje se convierte en el foco de donde fluye gran parte y en ciertos casos todo el conflicto humano y, por tanto, todo el material narrativo de la obra. La atención del autor sobre la mente humana se justifica además en la necesidad técnica de crear en su obra la verosimilitud necesaria que se forja al encontrar en lo narrado base lógica en el desesperado fluir psicológico vivido y padecido por cada personaje. Todo esto implica en Hernández un deseo ardiente de profundizarse en el alma humana, en la mente misma del ser humano, lo cual, a su vez, hace de su narrativa una experiencia artística compleja que depende de diversos recursos de expresión. En síntesis, se podría inferir de lo dicho que la ficción de Ramón Hernández se caracteriza, en un plano ideológico, por su universalidad temporal y espacial, algo que queda realzado por su escritura. Lo español si bien importante lo es menos que su preocupación fundamental por el hombre en sí, por su constante lucha consigo mismo y con su mundo.[25]

NOTAS

[1]*Historia de la literatura española. El siglo XX. Literatura actual* (Barcelona: Editorial Ariel, 1984), p. 173.

[2]Referencias a las novelas de Hernández provienen de las siguientes ediciones: *Presentimiento de lobos*, 2a. ed. (Madrid: Espasa-Calpe, 1979), *Palabras en el muro*, 2a. ed. (Barcelona: Seix Barral, 1984), *La ira de la noche* (Barcelona: Editorial Linosa, 1970), *El tirano inmóvil* (Barcelona: Seix Barral, 1970), *Invitado a morir* (Barcelona: Editorial Planeta, 1972), *Eterna Memoria*, 2a. ed. (Barcelona: Editorial Argos Vergara, 1975), *Algo está ocurriendo aquí* (Barcelona: Editorial Argos, 1976), *Fábula de la ciudad* (Madrid: Editorial Alce, 1979), *Pido la muerte al rey* (Barcelona: Editorial Argos Vergara, 1979), *Bajo Palio* (Barcelona: Editorial Argos Vergara, 1983), *Los amantes del sol poniente* (Lincoln: Society of Spanish and Spanish-American Studies, 1986), *El ayer perdido* (Barcelona: Seix Barral, 1986), y *Sola en el Paraíso* (Barcelona: Plaza & Janés, 1987).

[3]Refiero al lector a las teorías narratológicas de Shlomith Rimmon-Kenan, *Narrative Fiction: Contemporary Poetics* (Londres y Nueva York: Methuen, 1983), pp. 77-82.

[4]Sobre esta novela véanse mis siguientes dos ensayos: «*El buey en el madero*: un estudio esquemático», en *Novela española contemporánea*, 2a. ed. (Madrid: Sociedad General Española de Librería, 1980), pp. 135-42, y «Lo interpersonal en *Presentimiento de lobos*: un estudio de los modos de

transmisión,» en *Estudios en honor a Ricardo Gullón* (Lincoln: Society of Spanish and Spanish-American Studies, 1984), pp. 141-53.

[5]*Saturday Review* (8 de noviembre de 1969), p. 53. Todavía no había aparecido *Eterna Memoria.*

[6]Sobre esta novela léanse las observaciones críticas de Luis González-del-Valle, «Sobre los temas y técnicas narrativas de *Palabras en el muro,*» y Vicente Cabrera, «La contradicción existencial en *Invitado a morir* y *Palabras en el muro*», ambos en *Novela española contemporánea,* pp. 142-58 y 165-67, respectivamente.

[7]Al tratar los narradores homodiegéticos, Rimmon-Kenan ya ha observado cuan poco fidedignos resultan ser generalmente (pp. 94-95, 100-103).

[8]Sobre *La ira de la noche* se han expresado Vicente Cabrera, «La invención de la realidad en *La ira de la noche,*» y Luis González-del-Valle, «*La ira de la noche,* novela de la locura», ambos en *Novela española contemporánea,* pp. 177-85 y 167-77. Por su parte, Robert Alter ha estudiado la novela autoconsciente en *Partial Magic. The Novel as a Self-Conscious Genre* (Berkeley: University of California Press, 1975).

[9]«La imposibilidad del ser en *El tirano inmóvil,*» en *Novela española contemporánea,* p. 185.

[10]Mis comentarios sobre *El tirano inmóvil* dependen en mucho de las percepciones de Cabrera, pp. 185-97.

[11]Cabrera, «La contradicción existencial en *Invitado a morir . . .*», p. 161.

[12]Léanse los estudios de Cabrera (pp. 158-65) y M. Gómez Ortiz, «Una gran novela de Ramón Hernández. *Invitado a morir o el arte de bien narrar*», *Nuevo Diario* (10 de diciembre de 1972).

[13]Un paso inicial y tentativo lo da mi ensayo «*Eterna Memoria:* un estudio interpretativo», en *Novela española contemporánea,* pp. 200-14. Mucho – mucho más – tiene que estudiarse en esta novela.

[14]Se basan estos comentarios en mi estudio «La 'intercomunicación narrativa multidimensional' y *Algo está ocurriendo aquí*», en *El teatro de Federico García Lorca y otros ensayos sobre literatura española e hispano-americana* (Lincoln: Society of Spanish and Spanish-American Studies, 1980), pp. 229-38.

[15]Léase mi ensayo «Hacia una interpretación de *Fábula de la ciudad*», en *El teatro de Federico García Lorca . . .*, pp. 239-47.

[16]Reseñas sobre esta obra han sido escritas por Manuel Cerezales (*ABC,* edición semanal [31 de enero de 1980], p. 24), Margaret E.W. Jones (*Anales de la narrativa española contemporánea,* 5 [1980], 197-98), y Luis González-del-Valle (*World Literature Today,* 54 [1980], 408).

[17]Amelinckx comenta todo esto en su reseña de *Bajo Palio* publicada en *Anales de la literatura española contemporánea,* 9 (1984), 312-13.

[18]Véanse: mi breve estudio «El hombre: fluctuante realidad e inmutable fin. *Los amantes del sol poniente*», *Cuadernos del Norte,* 30 (marzo-abril de

1985), 91-93, y el ensayo que redacté con Miguel Ruiz-Avilés, «*Los amantes del sol poniente* y el hombre ante su plurifacética existencia», en *Los amantes del sol poniente* por Ramón Hernández (Lincoln: Society of Spanish and Spanish-American Studies, 1986), pp. 143-57.

[19]Véanse: «El impostor», *Papeles de Son Armadans*, 196 (julio de 1972), 71-84, y mi breve estudio sobre este relato en *Novela española contemporánea*, pp. 199-200.

[20]En una versión anterior a la de su primera edición, la novela concluía con un breve capítulo donde se narraba el nacimiento de un hijo de Vicente Anastasio, ser que con el pasar de los años se convertiría, aparentemente, en otro Vicente Anastasio al continuar las actividades de su progenitor. En esta forma, se ponía énfasis en el proceso cíclico de la existencia humana. Esta versión anterior de la novela se titulaba *El amor imposible*. Mi agradecimiento a su autor por permitirme leerla.

[21]Significativamente, por todo el texto hay referencias a otros escritos, canciones y hechos históricos que, en términos intertextuales, hacen más comprensible cuan monolítica es la realidad en última instancia.

[22]Estas aseveraciones se basan en mi reseña de la novela (*Anales de la literatura española contemporánea*, 11 [1986]). Véase además la muy valiosa recensión de Gonzalo Navajas (*Siglo XX/20th Century*, 4 [1986-87]).

[23]Véase el poema «Dejé mi vida, dejé mi amor», *Siglo XX/20th Century*, 4 (1986-87), 68.

[24]Es en este sentido que se percibe la importancia de la cita a *El hombre sin atributos* por Robert Musil que precede a la novela: «La hermosa mujer, en plena madurez, se sentía ahora joven y como con un juguete en los brazos . . .» (p. 7).

[25]Algunas de estas ideas son incluidas en un estudio que escribí con Vicente Cabrera («Claves temáticas y técnicas en la narrativa de Ramón Hernández», en *Novela española contemporánea*, pp. 214-18). En esta ocasión el lector es referido a dos entrevistas mías con Hernández donde él se ha expresado sobre su obra: *Hispania*, 58 (1975), 554-55, y *Anales de la novela de posguerra*, 2 (1977), 103-107.

EL NOVELISTA COMO FABULADOR DE LA REALIDAD: MAYORAL, MERINO, GUELBENZU...

Germán Gullón
University of Pennsylvania

«Como no damos con la imagen artística de nuestra realidad, nos remitimos a aquella imagen, artísticamente consagrada de una realidad pareja, si antecedente».

Jesús Aguirre, Duque de Alba, *Casi ayer noche*

«The paranoia that permeates the metafictional writing of the sixties and seventies is therefore slowly giving way to celebration, to the discovery of new forms of the fanstastic, fabulatory extravaganzas, magic realism (Salman Rushdie, Gabriel García Márquez, Clive Sinclair, Graham Swift, D.M. Thomas, John Irving)».

Patricia Waugh, *Metafiction*

El talento artístico se revela cuando la inteligencia creadora encuentra su forma expresiva, al producirse esa condensación de propósito y resultado germina la obra de arte. Cuando tal emparejamiento resulta difícil y al pensamiento le cuesta encontrar la forma exacta—o viceversa, a la forma hallar el pensamiento que la constituye—, entonces sólo cabe buscar un compromiso artístico en la producción anterior, inspirarse en modelos previos ya consagrados. Esta sería la actitud predominante en las inmediaciones de la posguerra, testimoniada por nuestro primer epígrafe,[1] bien distinta de la que evidencia el segundo,[2] referente a la novela actual de la que aquí me ocuparé. Ahora, una vez franqueado el túnel experimental de la era de la metaficción, el género vuelve a recobrar sus aires de fábula, cuando la realidad vuelve a engalanarse gracias a la magia de la inventiva del verbo creador.

Es innegable que la situación socio-política de las décadas iniciales de la posguerra española resultaba inadecuado para que los novelistas consiguiesen frutos sazonados. Ni tenían claro el pensamiento con que se enfrentaban a la realidad, ni ésta les propiciaba muchas visiones estéticas. Los modelos de la picaresca y de la novela existencialista junto con una concepción de la realidad inspirada en el liberalismo institucionista-orteguiano eran los inciertos caminos de difícil encuentro artístico; sin embargo, y a pesar de tamaños obstáculos, escritores como Camilo José Cela, Ana María

Matute y Carmen Laforet lograron sorprendernos dejando testimonio de la irrepresibilidad del instinto creador, bien fuera en su elemento estilístico (Cela), vivencial (Laforet), o sensible (Matute).

En los años sesenta las cosas cambian drásticamente. El genio de Luis Martín-Santos, la constancia creadora de Miguel Delibes, los poderosos desafíos a lo convencional de Juan Goytisolo, o el subyugante espacio mental de Juan Benet auguran un futuro esperanzador; a las novedades y primicias de la inmediata posguerra se agrega ahora la posibilidad del re-nacimiento de una novelística española original. Gracias a los unos (Cela y demás) y a quienes les siguieron (Martín Santos y compañía), añadidos al empujón formal de la novelística hispanoamericana que vino a espabilar los intentos renovadores nacionales (de Gonzalo Torrente Ballester, por ejemplo), nuestra narrativa entra en la década de los setenta totalmente homologable con la escrita en lenguas ajenas al castellano y en las diversas latitudes de la nuestra. Baste mencionar *Recuento* (1973), de Luis Goytisolo, como muestra de la excelencia composicional y nivel estilístico alcanzados por aquellas fechas.

Dando una nueva zancada en nuestras botas de siete leguas, nos situamos a mediados de los años setenta. Entonces comenzaba a rebullir un grupo de escritores más jóvenes, me refiero a quienes cumplen sus cuarenta años a comienzos de la década de los ochenta, nacidos a la vida literaria cuando el experimentalismo formal no es ya una moda ni una novedad, sino una característica del hacer novelístico moderno o postmoderno. Y además, muerto o a punto de morir el generalísimo Francisco Franco, perciben la realidad de manera distinta a la de sus mayores; su educación, por ejemplo, se efectuó en una España con horizontes de bienestar económicos, y cuanto esto entrañaba de viajes, educación, etc., posibilidades de interacción con otras culturas, con K y con c minúscula, superiores a las de sus predecesores, y por ello comenzarán a entender la realidad desde otras perspectivas. En vez de verla por el prisma pesimista (que ejemplifica tópicamente bien *El Valle de los Caídos* [1978], de Carlos Rojas), quizás en diez años solamente, comienzan a descubrir en ella sus pequeños encantos e incongruencias. Y esto ocurre porque la realidad se ha liberado del conjuro vital que imponía la dictadura franquista; al levantarse el peso ideológico desciende sobre la realidad o brota de ella su riqueza legendaria, su encanto primitivo. Esa magia o aura la explica el protagonista de *El caldero de oro* (1981), de José María Merino, así:

> Y por una causa desconocida y que acepté sin buscar
> ninguna justificación, aquella ceniza tan recientemente
> descubierta en las cosas, aquellas muecas de los
> rostros y de los paisajes que parecían reflejar el gesto
> absoluto y eterno de un Dios hastiado, fueron desapa-

reciendo según me acercaba al pueblo del abuelo. Las largas choperas estaban perdiendo sus últimas hojas, había hogueras en los rastrojos y todo tenía un reverbero intenso sin brumas ni barnices. (p. 41)[3]

Ese grupo de jóvenes escritores, poseedores de un enorme talento literario, han situado (lugar = l.) coincidentemente sus novelas en el noroeste español, zona geográfica de donde la mayoría son oriundos (nacido = n.). Además de José María Merino (l. León; n. ídem), Marina Mayoral (l. Galicia; n. Mondoñedo (Lugo)), y José María Guelbenzu (l. Asturias; n. Madrid, con raíces familiares asturianas), los tres que figuran en el título del ensayo, la nómina debe incluir al menos a otros dos leoneses: Luis Mateo Díez (l. León; n. ídem) y Julio Llamazares (l. las montañas de Asturias y León; n. Vegamián (León)), y es suceptible de ser ampliada con escritores algo mayores como el excelente narrador Antonio Pereira.[4] Tampoco debemos olvidar que la obra de Juan Benet trascurre principalmente en Región, espacio prefigurado en un lugar de la provincia de León.

Lo interesante y significativo de tales convergencias en el noroeste español no proviene del lugar (sus características topográficas), la sorpresa surge del carácter de los espacios creados, coincidentes en estar permeados por la fantasía, lo inesperado. Como todos los escritores citados escriben en Madrid, la localización literaria de sus obras les obliga a efectuar un regreso imaginativo al lugar de origen, armados con sus respectivas conciencias narrativas, dispuestos a compenetrarse con la realidad originaria, a asomarse a las leyendas, lo curioso, los mitos, eso que yace entre lo maravilloso, lo fantástico y lo inaudito. Parece una literatura de escape sin serlo, lo que pretende es encontrar o ampliar nuestro sistema de valores (éticos y perceptuales) más allá del que adoptamos para valernos en la vida cotidiana. Y consiguen su objetivo al seguir el camino más viable, recrear lo inusitado y utilizarlo de llave con la que abren las puertas infranqueables a lo consuetudinario, al sentido común, al hábito burgués que domina la vida nacional. Así pues, esta generación intenta hacer dos cosas: reflejar la vida, el mundo, la España que les ha tocado vivir, mientras expanden sus fronteras vitales. Ese viaje al noroeste que emprenden los escritores se asemeja al del personaje de Borges en el cuento que cierra su libro *Ficciones*, que marcha hacia «El Sur». Noroeste y Sur tienen un sentido equivalente, son los lugares donde la imaginación remonta el vuelo hacia nuevos horizontes.

Un precioso libro de otro leonés, y me refiero a *El Transcantábrico* (1982), de Juan Pedro Aparicio, podría servir de símbolo de esta generación. Se trata del relato del viaje en el destartalado tren de vía estrecha que une Bilbao con la Robla, por el que la hulla de la provincia leonesa alcanzaba los altos hornos vizcaínos, efectuado un día de junio de 1980. Significativamente, el viaje lo efectúa el autor al revés, de Bilbao a León, hacia el noroeste, y en él va re-descubriendo los insólitos parajes que ofrece el olvidado camino de hierro. Los seres reales que pueblan la narración, el maquinista, el Chuchi, el revisor, o Nazario, el encargado del furgón de cola, son seres sacados de la realidad (aparecen en el libro con sus propios nombres y retratados en fotografías), pero sus figuras acaban adquiriendo unas proporciones superiores a las que su carácter tal y como allí se les retrata poseen. Aparicio consigue, gracias a su maestría estilística, hacer del viaje en un prehistórico, incómodo y descuajaringado tren de vía estrecha, una bella odisea en tono menor. Y lo hizo con tanto éxito que la FEVE, compañía propietaria los ferrocarriles nacionales de vía estrecha, ofrece ahora el recorrido para turistas en vagones de lujo. No cabe mejor ejemplo de re-encantamiento de la realidad; Aparicio, sin duda, amplió nuestras impresiones de la realidad. Considerado desde el prisma que nos prestaba el franquismo político, el transcantábrico es un ejemplo de la desidia nacional, mientras para el artista-fabulador testimonia la pervivencia de un mundo que aún late a la medida de lo humano.

En *Coto vedado* (1985), el irreprimible Juan Goytislo emite un juicio, o mejor dicho, la expresión verbal de una rabieta pasajera, en la que descarta la posibilidad de que en España se dé ese tipo de 'realismo mágico', y utilizo el término provisionalmente y para acortar, que tanto se ha ensalzado en la novela hispanoamericana actual. Pienso que no se refiere a los jóvenes citados, sino que Goytisolo pudiera aludir a Juan Benet:

> una frondosa almáciga de epígonos que nietos o descendientes del autor de *Palmeras salvajes*, han implantado o tratado de implantar el mundo alucinante de Yoknapatawpha — visto a través e la linterna multicolor de Macondo con sus levitaciones, brujas, abuelas sabias, niñas prodigiosas, lluvias de sangre, galeones varados en un bosque de ceibas —, no sólo en los espacios selváticos a antillanos sino también en tierras tan cicateras y reacias a esa clase de maravillas y portentos como la cantabrica, aragonesa o gallega. (p. 257)[5]

La cita habla por sí misma. Recordar a Ramón María del Valle-Inclán bastará para afirmar que el mundo de Macondo (¿y por qué no el anterior del Méjico de *Pedro Páramo*?) tiene también sus correlatos en la Galicia milenaria con sus brujerías y hechos inexplicables.[6] Lo extraordinario del mundo faulkneriano y del creado por Gabriel García Márquez no reside en su entidad real sino en la estética; a Faulkner se le considera uno de los iniciadores del modernismo menos por sus dotes de observación o transfiguración del sur norteamericano, que por su habilidad para conferirle una forma adecuada a la visión fragmentada del entorno propia del hombre actual. Mas, la cita me desvía de mi camino. Deseo, de momento, reafirmar, aunque sólo sea por medio de alusiones al mundo de Valle-Inclán, que la posibilidad de encantamiento de la realidad del noroeste goza de ilustres precedentes en la literatura española; sin ir muy lejos, en fecha menos lejana, Ana María Matute incorporó también una alusión regional al título de su novela *Fiesta al Noroeste* (1952), equiparando el noroeste con la llegada del circo, con el lugar donde ocurren las aventuras, los hechos insólitos. El noroeste en el que sitúo a los narradores es, pues, el lugar donde la realidad recuperará el encanto perdido.

Cada uno de los fabuladores del noroeste procede de modo diferente. En el caso de Marina Mayoral, lo inaudito se introduce en la realidad de los personajes, les afecta, y ellos reconocen su efecto perturbador. En las novelas de Merino, los personajes son quienes buscan lo fantástico, casi, casi diríamos que crean la fantasía de la propia realidad. Mientras, en la novelas de José María Guelbenzu, lo increíble consiste en que tras el mundo habitado por los personajes parece ocultarse una realidad secundaria, cuyo velo nunca levantamos por entero, tan sólo intuimos su faz a través de unos leves fragmentos de evidencia. La fantasía irrumpe, por tanto, en la realidad mayoraliana; el narrador meriniano la busca por igual en su vida, a través de los personajes, como en la escritura, con lo cual vida y técnica literaria se sitúan en un mismo plano, la espiral de la fantasía — y al uno lo coge la vida y al otro la retórica del género fantástico; en Guelbenzu, lo fantástico es una sombra latente plena de sentido, de significados apenas vislumbrados.

Mayoral, Merino, Guelbenzu, y el resto de los fabuladores están redefiniendo la identidad del género en los años 80, buscan los complejos signos de lo real en contextos semánticos y significativos de mayor latitud, donde todavía cuenta lo inasible, en una realidad agotada por el consumerismo, por la política, o por la insuficiencia de la vida afectiva. Tales viajes imaginativos a los lugares originarios suponen una vuelta a la semilla de lo humano, la búsqueda de una imagen en que plasmar la íntima desazón que les produce un mundo que siendo como es se sueña distinto.

La realidad cobra en sus textos una entidad primigenia, en cierta medida se convierte en una desconocida, al reencontrarse se aleja de nosotros, desfamiliarizándose. Nuestros tres novelistas son muy adeptos a utilizar distintas perspectivas en sus obras. No existe en ellas una conciencia dominante, la narración proviene de ángulos diversos, es decir, la realidad es vista y contada desde perspectivas variadas, lo cual da la sensación de un cierto relativismo al conjunto narrativo. Esta característica formal, el multiperspectivismo, supone a la vez una manera de presentarnos la dificultad de comprender la realidad; lo cual nos lleva a comprender que el reencantamiento de la realidad, el considerar sus aspectos legendarios ocurre, en principio, porque a nivel formal se ha perdido la confianza en el poder de penetrar la realidad, de llegar a entenderla.

Marina Mayoral

La narrativa de Mayoral muestra, por un lado, una veta novelística de fácil identificación: la realista. La autora gallega trabaja con materiales fácilmente verificables, la imaginación del lector no precisa recorrer un largo camino para autentificar su existencia en el mundo tridimensional. El salto de la palabra a la vivencia lectorial suele ser bastante limpio, nunca se convierte en una pirueta metafícticia; lo cual tampoco implica que sea una novelística decimonónica, tradicional — añádase aquí la ristra de connotaciones negativas que deseen adscribirse a tal caracterización. Al revés, sus ficciones ofrecen un claro propósito de adecuar la forma a lo narrado; no exhiben, en cambio, el intento postmoderno de subvertir lo contado.

Al componente mimético básico lo acompaña el que llamaré legendario, a falta de una mejor denominación. Los habitantes del ámbito ficticio mayoraliano existen sumidos en un ambiente que late con una pulsación emotiva propia. Y esa atmósfera viene adscrita a un lugar: Galicia, bien porque sirva de escenario, en *Cándida otra vez* (1974), o porque sea el humus de donde emanan los recuerdos de la niñez o las remembranzas del pasado en general, evocados desde la urbana realidad (Madrid) de la vida profesional del presente, caso de *Contra muerte y amor* (1985). El carácter emotivo de sus personajes se forja en ese rincón del noroeste nacional; Pedro Souto, centro de conciencia de *Cándida*, y ella la nominada en el título, ejemplifican el poder sugestivo con que el lugar natal marca a la persona. La protagonista de la primera novela de Mayoral, Cándida Monterroso de Cela y Castedo, revela ya en la sonoridad de su nombre el timbre de la hidalguía gallega, el resonar del eco de antiguos privilegios. Pedro, por contraste, tiene un apellido corriente, Souto, perteneciente a una familia humilde. Desde la infancia se siente atraído por Cándida, desde entonces ella intuye en él la solidaridad de un lazo amistoso basado en una atracción misteriosa.

Cuando Cándida se vea implicada en un desafortunado incidente acude a Pedro, convertido ahora en un exitoso abogado laboralista, el cual se hallaba en Ibiza reponiéndose de un amago de ataque cardiaco; acto seguido de recibir el aviso, sin pensarlo dos veces, vuela a Galicia en auxilio de Cándida, olvidándose de las prudentes prescripciones facultativas acerca de la recuperación. ¿Por qué lo hace? Porque Cándida, la de los ojos verdes, propios de los

Monterroso de Cela, le atrae como un imán (Circe) — como la sirena becqueriana cautiva a Fernando de Argensola desde la fuente. Y lo que le seduce de la joven doctora es precisamente el que sea una Monterroso, su nobleza, lo que la hace diferente, el ser una especie de vendaval de pasión y de muerte — lo contrario de Herda, su eficiente secretaria y amante.

Ambos componentes de la narrativa mayoraliana, el legendario y el referencial, reciben una atención composicional parecida. La realidad que sirve de base a la ficción está elaborada con cuidado, tiene un sabor de contemporaneidad superior al que gustamos en las novelas de los escritores de generaciones precedentes. En la narrativa que nos ocupa encontramos abogados laboralistas (como Pedro), boxeadores, mujeres juristas y médicos, en fin, una gama bastante representativa de los pobladores de la urbe actual, nada parecida a los tríos de médicos, boticarios y los representantes de las fuerzas vivas habituales en la novelística de los años cincuenta. Mayoral no ofrece una visión del presente mezclada con lo arcaico o con el pasado, frecuente en las novelas de Camilo José Cela o de Miguel Delibes. Son relatos repletos de hoy; lo que tienen de pasado llega vía la incorporación de las tradiciones vivas no como una consagración de la rutina, de los hábitos adquiridos en un pasado relativamente cercano.

Todo ello explica y justifica el hecho de que las cuatro novelas de Mayoral publicadas hasta el presente — las dos mencionadas *Cándida y Contra muerte y amor*, su primera y su última, y *Al otro lado* (1981) y *La única libertad* (1982) —, comparten un mismo universo creado, componen una especie de *Comédie humaine*. Los frondosos árboles genealógicos de dos familias, los Monterroso de Cela y los Silva, residentes en una inventada ciudad gallega, Bretema, pueblan esos mundos ficticios; las relaciones habidas entre tres generaciones (abuelos, padres, nietos) y el mundo en el que viven gobiernan su interacción novelesca.

El amor, la muerte y la insatisfacción personal dominan la temática de Mayoral.[7] Hay novelistas que ocultan a la muerte, dejan a sus personajes disfrutar de una vida completa antes de enfrentarles con esa realidad; en las obras que comento la muerte es ubicua, una constante a nivel temático, tan es así que los narradores de dos novelas tienen sus días contados: Pedro se recupera de un ataque al corazón en *Cándida*, y Etel, en *La única*, padece de tuberculosis y está al borde de la muerte.

El amor y la insatisfacción personal comparten una característica común: testimonian los obstáculos interpuestos a la búsqueda de la felicidad humana. El hombre y la mujer parecen hallarse en un espacio donde los encuentros y desencuentros ocurren en momentos inapropiados; la Cándida madura se enamora de un joven, quien quizás sea pariente suyo, mientras su ternura la lleva luego a hacer el amor con Pedro cuando éste tiene ya una amante, Herda, quien, a su vez, le abandona en la novela siguiente, *Al otro lado*. Obra en la que Silvia se enamora de su primo, para luego robarle sin querer el novio a su hermana, éste, a su vez, muere pronto, y ella se vuelve a casar . . .

La temática recién bosquejada basta para hacerse una idea de que la búsqueda de coherencia de una lógica en la vida, bien sea en el terreno amoroso, de la satisfacción personal, cuando tratamos de forjarnos un futuro, carece de sentido, o mejor dicho, su sentido es uno que conduce a la desilusión, siempre acabamos en un desencuentro con el destino deseado, y éste lo encontramos cuando caminamos en la dirección opuesta. Sumado todo ello al hecho aludido de que dos de los narradores están una deshauciada (Etel) y el otro marcado por la enfermedad (Pedro), siendo ambos las conciencias en sus respectivas novelas, nos damos cuenta del escepticismo con que la autora emprende la recreación de la realidad.

Aunque el talante novelístico de Marina Mayoral evita el experimentalismo, sus novelas se caracterizan, en lo referente a sus técnicas narrativas, por la pluralidad de voces que en ellas escuchamos. Los dos mejores ejemplos son *Al otro lado* y *La única libertad*, donde los diferentes capítulos cuentan versiones de lo sucedido observadas desde varios ángulos, desde puntos de vista distintos. Las versiones nunca encajan una con la otra, al contrario, forman un mosaico de relatos superpuestos. Mayoral utiliza el perspectivismo para relativizar la verdad y no para crear una versión única. Por lo tanto, el afloramiento de lo legendario de que hablaba viene a ser una tabla de salvación para un mundo en el que no existe la verdad, donde todas las ideas, perspectivas, ángulos de visión, sumados los unos y otros no contestan nuestras preguntas sobre la realidad, sino la socavan. Son el repositorio de nuestras intuiciones, de lo apenas entrevisto entre lo sentido y lo soñado, ese algo devuelve a la realidad su poder consolador, al desequilibrar la causalidad racionalista.

José María Merino

La diferencia entre Mayoral y Merino con respecto a su actitud ante la realidad contemporánea en que novelan reside, según apunté, en que para la primera lo misterioso se impone a nuestra realidad cotidiana, mientras los personajes merinianos lo buscan. Merino usa lo fantástico como tema al tiempo que explora sus posibilidades al utilizarlo como subgénero literario. Es decir, la búsqueda de Merino es a la vez vivencial, literaria y literal.

Una constante en la evolución novelística de José María Merino, autor hasta el presente de tres novelas, *La novela de Andrés Choz* (1976), *El caldero de oro* (1981), y *La orilla oscura* (1985), es la tras-

66

gresión en sucesivas entregas de los límites temporales y de espacio a que el hombre vive acostumbrado. O dicho de otra manera, su narrativa asciende poco a poco hacia alturas más literarias; la ejecución de la tercera novela necesita menos de la realidad que su segunda o que la primera. En *La novela de Andrés Choz*, el protagonista, un editor leonés, descubre que le quedan tan sólo unos meses de vida, que decide pasar en un pueblo norteño escribiendo una novela de ciencia-ficción.

Lo concerniente a León, la playa del norte, el amigo y socio con quien se corresponde, que presta consistencia referencial a la obra, se narra en unos capítulos que alternan con los dedicados a la transcripción de trozos de la novela sobre los extraterrestres. Obsérvese que el protagonista escribe una novela fantástica, Merino, y ya lo apunté antes, además de utilizar lo fantástico en sí, utiliza la escritura no para pulsar la realidad, sino para comparar las convenciones con que nos enfrentamos a la realidad y a lo fantástico. En su última entrega, *La orilla*, ya no sabremos si el protagonista es un joven profesor leonés o un puro figmento de la realidad autorial, si lo soñó o él fue el soñado. Aquí no es ya que el perspectivismo esté relativizado, es el mismo género novelesco, en que el discurso literario contamina el mundo de lo imaginario. Merino quiere que el lector penetre en la realidad fantástica o fantasía realista a través de un texto que deconstruye sus propias normas, no sólo las vivencias de si dependemos de otro ser, de su forma literaria, de si somos sueños de otro (Borges, Calderón), sino literales, va examinando cómo las maneras de representar las fantasías se insertan unas en otras. Es decir, que si el multiperspectivismo lleva a lo relativo, la fantasía igualmente conduce a una fantasía distinta, y ésta a otra, nunca acabamos tocando el mundo, lo único que hacemos es re-encantarlo.

José María Guelbenzu

Con *El río de la luna* (1981) puso Guelbenzu un broche de oro a su primera etapa novelística, que comprende sus novelas el *Antifaz* (1970), *El pasajero de ultramar* (1976), y *La noche en casa* (1977). El principal lugar de la acción es Asturias, con incursiones a Madrid y París. Digo el lugar y no el espacio, pues determinar éste resulta más difícil. Desde el título intuimos la cualidad particular de la narrativa de Guelbenzu, la presencia en ella de una realidad apenas entrevista, la verdadera, oculta tras la cotidiana, la que sustenta nuestros sentidos. De hecho, toda la novela supone un continuo careo de la realidad palpable, la que ofrece tres dimensiones, con la otra, con la latente en la penumbra del sentir, inabarcable con la inteligencia. Guelbenzu ficcionaliza magníficamente su engarce y la armonía de la que depende la calidad y cualidad del existir cotidiano.

La fábula de *El río* se deja resumir sin dificultad. Fidel Euba, el protagonista, pasa una noche y un día en una villa de la costa cantábrica probablemente Colunga (Asturias), a donde ha acudido a reencontrarse después de casi quince años por unas horas con un antiguo e inolvidable amor, Teresa, casada ahora con un tal Hugo. Durante la primera noche le cuesta conciliar el sueño, el viento sopla afuera de su ventana, le trae los recuerdos del ayer, las imágenes de sus múltiples experiencias amorosas y vitales. Desvelado, por fin, decide bajar al bar del hotel en busca de alguna bebida. Naturalmente, el servicio está cerrado, no obstante advierte un tenue resplandor en el local, entra en él y encuentra allí sentado a un hombre con una cicatriz facial en forma de media luna, quien ha depositado un anillo en forma de serpiente en la mesilla, y que cuenta la extraña historia del niño llamado José, perdido en un laberinto. Este hombre, el nocturno relator, fue también, según sabremos con posterioridad, un amante de Teresa. A la mañana siguiente se produce el encuentro con Teresa; Fidel y ella, después de un día dedicado a rememorar la juventud, acaban haciendo el amor, acosados por el temor de que un *voyeur* (¿Hugo, el marido, o el hombre de la cicatriz?) les está observando. Tras despedirse definitivamente de Teresa, Fidel se interna en un lugar solitario, donde lo acuchillan y muere.

Este resumen de las líneas maestras de la fábula pretende destacar un par de aspectos de la obra, la extraña coincidencia del relator, el hombre de la cicatriz en forma de media luna, y de Fidel, y el reencuentro de éste con Teresa. Esenciales, a mi parecer, porque ejemplifican la sucesión de encuentros y desencuentros, reforzados por la organización formal, que tratan de reproducir, por una parte, las vueltas con que a veces el azar nos enfrenta a una circunstancia que nos parece providencial, justificadora de un futuro armonioso, y, por otra, su opuesto, el cómo esos encuentros terminan siendo un desencuentro, pues nunca logramos la armonía, el ajuste.

La novela comienza siendo el relato de la pesadilla de un adolescente, José, quien perdido, al comienzo, en un alcantarillado y, luego, en un café, donde es llevado y traído, aconsejado, y principalmente confundido. Los clientes del establecimiento le ofrecen una salida al espejismo fatal en que se sume el adolescente, unos engañándole con respecto a la verdad, los demás aconsejándole que se conforme con la suerte, excepto el hombre de la media luna, el relator, que no le quiere ilusionar con la idea de una posible escapatoria.

La historia es la escuchada por Fidel durante la noche de insomnio, la del relator, el hombre de la cicatriz, a quien antes había amado e igualmente abandonado Teresa. Y según se van sucediendo los diversos apartados, que no capítulos, de la parte inicial de la novela, vamos leyendo alternativamente la historia de José, del desencuentro, del azar, y del encuentro, en que Fidel y el anterior amor de Teresa se encuentran en el mismo hotel, y el uno escucha al otro. Como en Merino, la forma de la novela ayuda en la búsqueda en que se encuentra el protagonista. La gran diferencia es que en Merino el personaje todavía tiene la posibilidad de perderse en lo mítico, en lo legendario, eso late ahí, aunque el personaje lo llegue a perder.

Es muy curioso que tanto *El caldero de oro* como *El río de la luna* terminen con la muerte de sus respectivos protagonistas, conciencias ambos de sus novelas, y que lo hagan de una forma que recuerda mucho el extraordinario cuento de Horacio Quiroga, «El hombre muerto», donde se nos cuentan los últimos momentos, la agonía, cuando la presencia del mundo físico alrededor hace increíble la verdad sobre la muerte inminente, mientras, por otra parte, el dolor nos aviva la conciencia, haciéndonos rememorar la vida anterior. Mas, la diferencia reside en que cuando muere Fidel muere lo aprendido por experiencia personal, desaparece con él, se escapa en ese grito esencial que lo une con el hombre de la cicatriz (pp. 106 y 345). Mientras en Merino, el caldero de oro permanece enterrado para solaz y alivio de cuantos tengan la sensibilidad para buscarlo o la suerte de encontrarlo y entender su significado.

Si los tres narradores coinciden en novelar el desencuentro entre lo real y lo legendario (Mayoral), entre lo presentido y lo vivido (Merino), en armonizar las experiencias vividas en la creación de una identidad personal (Guelbenzu), coinciden también en utilizar la perspectiva múltiple, la configuración formal de la novela misma para tratar de penetrar en los secretos de la realidad por la novela. Su realismo ya no tiene nada que ver con el mimetismo; su instrumento de representación, la escritura, no les sirve de sustituto a la cámara fotográfica, ellos buscan reflejar algo que quizás preste sentido a la realidad cercana que no entendemos, quizás la clave de lo humano se halle del otro lado, en el más allá de la realidad, al sur, en la cara de la luna, por la orilla oscura.

NOTAS

[1]Jesús Aguirre, *Casi ayer noche* (Madrid: Turner, 1985), p. 142.

[2]Patricia Waugh, *Metafiction: The Theory and Practice of Self-Conscious Fiction* (Londres y Nueva York: Methuen, 1984).

[3]José María Merino, *El caldero de oro* (Madrid: Taurus, 1981). La paginación de todos los textos citados aparecen en el cuerpo del trabajo entre paréntesis.

[4]Este escritor es uno de los mejores cuentistas contemporáneos y un excelente poeta. Su libro de cuentos, *El ingeniero Balboa y otras historias civiles* (Madrid: Novelas y Cuentos, 1976), es de primer orden; digno también

de leer es su novela *Historias veniales de amor* (Barcelona: Plaza & Janes, 1978).

[5]Juan Goytisolo, *Coto vedado* (Barcelona: Seix Barral, 1985).

[6]Hace años publiqué en la revista *Sin nombre* de Puerto Rico un artículo donde examino las «Similitudes ambientales: Rulfo y Valle-Inclán» (N. 4 [1971], 32-42).

[7]Las mejores páginas sobre la temática de Mayoral se hallan en el «Prólogo» a su novela *Al otro lado* (Madrid: Novelas y Cuentos, 1981) titulado, «Novela que crece en las manos», de Antonio Valencia.

EL REENCANTAMIENTO DE LA REALIDAD: *LA ORILLA OSCURA,* DE JOSÉ MARÍA MERINO

Germán Gullón
University of Pennsylvania

Basilio
--porque quizá estás soñando
aunque ves que estás despierto.
Segismundo
--¿Qué quizá soñando estoy
aunque despierto me veo?

Pedro Calderón de la Barca, *La vida es sueño*

Al iniciar la lectura de una novela, notamos en seguida la consistencia del mundo ficticio allí inventado. Los hay que poseen enorme solidez, el texto rebosa de imágenes familiares, verosímilmente conocibles. En otros, por el contrario, experimentamos la ligera reciedumbre de las palabras, pasamos por el texto agarrados a ellas, pues más allá (debajo) quizás haya niebla o el vano de la puerta sólo deje ver un humo dormido. Esto es, sin duda, una mera impresión, el género ha tejido una red de gran resistencia, formada por interreferencias a textos desplegada por el autor al lanzarse a la aventura creativa, y que el lector competente percibe en la página. Solemos aludir a esa red con el concepto de literalidad, es decir, todo cuanto en el texto permite identificarlo como literario, lo familiariza con la tradición novelesca. A este respecto, me parece de primordial importancia analizar la última entrega de José María Merino[1] revisando tales ligazones, ya que ayudan a entender su con-textura.

Merino, desde su primera novela, *La novela de Andrés Choz* (1976), se inserta en una corriente novelística moderna presente en ambas vertientes del mundo hispánico y en literaturas de distintas lenguas, a la que aludiremos diciendo que abarca a todas aquellas obras en que la realidad vuelve a ser reencantada, y quizás *Cien años de soledad* (1967) sea la muestra tópica en tal vena. El realismo, el naturalismo, y demás tendencias fuertemente abocadas a la reproducción mimética de lo externo, fueron poco a poco robándole el misterio con que dotaron los románticos a lo real.[2] Ahora, en pleno postmodernismo, un sector de los creadores españoles, encabezados por Juan Benet, y entre los que cuento a José María Merino y a Jose María Guelbenzu, han emprendido la tarea de devolverle a la realidad sus cualidades impalpables — por caminos que no tienen nada que ver con los de Márquez — , auscultándola desde la penumbra de los recuerdos, de lo soñado o lo simplemente intuido, sin por eso abandonar la vía experimental, el perpetuo cuestionamiento de la lengua literaria y de las técnicas novelísticas.

Sustenta el discurso meriniano una red de hilos tejida con materiales pertenecientes a diversas maneras literarias. Se inserta, en principio, el hilo que podríamos llamar «la realidad creada captura lo evanescente»; pasa por Marcel Proust y por Juan Benet, llegando a un centro de gravedad: el ambiente leonés, lo que engendra un texto en equilibrio inestable. León capital, con sus paseos, Papalaguinda, Ordoño II, los pueblos ciudades de la provincia, Trobajo y Astorga, sus pantanos, las leyendas de la región, se dan de alta y configuran el referente físico, aunque la cualidad de tal realidad, e insisto, provendrá de las reverberaciones emitidas por aquellos lugares y sus gentes.[3] Ese halo de irrealidad lima el prosaísmo cotidiano, dotando al espacio novelesco de efervescencias anímicas; al defamiliarizar los objetos se les reviste con el aura de su misterio originario. A veces, tales vibraciones provocan en cuantos las viven alucinaciones de pesadilla, a lo Franz Kafka o Joseph Conrad; por ejemplo, cuando el personaje despierta y se siente diminuto, o emprende un viaje en lancha sintiéndose otra persona. Las dificultades del ente de ficción en encontrar su identidad recuerdan también los mundos de Jorge Luis Borges ("El Sur"), de Carlos Fuentes (*Aura*), o de Juan Rulfo (*El llano en llamas*). Por medio de diversas alusiones intertextuales, concurren asimismo en el texto, Miguel de Unamuno (*Niebla*), cuando el autor introduce a un personaje pensado como mera invención de otro; al verlo luego llamar a una puerta recordamos al don Romualdo galdosiano (*Misericordia*); igualmente, las continuas referencias a la vida como sueño invocan la memoria de don Pedro Calderón de la Barca.

La evanescente realidad ficticia esbozada prestará escaso apoyo a unos seres perdidos en el marasmo existencial, los lugares por donde transitan carecen de la fijeza referencial suficiente para permitirles forjar un modo de ser. Y la manera de presentarlos, abundante en sorpresas, súbitas apariciones socavan definitivamente toda fijación, pues el hilo textual carece de la solidez del realista, parece hecho de una mezcla de seda (ensoñaciones, cuentos orientales) y la cuerda floja de las manipulaciones metaficticias de los escritores modernos.

Materiales caleidoscópicos

La elaboración artística de *La orilla* se explica bien haciendo referencia a ciertos procedimientos de la caleidoscopía. Al igual que al ir acumulando en la lente los diferentes colores y formas de los cristales, que colocados en la lente caleidoscópica ofrecerán figuras distintas, así ocurre con el texto bajo escrutinio. A una imagen del protagonista, profesor en USA, que dicta un seminario en un país americano antes de regresar a su León natal, se le sobrepone la de un lejano pariente, miembro de una rama desgajada por un siglo de la española, con quien se identifica, llegando a ocupar su cuerpo, la casa y el tálamo matrimonial. Después, al escuchar una historia a un piloto de una lancha en la que va de vacaciones, reconoce en el protagonista características suyas o de su primera encarnación. Palaz, así se llama el personaje de la historia del lanchero, es identificado en la historia de Nonia, la ex-novia del piloto, con un peregrino. Mientras Marzán Lobato, otro personaje del relato del lanchero, sostiene que Palaz es un ser apócrifo, una invención suya. Este juego de las metamorfosis a modo de giros de caleidoscopio sincronizados con el progreso de la novela ofrecen las multiples reencarnaciones del protagonista. Lo mismo acontece con los lugares y los objetos, lo visto en el país americano, evoca en el profesor su tierra natal, y viceversa, los objetos patrios se parecen a los hallados al otro lado del mar.

El autor gira el caleidoscopio para que varíen las figuras y ocurran nuevas metamorfosis; cuando torna hacia un lado, la realidad se contamina de lo onírico, y el personaje se sueña un pariente americano; cuando lo vuelve en el sentido contrario, lo soñado cobra entidad efectiva. Existe un movimiento paralelo y convergente con el espacial (los espacios oníricos de lo positivo) en que el presente y lo pasado combinan sus posiciones, éste se hace más vívido que aquél y al revés.

La realidad, a nivel de la historia (fábula), abarca ambos, lo soñado y lo verídico, produciendo una espacialidad atemporal. El espejo stendhaliano no refleja el camino, sumido en nieblas de penumbra donde se celebran oscuras comuniones, situaciones que se duplican, con su cara y envés, desdoblamientos personales; al ver un retrato del pariente lejano el profesor reconoce rasgos del padre—recuerda *La náusea*, de Jean Paul Sartre. Semejante énfasis en lo cambiante, refuerza las nebulosas acuñaciones de lo externo, su continua mutación. Más bien que la realidad, varía nuestra percepción de la misma.

Estereoscopía y diseño

Una característica de la obra de Merino no aludida todavía, es el aspecto visual y las particularidades de su empleo. Leemos en el texto varios despertares del personaje, la obra misma arranca en el momento cuando los sueños le anublan aún los perfiles del entorno. En ese primer despertar, el profesor siente que más que el sol entrar por la ventana y llenar de luminosidad la estancia, que alguien ha dado a un interruptor, y que una bombilla ilumina una enorme nave. O dicho de otra forma, los espacios a su alrededor aún sin concretizar originan la sensación de habitar un vasto espacio lleno de luz. Esas enormes naves despobladas nos recuerdan las contempladas en las películas de Fellini o de Buñuel, y los vacíos, los cuadros de los pintores contemporáneos, los de Picasso, en que una gran man-

73

cha de color, prolonga la profundidad de la tela. Son los huecos desposeídos de realidad figurada. Pronto, lo efectivo se impone, y los objetos del ajuar doméstico comienzan a amueblar el ambiente en derredor. Merino duplicará esa experiencia visual, proviniente del cine o de la pintura, en un espacio al que el sueño dota de profundo misterio y la realidad de la vigilia de relieve. Recuerda el cuento de Borges «Las ruinas circulares«, en que el soñador comienza con un vacío, y luego piensa un corazón y su latir, hasta que por fin, la imagen del hombre cobra consistencia, llena la oquedad.

Digo esto, porque *La orilla* está construida a modo de ese objeto óptico denominado estereoscopio, a través del que miramos con ambos ojos, y en el que finalmente las dos imágenes adquieren matices concretos. Lo onírico se inserta en lo efectivo cobrando un relieve referencial, sin perder el carácter de ensoñación.

La atención lectoral al recaer en lo real se empeña en imponer coherencia a los episodios y se ve impedida por el carácter de los mismos, resulta difícil conformar un todo, dotar al conjunto de un relieve lógico. Apropiadamente, el protagonista-profesor es especialista en el estudio del realismo decimonónico español, empeño deconstruido por el texto. Todo intento de dar continuidad lógica al relato se escapa a los mejores esfuerzos. El profesor, al convertirse en el pariente americano, no efectúa una transmutación explicable, como lo sería si fuese sólo una identidad adoptada en el sueño. Nunca sabemos si lo sucedido pertenece al terreno de lo onírico o no. Esa imagen en relieve que ofrece el estereoscopio en el punto de convergencia de las imágenes vistas a través de los dos ojos, no tiene lugar.

Y ello se debe a las características mencionadas del discurso meriniano, al singular esfuerzo compositivo mediante el que las diferentes historias inciden unas en otras, y entre todas deconstruyen la historia eje, la del profesor. Dos de ellas proveen una base legendaria al relato: el cuento de la tía Marcelina y la de Nonia. Suponen el trasfondo donde la identidad del ser queda pluralizada, y justifican las incesantes metamorfosis. Y repito, son historias, hecho decisivo en cuanto explica que el acceso a la orilla oscura de la existencia es experimentado gracias a las distorsiones ópticas, los subitos escalofríos experimentados al advertir presencias ausentes, sumadas a nuestras lecturas, cómplices en la labor de conformar la visión humana.

La historia semilla es la de tía Marcelina, en que un dios-lagarto de piedra a cuyos pies viene a sentarse un soldado, toma el cuerpo de éste, y continúa el retorno del militar a casa, donde lo esperan la mujer y los hijos. La esposa nota un brillo extraño en los ojos, y tras consultar a una anciana entendida en conjuros decide someterlo a una prueba, que le devolverá a la piel de reptil. La moraleja de las metamorfosis parece evidente, la pervivencia de la posibilidad de sufrir mutaciones, de adquirir la figura de otro; la historia se la contaba la tía al protagonista, ahora convertido en el pariente, cuando niño, al acostarse. Así pues, tenemos la historia de la metamorfosis a la orilla del sueño, lo que dotará a las alteraciones del protagonista de la indeterminación de cuanto ocurre en la duermevela.

El relato de Nonia presenta a Susana, una francesa que enseña a la joven francés y música; un día la maestra refiere a la alumna su llegada a León. Enamorada de un fraile músico, huyó de casa con el amante, iniciando un peregrinaje por el Camino de Santiago. Nonia yuxtapone al poco las correrías de los peregrinos sacrílegos con una leyenda del siglo XII perteneciente al folklore tradicional del Camino. El cuento de Nonia añade, por tanto, un elemento al del lagarto, las duplicaciones y metamorfosis ocurren en el espacio sí, y también en el tiempo. La leyenda y lo resbaladizo de sus contenidos supone un primer círculo difuminador de la fábula central.

La interiorización de los relatos comentados se efectúa en el del lanchero. De las leyendas, historias folklóricas, pasamos al relato también oral que el piloto hace al protagonista, pero poseedor de carácter reflexivo. El piloto que en León era escritor y fotógrafo, había emprendido la búsqueda de un escritor con quien se sentía afín para que le ayudase a redondear su novela. En este punto, la obra se vuelve autoconsciente, una reflexión sobre sí misma. El admirado Palaz autor de una ficción, donde un emigrante a América ve desde su casa un cerro, que le parece uno del pueblo natal, y nunca se atreve a doblarlo por miedo a no encontrarse en su tierra, cerrará la trama de manera original, «la peripecia se enredaba de modo circular» (p. 141),[4] y nunca sabemos qué vio el paisano. El joven logrará tras reiteradas pesquisas contactar a un crítico del desaparecido, Anastasio Marzán Lobato, quien le deja perplejo al negar la existencia de Palaz, diciendo que es un apócrifo, invención suya. El giro unamuniano descorazona al muchacho, y mayúscula será la sorpresa cuando el escritor aparezca de improviso en la puerta de la casa donde convive el novel escritor con Susana. Palaz, nuevo don Romualdo, tiene la misma solidez física que el cura galdosiano. Desgraciadamente, cuando el joven somete su novela al juicio del aparecido —una obra en que «el viajero que regresa es el viajero que huye aterrorizado, el viajero que huye es el viajero que, lleno de esperanza, regresa al hogar, y la persona que permanece, ni espera ni recuerda» (p. 156)—, éste desaparece con Susana, representando otra vez la historia de los peregrinos, y deja al muchacho sin solución para el dilema final.

El desenlace de la narración de Palaz y de la del piloto resulta ser la misma de la ficción total, según sabremos en la última página, el profesor de regreso en León visita a un admirador de sus escritos, que habita en la casa que fue (¿es?) del lanchero. Con ello se cierra el círculo, Palaz, Marzán y el profesor convergen en la misma persona, o se lo sueñan. Solución que no lo es en el sentido lógico, ya que la novela acaba como las de aquellos, cuando penetramos en la orilla oscura, perdemos la seguridad del entorno físico, donde un pasillo de la casa paterna asemeja o es una senda de la selva ultramarina, en que lo soñado y lo vivido carecen de fronteras.

Cabría decir que el efecto estereoscópio de ver con dos ojos, de percibir a la vez las realidades onírica y la física casi se produce, casi se juntan, se aunan en una imagen, sin llegar nunca a hacerlo. Los diversos niveles mencionados, el legendario, el literario, en que el texto se vuelve sobre sí mismo, a través de duplicaciones que replantean en formas diversas el texto que leemos, y éste a su vez asume todas los demás, para devolvernos a la incógnita planteada en el nivel que llamamos literario, donde el misterio permanece irresoluble. En este sentido la narración es circular, vuelve sobre sí misma, reencontrando la incógnita inicial.

Hemos repasado en el efecto caleidoscópico, el continuo juego de mutación en las identidades, su inserción estereoscópica en un texto complejo de relatos superpuestos. Entre el personaje que se metamorforsea y las historias que lo cuentan, formando el núcleo del diseño, encontramos las relaciones inmediatas entre los personajes (los episodios), que a modo de enlaces se organizan en figuras triangulares, y que luego se interrelacionan con los personajes en otras historias, en triángulos diversos.

Pensando la novela como un tetraedro, sugerencia que aparece en el relato del lanchero, encontramos un triángulo base, compuesto por Sus, ex-amante del profesor, a él mismo y a su pariente. En otro triángulo tendremos a Susana, al piloto y a Palaz. Sus se ha convertido en Susana, Palaz reencarna al profesor a quien se asemeja: ambos son profesores, de parecida edad, y enseñan en USA. En la fábula de Nonia, Susana es la peregrina y Palaz el peregrino. Y en un triángulo final, aparecen el piloto joven, entonces escritor, su admirado Palaz y Marzán, cuando Palaz era el novelista-fantasma, y Marzán, el crítico creador de Palaz. Según estas personas van tocándose, entrando en contacto, cobran diversas personalidades. Es como si hiciéramos girar el tetraedro en el vacío, simulando el paso de las páginas, y la identidad de los personajes que ocupan los varios ángulos se confundiese, acabando por hacerse una. Por eso, el protagonista se encontrará con Sus, una antigua novia, en la selva, convertida en la peregrina, yendo a Santa Margarita, hacia donde también se encaminó un pasajero barbudo (Marzán), el peregrino, a celebrar una fiesta en honor de San Santiago de Gali, duplicación del peregrinaje por el Camino, de la historia medieval y de Susana.

Por tanto, Merino nos ofrece en la novela un juego de metamorfosis abismado en un espacio multirreflector. Por eso, debo añadir que los triángulos mencionados son sólo los básicos, existen más. Supone un continuo irnos mostrando el frente y el envés de la situación; las percepciones lectoriales se sintonizan con las de los personajes sumiéndonos en una perplejidad que compartimos con el personaje.

La narración

A nivel narrativo, la novela va a duplicar el proceso de hechizamiento a que nos somete el diseño, empleando un narrador-mago que tras encantar al personaje en la estructura narrativa lo conducirá al encuentro definitivo consigo mismo. Comencemos, pues, con un conocido ejemplo que habla de encantamientos y alusiones y las subraya con la expresividad verbal, me refiero a la primera línea del relato de Borges «La ruinas circulares»: «Nadie lo vio desembarcar en la únanime noche». El «lo» alude a un ser innominado, de quien acabaremos sabiendo que se trata de un sueño del supremo soñador. La utilización del pronombre «lo» evita a Borges conceder al personaje mayor peso específico del necesario, le escamotea el nombre dejando indefinida e intercambiable su identidad. José María Merino se vale en *La orilla* de un narrador al que oímos únicamente la voz (como acontece en los trances hipnotizadores), él tampoco bautizará al protagonista, a quien conoceremos por sus atributos personales, la profesión, el origen leonés y su investigación del realismo decimonónico. En vez de ser el tradicional sujeto de la acción, será, en principio, a quien le suceden las cosas, o sea, más objeto que sujeto. Su existencia textual depende absolutamente de la voz que lo recrea, la cual al pronominalizarle lo abre a posibles contaminaciones, a ser sustituido, ya que el pronombre es una forma gramatical común atribuible a cualquiera, cuando carece de atribución.

Sin embargo, el protagonista desempeña el papel de focalizador,[5] de quien ve, el que ajusta la lente narrativa. «Fue entonces cuando vio aquello puerta ... Desde el fondo de la sala un hombre culto, inmóvil le contemplaba fijamente» (p. 61). Aunque como revela el ejemplo, en que el personaje es mirado por el retrato de un antepasado que guarda un sorprendente parecido con su padre, es asimismo lo focalizado. Postura paradójica, en la que quien ve recibe una imagen de vuelta. No es que la lente esté empañada (impresionismo) o distorsione la figura (esperpento), sino que al mirar como si le diera el sol, emite sus propios reflejos. Así pues, el personaje aparece *mesmerizado* por su propia situación *en la misma estructura narrativa*. Esta duplica el encanto ejercido por la realidad caleidoscópica al ser de ficción.

Además, el personaje proveerá el punto de vista, verbos como «imaginó» (p. 16), «le sugirió» (p. 17), «comprendió» (p. 17), «sonrió» (p. 21), o frases del estilo de la «visión de los paseantes le incitó al movimiento» (p. 22), le asignan la función de perspectivizar los sucesos. Esos verbos son las bujías que guían la extracción hecha por el narrador de lo hondo de la historia de aquello que la lente focalizadora ha percibido. En resumen, en el primer movimiento narrativo [1], el narrador provee las palabras, habla con la calma y objetividad del mago que ayuda a alguien en trance a recordar lo que le causó tal estado, verbaliza los pensamientos y percepciones de una persona mesmerizada por la visión del entorno. El narrador-*hipnotizador* quiere sacar al sujeto del encantamiento, enfrentarle con el mundo.

La imparcialidad del narrador ante el espejismo focalizador le permite constatar en los pocos casos en que, por conducto del estilo indirecto, oímos al personaje, los cambios de identidad. Al puro comienzo le oímos expresarse en castellano: «'Nunca volveré a ese museo' decidió. 'No volveré nunca, nunca,' murmuró» (p. 17), y luego cuando sueñe o encarne el cuerpo del descendiente, sus inflexiones tendrán un deje latinoamericano: «— Ya no me friegue más» (p. 88). El fenómeno de ventriloquismo tampoco es, por otra parte, extraño al hablar bajo el influjo hipnótico.

Resulta crucial indicar también el carácter pretérito del texto, y basten los ejemplos citados (sugirió, comprendió, sonrió, etc.) de prueba. El desarrollo de la acción pretérita se expresa casi siempre con el imperfecto: «salió [pret.] del lecho entonces se acercó [pret.] a la ventana. Afuera estaba [imperf.] la calle» (p. 22). El «entonces» remite al presente de la enunciación, en el que el mago-narrador bucea por los recovecos de la existencia del personaje, manifiestos en sus actuaciones pasadas en el tiempo de la fábula. Todo lo cual nos recuerda que los lectores estamos por encima del personaje, permanecemos en el nivel del narrador. Asistimos a las manipulaciones del narrador para traerlo al ahora; entender la diferencia entre el tiempo de la enunciación y el de la historia permite ir notando cómo van a acercase en el transcurso del relato, como va a ir surgiendo la conciencia del ser mesmerizado.

De hecho, la sensación de pretérito se reduplica cuando notamos que lo vivido por el personaje es mencionado vía una serie de analepsis. Por ejemplo, «el descubrimiento del museo [cuando el protagonista se acerca al cuadro del antepasado] había sucedido al final de la primera semana de trabajo« (p. 24), y en el tiempo de la narración estamos en la tercera, un mes después, tiempo presente del tercer movimiento en que el personaje saldrá no de sus dudas existenciales, solamente de la hipnotización narrativa a que lo someten sus funciones. O sea, que se crea un sentido de distanciamiento, aumentado cuando pronto leamos la historia del lanchero inserta en la del narrador, como en una caja china; el desdoblamiento y una consiguiente analepsis nos aleja aún más del tiempo de la enunciación. Es como si con los prismáticos dirigidos al ahora, contempláramos el pasado, en el que se entrecruzan vidas distintas, que al ser contadas entran en relación intratextual. El estereoscopismo apuntado en el diseño cobra aquí pleno significado.

Entre el final del primer movimiento narrativo [1], cuando el personaje central se sume en la pesadilla de vivir la vida de un pariente, que quizás sea sueño o no, y el comienzo del segundo [2], la historia del lanchero, existen unos capítulos dedicados a exponer la leyenda del largarto, los cuales funcionan a modo de túnel mágico. Al penetrar en ellos la persona se difumina, el profesor se convierte en su pariente, si bien nunca sabemos si se trata de que lo sueña o de que en verdad ha adoptado la personalidad del descendiente. Cuando termina el segundo movimiento [2], el personaje penetrará de regreso en el túnel difuminador, la historia del lagarto, antes de iniciar el último movimiento narrativo [3]. Por tanto, la estructura del diseño narrativo resulta muy simple: 1-t-2-t-3. Veamos de cerca la primera mutación, en el capítulo «La orilla oscura». Allí, se narran dos historias paralelas, la oral de la tía Marcelina sobre el lagarto, que se la cuenta al pariente cuando era niño (que duplica la situación del personaje en su propia historia), yuxtapuesta al sueño-leyenda del chiquillo en el momento en que encontró una iguana (que duplica la posición narrativa del personaje mesmerizado), quedando paralizado al verla. Se mezclan la historia murmurada al oído con lo soñado, las leyendas con sus sugerentes imprecisiones se suman al estado onírico del personaje, le van llenando de murmullos. Esos murmullos parecen ser como la nana que adormece el sentido de la realidad del personaje y lo conduce a perderse por los caminos del ensueño, de lo irreal. Mas, el que la tía se dirija al niño con un Ud. forma latinoamericana del tú familiar: «Duérmase ya, o mañana no le contaré el resto» (p. 106), anticipa el cambio de *status* del personaje en la narración, el piloto lo interpelará también con el Ud., «pero dirá usted que qué voy a decir yo» (p. 174).

En el segundo movimiento [2], la forma de tratamiento personal sustituye al pronombre «le», el lanchero lo reserva para referirse a sus fantasmáticos seres. «Le oí rebullir un momento» (p. 183), dirá refiriéndose a Palaz; o «le recordaba exactamente un punto determinado de su pueblo» (p. 140), explica Palaz de su personaje. Nuestro protagonista no es ya lo contado, pasa a desempeñar la función de narratario, el conformador del sentido de las palabras del piloto. En consecuencia, los lectores que antes entendíamos la historia con el narrador, por encima del personaje, nos acercamos al intérprete-testigo de la narración. La distancia texto-lector queda reducida al asumir el protagonista la función de narratario en la estructura

79

narrativa, aunque nunca pierde la entidad de personaje que parece vivir una pesadilla en la que invade un cuerpo extraño. Estamos todavía a un nivel por debajo del narrador principal, recuerden, estoy hablando de la narración de piloto, contenida como en las cajas chinas en el texto principal; de momento, sólo quiero anotar la emergencia del personaje en la superficie comunicativa del texto. Esta historia del lanchero y sus duplicaciones actúan de *talismán narrativo*; el personaje, anublado por los extraños sucesos que le ocurrían viene, al escuchar situaciones semejantes a la suya, a confirmar que su caso no es único y de la imposibilidad de hallar un final lógico, que explique el enigma de la existencia.

Al terminar la historia del lanchero, la del lagarto reaparece actuando de cámara de decomprensión [t], en la que progresivamente el protagonista recobra el papel central; la impresión inicial de que vivía un mal sueño ha sido internalizada al escuchar casos parecidos al suyo, sin aclararle la esencia de la realidad, «Seguían subsistiendo en él, con la figura de una quemadura, los recuerdos del personaje que había soñado ser» (p. 321).

En el tercer y último movimiento [3], la textura narrativa sufre una considerable modificación. El narrador hablará directamente al personaje usando la forma de segunda persona, tú. «Pero no entrarás en la galería. De pronto, olvidarás el dios lagarto« (p. 342). Al narrador impasible del comienzo lo ha sustituido uno que desempeña las funciones enunciadoras, corre a cargo del punto de vista, focaliza la acción e interpreta lo focalizado, desde el futuro. No es ya un mero verbalizador, ajeno a cuanto le suceda al personaje, sino el *mago adivino* que esgrimiendo un talismán lo guió hipnotizado por las vueltas y revueltas (izquierda, derecha, pasado, presente) de la fábula, y que el relato del lanchero le enfrentó con una historia que reflejaba *ad infinitum* la literatura existente sobre el asunto, desde lo legendario a las creaciones borgianas o de Rulfo recientes. Y ahora le instruye para que alcance su final, sin perderse en ningún círculo de la trama. Da la palmada y el personaje se despierta. El narrador termina ocupando el yo de la conciencia, que a manera de oráculo le vaticina al tú hipnotizado lo venidero: la repetición del pasado. El que cuenta (yo) y los escucha, personaje (y tú, narratario), y los lectores nos damos de alta en el presente de la enunciación para re-vivir la eterna situación en que ignorantes de si soñamos o estamos en la vigilia confrontamos el dilema existencial. Se cierra la obra, cuando el profesor va a casa de su joven admirador, duplicación de la llegada a casa del joven novelista, simbólica del inescapable y circular destino humano: «Pues así termina, así comienza verdaderamente todo» (p. 347).

Para presentar el relieve evanescente del gran sueño que es vivir, el escritor leonés (Merino, en esta ocasión) creó una superficie

80

textual esmerilada, donde el foco narrativo ilumina ángulos insólitos, refleja lo inesperado y acaba por hipnotizar al personaje, momento en que el narrador y su magia cierran el círculo infinito al enfrentarlo con la verdad. José María Merino reencanta la realidad, que recobra su sutilidad, pierde lo enojoso que pesos y medidas, horarios, resistencias de materiales, planificaciones de orden vario le robaron, y nos la ofrece con toda su seducción. Si la novela nació, como opina Milan Kundera, en respuesta al cartesianismo de la razón pura, *La orilla oscura* y cuantas obras leemos en esta vena, devuelven a la realidad el misterio que las ciencias sociales, la estadística, la ciencia en general, le han robado.

NOTAS

[1]José María Merino es poeta además de prosista. Entre sus ficciones contamos con un libro de cuentos, *Los cuentos del reino secreto* (Madrid: Alfaguara, 1982), y con dos novelas publicadas con anterioridad a la estudiada en el presente trabajo: *La novela de Andrés Choz* (Madrid: Magisterio Español, 1976), y *El caldero de oro* (Madrid: Alfaguara, 1982).

[2]Este fenómeno ha sido muy bien estudiado por Kathryn Hume en su libro *Fantasy and Mimesis: Responses to Reality in Western Literature* (Nueva York y Londres: Methuen, 1984), sobre todo pp. 29-51.

[3]Por esta línea temática. Merino enlaza con el llamado grupo leonés, con otros novelistas de gran talento que sitúan también sus novelas en León, como Luis Mateo Díez.

[4]Todas las citas vienen tomadas de la primera edición (Madrid: Alaguara, 1985). La paginación va incluida en el cuerpo del artículo.

[5]Con respecto a la focalización y lo focalizado utilizo los términos tal y como los acuñó Gérard Genette. Consúltese, *Narrative Discourse* (Ithaca: Cornell University Press, 1980), especialmente las pp. 161-212.

81

THE "NEW" CHARACTERIZATION IN JOSÉ MARÍA GUELBENZU'S *EL RÍO DE LA LUNA*

David K. Herzberger
University of Connecticut

Readers of Spanish fiction of the 1940's and 1950's would be hard-pressed to devise even a short list of memorable characters. Indeed, few novelists of this period draw attention to the intimate details of psychological complexity or convey a wholeness of personality in their characters, even as they seek to articulate the human dilemma in contemporary society. At first glance, this appears somewhat odd, since it might reasonably be assumed that the individual character, and the operation of his mental activities, would form the decisive center of a type of fiction seeking to represent "life as it is." Realistic narrative of the nineteenth century, of course, had co-opted true-to-life persons, placed them firmly in time and space, and developed a whole range of personality traits and psychic perplexities that accorded them the oxymoronic status of "real" fictional people. To be sure, in the tradition of the nineteenth century, postwar Spanish neorealists established a fixed and identifiable social milieu and placed their literary "people" within this frame. For the most part, however, the individual consciousness was treated from afar, and only rarely emerged beyond social context to be scrutinized at close range. Even then, either social content resounded with greater force than the individual within it (e.g., *Pascual Duarte*), or the personal dilemma was overly facile, both in its literary and psychological formation and in the proposed resolution (e.g., *Nada*). In large part, then, it is not the inner life of the individual that impels neorealistic fiction, but rather the collective personality of the characters who inhabit the social world so carefully constructed (e.g., *Los bravos, El Jarama, La colmena*). Certainly, these characters are an essential part of the narrative texture of neorealism. In general, though, they stand as vaguely drawn figures which blend into the large panorama of groups and types who are "there" in the world, but whose deep psychological structure remains less hidden than ignored and unvalidated.[1]

With the distention of a more experimental narrative in Spain during the 1960's, and the coincident rejection of the artistic canons of neorealism, we might logically anticipate the converse of our expectations concerning the neorealistic novel. That is to say, the notion of character would become the first casualty of the new emphasis on abstruse theorizing, metafictional structures, and linguistic opacity. This was certainly the case in France, for example, where the *nouveau roman* largely blocked the construction of character through depersonalization, a-psychologism, and a pervasive uncer-

83

tainty concerning what "really" happens in the novel. Of course, complexity of style or technique and the canonizing of obfuscation do not necessarily lead to psychological thinness. Were this the case, the novels of Faulkner or Joyce would be viewed in entirely different terms. But as Barthes has shown, much contemporary experimentation does not generate the "readerly" novel in which our expectations concerning logic or cause and effect are satisfied.[2] On the contrary, characters seem to have become too consciously literary. They have grown less real than both the people we know in our own world and those we have grown accustomed to in traditional works of fiction.

In many respects, however, Spanish narrative during the past two decades moves in opposition to de-characterization. In the best fiction of this period — and by this I mean the novels of Benet, Martín Santos, Juan and Luis Goytisolo, Torrente Ballester, and Fernández Santos, among others — character has gained a prominence far beyond that which it achieved in previous works of neorealism. For example, Matilde Moret of *La cólera de Aquiles,* Alvaro Mendiola of *Señas de identidad,* Pedro of *Tiempo de silencio* and the "yo" of *Una meditación* all possess, in often diverse and conflicting ways, a complex consciousness that stands as a simulacrum of life as well as a literary device deeply embedded in the core of the narrative. Of course, these figures serve to advance plot and enhance theme, as often occurred with the collective characters of neorealism. But their presence must also be understood as a new point of departure, in which authors equate the revalidation of character with the essential purposes of their art.

The centrality of characterization in recent Spanish fiction does not suggest a return to the nineteenth century character of logical completeness, drawn within largely rational parameters. Nor does it engender an individual who will develop solely out of himself, unbound to cultural definition. What occurs is social and psychological, stylistic and technical, so that a new roundness (or as Wayne Booth prefers, a "revealed depth"),[3] informs and sustains the meaning that characters have lost in Spanish fiction since the Civil War. The technical apparatus of characterization is particularly relevant in this regard. Narrators in the first, second, and third person frequently offer alternative or even conflicting portraits of a character; psycho-narration, dialogue, and interior monologue open the mind to close observation; memory distorts and recreates the past; ambiguity (both in deed and thought) impels characters toward irresolution. Being-ness is at once revealed and obscured; the comfort of certainty now yields to the far more complex (and "realistic") indeterminacy of life and the place of human beings within it.[4]

One of the best known young novelists who has helped to vivify character in the contemporary Spanish novel is José María Guel-

84

benzu. Although his first novel (*El mercurio*, 1968) was harshly experimental in the way it eschewed neorealism, it nonetheless points to what will become the principal focus of the author's work. As Guelbenzu puts it, "Escribo sobre las relaciones personales, que es lo único que me interesa."[5] Such a statement is openly problematic, of course, since it leaves unattended the multifarious elements within which human relations can be framed. Still, the comment is significant, not because it shows pre-literary intention, but because it underscores what the author has decisively achieved in his fiction: the creation of complex characters whose consciousness stems in large part from the equally complex circumstances and techniques of their presentation.

In *El mercurio*, Guelbenzu in large part demonstrates both the senselessness of human existence and the inadequacy of rational attempts to understand it. He abandons discursive thought processes and traditional patterns of writing and draws from a panoply of vanguardist techniques. Paragraphs are arbitrarily divided, narrative sequences become fragmented, some sentences are written backwards, others are divided into syllables, while still others are completely annihilated into stream-of-consciousness ramblings. As a result of this confusing and often labyrinthine construction, the principal character of the novel, Jorge Basco, functions frequently as a structural device, tying time and space together in what is always a confusing whole. Jorge Basco comes to life, however, through the collaboration of private and cultural energies that underscore the dissolution of the self amid the sterility of postwar Spain. Both the absurdity of existence and the alienation from being lie at the core of Jorge, and the absence of any concrete identity in his life condemns him to despair. Jorge never gains the kind of roundness that can be attributed to Guelbenzu's later characters, but the manner in which he transcends his functional role as thematic adjunct or literary device hints at the way in which character will gain prominence and, in the best of Guelbenzu's fiction, apotheosis.

In his subsequent three novels (*Antifaz*, 1970; *El pasajero de ultramar*, 1976; *La noche en casa*, 1977) Guelbenzu discards much of the abrasive experimentation with technique and language that informs *El mercurio*, but by no means does he revert to the more traditional tenets of neorealism. Character consistently moves to the fore in his works and displays a psychic thickness that reveals a multiplicity of human problems, from the mediocrity of the Spanish bourgeoisie to the sexual frustration of adolescence. There is a recurrent axis upon which Guelbenzu's characters turn, however, which preempts other elements from which they derive coherence: the at once baneful and creative power of passion and desire. Guelbenzu's characters eschew the almost tangible banality of Spain with the same fervor they seek to affirm their unformed self through desire of the Other. These characters are frequently overwhelmed by the ambiguity of life, fragmented and dispersed at times to the edge of psychic decomposition. There is no sustaining conviction (religious, social, or otherwise) to shape their lives, hence they are plagued by a randomness of being. As Víctor Echave of *El pasajero de ultramar* poignantly affirms: "La verdad sea dicha, hay que ver lo a disgusto que me encuentro en esta vida, este país, esta ciudad."6

As with most of Guelbenzu's characters, however, Víctor does not simply yield to his existential malaise, but rather pursues essence by placing himself amid a temporal order (past and present) that enables him to discover what he has been and may become. What Víctor eventually learns, as Guelbenzu reiterates in much of his fiction, is that both the problem and the solution to his problem lie within himself: "Soy Víctor Echave, soy mi verdadera solución" (p. 157). This emphasis on the individual points clearly to the principal thematic preoccupation of Guelbenzu's fiction and thereby places the focus of the novel on character and the nature of the self.

It must be pointed out, however, that the characters in Guelbenzu's first four novels, and at times the environment in which they move about, are not always anchored to life in rational or even coherent ways. Indeed, the identity of Guelbenzu's characters is often less defined than hinted at, even as they seem to grow into wholeness before our eyes. There are at times Benetian underpinnings to Guelbenzu's narrative world, and his characters gain complexity in the same moment that they fade from our grasp. We are invited to know them, but we are also disinvited through a disconcerting integration of mystery (of milieu or action) and technical maneuvering that co-opts life and denies its rational base within the work of fiction. This does not in any way diminish the centrality of character in Guelbenzu's novels, however. On the contrary, it invigorates their ontological status by aligning them with the view that life is far too complex to render reductively or schematically. Hence the characters remain out of reach, but only to the degree that life itself remains beyond our rational systems for understanding it. This idea is crucial to the formulation of Guelbenzu's early fiction, but will reach its most striking development in his fifth novel, *El río de la luna* (1981).

El río de la luna begins in a way that makes the reader wary. We are introduced to a character in chapter one (his name is José), but in the context of a surrealistic and nightmarish world which appears to subvert the kind of "personal relations" upon which Guelbenzu's earlier fiction is built. Furthermore, the character who occupies the subterranean world of the first chapter plays only a small role in the larger psychological landscape of the work's principal figure, Fidel Euba. These early pages of the novel thus serve to throw us off the track, to point us towards a world confounded by the uncertainties of the fantastic. Fidel Euba does appear in this chapter, but his character is defined less by what is revealed about it than by the function it is assigned. Fidel listens to the same tale that we, as external "listeners," are reading, and observes the odd-looking narrator, who mumbles his story in hushed tones on a stormy night. As the narrative of chapter one proceeds, José descends into a maze of sewer pipes, only to be invited into a dingy tavern from which no one (including José) seems able to escape. He meets a number of odd and frightening people there, many of whom share a destructive apathy (and concurrent blurring of identity) born from unrequited passion for a woman. Guelbenzu offers little to guide us through the obscurities of this chapter, which appears to be little more than an allegory, perhaps an adjunct to a lesson in morality rendered through fear and closure. As the novel progresses, however, we quickly discover that allegory scarcely informs the narrative paradigm of *Río*. Indeed, character is not a device that serves to convey a higher level of meaning, but rather becomes an end in itself. The novel exists within and *as* a portrayal of human consciousness, and it is to the nature of this consciousness that we must attend if we are to understand how the narrative functions as a complex work of fiction.

If chapter one presents the dark underside of fear, and can only be incorporated fully into the text at the end of the novel, chapter two introduces the most traditional forms of narrative. In the manner of Twain or Dickens, the narrator draws with broad strokes a portrait of Fidel's youth, from the innocuous deceptions of his parents to the lucid joy of make-believe and fantasy. Although it reveals the early tension between Fidel and his father, this chapter serves primarily as a filling in, as a nod to traditional ways of constructing narrative in which childhood functions less as a frame than as a formulary ingredient for understanding adulthood. At the same time, however, the childhood scenes do not signal a return to nineteenth-century techniques of narration. Guelbenzu subtly links Fidel to the mysterious milieu of chapter one, and thereby undermines the conventional link in character portrayal between cause and effect. Furthermore, Guelbenzu constructs the chapter with literary allusions in such a way that we are always reminded of the fictional base of what we are reading, as well as the structuring control of a literary narrator. On the one hand, we are invited to scrutinize the characters at close range and probe their actions and thoughts as if they were true-to-life beings. On the other, the literary texture of this chapter is thick with make-believe and fantasy, which forestalls definitive conclusions about its characters. Hence even as the fictional beings unfold before us, we are reminded of E.M. Forster's view that "*Homo fictus* is more elusive than his cousin [*home sapiens*]."[8]

Yet elusiveness here must not be construed as an attempt to do away with character, or even to reduce its role as the central motivation of the narrative. On the contrary, it is a way of probing and revealing consciousness without the smug omniscience of traditional narration that leads only to the illusion of roundness. Unlike most nineteenth-century narrative, where reality is held in constant relation to a one-point perspective, Guelbenzu offers in *Río* a sliding scale of viewpoints: the unnamed storyteller of chapter one, who sets the narrative amid mystery and ambiguity; the third-person narrator of chapters two, three, and five, who both fills and creates gaps in Fidel's consciousness; and Fidel's own first-person narration in chapter four, which extends the discourse beyond interior monologue through the incorporation of the audience: the "Uds." of the text.

Although it is the commingling of perspectives that allows for the depth of character in the novel, the first-person revelations are particularly important, for they bear directly upon Fidel in a number of ways. In the first place, the listening "you" of Fidel's narration remains disincarnated (is it the reader? a listener present in the fictive scene? an imaginary interlocutor?) and eventually not only serves, as Doritt Cohn has observed, to "undermine all notion of interiority, but also deletes any dialogic response."9 That is to say, we are not privy to Fidel's thoughts, but rather to his spoken words. These words are not challenged, or even questioned, since there is no one "there" who is permitted to speak. Thus Fidel discloses what he perceives to be significant in his life, but deletes from his narration elements either that he forgets or suppresses (i.e., he creates gaps).

But if Guelbenzu permits the interlocutor to be absent from Fidel's narration, such is not the case in chapter one. In fact, Fidel himself assumes the role of active listener who, through the act of interpretation, gives meaning both to the story and to himself. He receives the abstruse discourse not as an indifferent eavesdropper, but as one who discerns the problematic link between story and reality. He moves physically closer to the story-teller in an effort to discover something about life and his own place within it. Finally, of course, this chapter is all a dream — Fidel's dream. But the fact that he dreams of himself as recipient of the fictive discourse underscores the way in which the discrepancy between dream and fact, a traditional assumption of realism, now yields to the far more suggestive possibility that fantasy (or the fantastic) is a potent dimension of a multidimensional character *in reality*. Fidel is therefore afforded the role of reader, writer, and subject of the literary world he inhabits.

At the root of Guelbenzu's most complex characters, both in *Río* and in his earlier novels, lies passion. Passion is not defined in sexual terms (though this may be an important component of it), but by the more pressing elements of desire and need in the broader context of life. The central motivation for many types of narrative is desire and, as Thomas Docherty has shown, desire in fiction implies some kind of movement (psychological or physical) and, therefore, change.[10] In *Río*, Fidel Euba incarnates multiple aspects of desire as well as the antithetical but often companion concept of need. The dialectic of desire and need recurs throughout the novel as an essential element of plot, and serves as well to create or suppress the existential possibilities of Fidel in several important ways.

In general terms, desire is vital and procreative. It impels the self towards enrichment and suggests that process is more central to being than end or result. Hence questing pertains to being in a way that aims for realization of the self, but also paradoxically, in a way that seeks to keep the self from fulfillment. The pleasure derived from desire, then, is that which moves subjectivity beyond the boundaries of self to the realm of freedom, to eros or becoming. On the other hand, when desire seeks only to reach an end (i.e., when the individual desires the end of desiring), then need supplants desire. Need subverts the positive elements of desire (eros), and vitiates the life forces of selfhood through the imposition of those thanatic elements which seek to *be*, rather than to *become*. As a result, the kinetic personage of desire, who is always a being-in-process, now yields to the static individual of need, whose self is actualized and thus, ironically, destroyed.[11]

Fidel's early years at home, as they are recounted by the narrator, suggest the imperative of becoming through desire. Despite the conflicts with his father, who in fact serves primarily to impede desire, Fidel integrates a life of fantasy with his own being so that need is constantly held at bay. Literature itself becomes decisive to this process, for it engenders a liberating energy that allows selfhood to be pursued, but never achieved. This constancy of becoming is best exemplified by the type of literary roles which Fidel assumes. For example: "El lugarteniente, unido hasta el final con su jefe, era siempre el hombre astuto, libre, previsor, arriesgado hasta la temeridad y para el que la aventura no terminaba nunca, pues su jefe, tras cada triunfo, tendía a celebrarlo y a descansar mientras que él era el encargado de detectar cada nueva asechanza . . . Aquella sólida ligazón entre la libertad absoluta y ser no el primero sino el segundo blanco en la batalla, le concedía una prioridad vital aplastante sobre cualesquiera otros de aquellos formidables aventureros."[12] The literary nature of Fidel's games is crucial, for it underscores a kind of *ek-stasis* in two important and complementary ways. On the one hand, literary play points to the reality of an artificial enterprise in which roles are repeatedly assumed and discarded, while on the other the characters whose role Fidel adopts embody the freedom inherent in a never-ending pursuit. Hence even in his youth, Fidel intuits the necessity of becoming over being, and incorporates into his play an imaginary world that allows for the creative and recurrent displacement of the self.

Fidel's passion for the games of his youth gives way to a less innocuous desire as he grows to adulthood: the pursuit of the Other, which is embodied by women. Women occupy not only much of his life, but also much of the narrative. Fidel's first-person account of the women in his life runs through all of chapter four, while his relationship with Teresa, portrayed through psycho-narration in the third person, fills chapters three and five. What is important about these women is the way in which the thanatic and erotic cohere so intimately, one functioning as a palimpsest of the other at any given moment. For the most part, however, Fidel's desire enables him to sustain a self which seeks to affirm its essential ongoingness as well as its autonomy. Hence his first experience with Carmen (pp. 229-232) compels him to classify the women he encounters as "putas y tontas" (p. 229), not because this is what they are, but because such a view allows for a psychological distancing that at once protects both himself and the Other from enclosure. The danger of narrowing this distance is later revealed in his relationship with Irene. What begins as passion and desire (Fidel vows to have her from their first encounter) grows insipid and stale when the two live together for a time. Although physical desire is sustained, the close positioning of the psychic self in relation to the other subverts life as process. The coincidence of Fidel's existence with that of Irene thus displaces what was once vital with the leveling power of stasis, or being.[13]

While Fidel severs his relationship with Irene beause he perceives its threat to freedom, he has no such revelations about Teresa. Indeed, his desire for her stifles the ever-shifting subjectivity of self-definition and replaces it with a tragic celebration of need. The mere fact that Teresa lies deeply embedded in Fidel's consciousness when she has been physically absent for many years points clearly to the way in which she has co-opted his generative desire and turned it into something retrogressive and destructive. Hence what on the surface appears to be the culmination of Fidel's positive erotic desire must be seen as an abyss of thanatic need. This is evident in a number of instances. First of all, Fidel ties his destiny to that of Teresa in a manner that annuls the independence of the experiencing self. No longer will Fidel seek to sustain the process of being, but rather will demonstrate the need for the safe resting offered by stasis. This is clearly visible on the beach one day when he refuses to participate in the erotic posturing with the French couple (pp. 177-184). He prefers instead to remain aloof, to be at home and alone with Teresa. As Thomas Docherty has shown, "The motivation which directs a character towards the stasis of a fixed identity or self is akin to a movement 'homewards'."[14] That is to say, while Fidel's treatment of other women stems from the desire to "become," his need to possess Teresa encloses them both in a state of being which indeed reifies the self, but which also serves to deny its dynamic potential.

Guelbenzu is ever aware, however, that the creative and destructive energies upon which the self is built, and for which it yearns, live dangerously together. As Fidel observes, "Yo no conozco otra violencia legítima que la del amor, y esa está tan lejos de la muerte como cerca de la vida. . . . Y aun cuando esté rondando la muerte . . . está al borde de la vida también" (p. 352). The proximity of the two is best exemplified by Fidel in two pivotal encounters with Teresa, one in Fidel's sports car during their summer at the beach, the other following their reunion many years later. The first is explicitly sexual, and evokes directly the conflicting energies of desire and need that co-habit within Fidel's psyche for much of his adult life. While driving through the country one day with Fidel, Teresa slips off her blouse and allows the wind and sun to caress her body. Even though he is driving, Fidel soon becomes involved in the caressing, which builds toward a moment of absolute desire. As the erotic grows, however, so does the thanatic, since Fidel begins to drive faster until he nearly loses control of the car. On the verge of crashing, Fidel suddenly opts for life, even though he is trapped amid contravailing passions:

> Dobló con violencia a derecha e izquierda, el camino se perdía de nuevo unos metros más arriba y la mirada encendida en sus ojos le repitió que iba a morir; salió de la curva patinando; aulló al borde de las contracciones del ardor que galopaba furiosamente por sus venas, embocó el miedo al mismo tiempo y, en un segundo, miedo y placer llegaron trepando como caballos desbocados hacia el centro de su cerebro; en un supremo esfuerzo miró y miró adelante, prefiriendo salvarse. . . . (pp. 186-87)

Fidel's action operates on both a substantive and symbolic level here. Were he to yield to need, it would result in spiritual and physical annulment; it would signal the triumph of stasis over kinesis; it would cause his death. Teresa too understands this, but prefers the immediate comfort of need fulfilled: "Por qué . . . por qué has parado, mi amor; por qué has parado . . ." (p. 187). Although her question can be read for its sexual implications, it is really not a question at all, but a lament that underscores the dominion of the thanatic. In this sense, Teresa serves a symbolic or even allegorical function, as is suggested about women in general in chapter one. Furthermore (though much later in the novel), she is explicitly linked to the

91

broader meaning of the first chapter through the snake embossed on her wedding ring — the same ring worn by the narrator who relates the story in that chapter. Hence her presence serves to reify the abstract energies of passion, but also to delimit the vital potential that passion affords.

For Fidel, on the other hand, the decision to stop (both the car and himself) stands as a powerful act of preservation, not of the static self, of course, but of its dynamic possibilities. Still, he is aware that the thanatic occupies his soul, and upon reflection the following day comes to understand the full meaning of what has happened: "La idea de la muerte sucedía otra vez y ésa sí era el origen de su miedo: había descubierto a un desconocido dentro de él. Lo asociaba continuamente con una frase leída en un libro de Lovecraft y olvidada hasta entonces: 'No invoques nunca aquello que no puedas dominar.' Y aquel desconocido había estado a punto de estrellarle en la carretera" (p. 189). While eros and desire (becoming) have dominated his life, he realizes how close to the surface, yet uncontrollable, thanatos and stasis exist. Teresa is clearly tied to the forces of destruction in Fidel, and he finally grows fully conscious of her role. Yet for much of his life he is unable to pull away from her, even when withdrawal is clearly called for, both by his circumstances (he is married to Delia) and the intuited presence of "aquello que no puedas dominar."

It would appear, on the surface at least, that Guelbenzu gives the edge to need over desire, to ruination over invention. After all, Fidel's death at the end of the novel hardly represents an affirmation of life. Furthermore, the abulia that gnaws at him during his many years of separation from Teresa, his numerous but destructive affairs with other women, and finally his failed marriage to Delia, define a pattern of experience marked above all by absence. There is scant sentiment or passion in his life because the need for Teresa precludes any possibility of *ek-stasis*. He lives always on the periphery of being and becoming, where the erotic perpetually struggles with the thanatic in a way that appears to annul essence.[15] Yet Guelbenzu in fact does not offer such a grim resolution; the novel does not accept what its plot seems to imply.[16] On the contrary, Fidel is invested with a crucial moment of insight that not only rejects the self's projection into the void of need, but offers the enabling power of desire in its place. When it appears most resolutely that Fidel's desire has not only been supplanted but destroyed, Fidel finds liberation within the self through the energy of becoming: "No sé lo que he hecho mal, pero no voy a tolerar que esto sea la vida — y aun más alto — : Y está bien, está bien, ya veremos. ¡Todavía no te han vencido, maestro Euba, viejo lancero!" (p. 351). The evocation of "viejo lancero" is revealing, for it returns Fidel to the unfettered optimism of his youth, when continuing the game, as we have seen, was more important than the illusion that it was won. Fidel's subsequent death must be viewed as tragic, of course, but it is less important to the larger scheme of the novel than the epiphany that precedes it: "La guerra [con Teresa] había terminado" (p. 343). Fidel's grasp of his situation is crucial, for it affirms, as Fredric Jameson shows in another context, "a consent to incompleteness" (i.e., life as process) rather than "an attempt to keep alive the delusion and the fiction of ultimate satisfaction [i.e., being]."[17] Hence the re-creation of Fidel's character, the repositioning of it on the scale of possibilities, functions as a dynamic becoming rather than as a static essence. Fidel thus sallies forth spiritually at the end of the work, even as his physical life is cut short.

Henry James once affirmed that, "The only reason for the existence of a novel is that it does attempt to represent life."[18] For Guelbenzu, both in *Río* and his earlier novels, life indeed lies at the center of fiction, but it is the inner life that concerns him, the nature of private energies which define people and shape their view of the world. Guelbenzu clearly adopts the post-modernist position that consciousness can be formed and made available in fiction without resorting to the restrictive traditions of the nineteenth century. He creates a consciousness in *Río* that is among the most finely wrought of postwar narrative, and at the same time incorporates techniques into his work which have been associated with the production of anti-characters: shifting and fragmented points of view; doubt and ambiguity bordering on the fantastic; the presence *and* absence of the creative reader; the breakdown of logical control, of cause and effect. It is in fact because of the multiplicity of techniques, coupled with the recurrent discord of passion, that Fidel's character comes to represent a sustained and thorough exploration of the human psyche. His mental activities and processes constitute the bulk of represented events in the novel, and what emerges is a consciousness that swings irresolutely from kinesis to stasis and then back again, impelled by the countervailing passions of desire and need. The conflict between the two is by no means accidental or undifferentiated, for it involves the very essence of Fidel's existential dilemma: the invention of a self which must be forever re-invented. Self-creation is a troublesome task, as Guelbenzu shows throughout the novel, but it is also a necessary one. And as Fidel goes about the process of living, the crosscurrents of his life become a complex instantiation of the richness of character in fiction and of the techniques of characterization — both for Guelbenzu in *Río* and for the whole of postwar Spanish narrative.

NOTES

[1]For a general discussion of the collective character in postwar neorealism see José Francisco Cirre, "El protagonista múltiple y su papel en la reciente

novela española," *PSA*, Vol. 33, No. 98 (1964), 159-70. See also the general traits of characterization associated with the novel of social realism in Pablo Gil Casado's *La novela social española*, 2nd ed. (Barcelona: Seix Barral, 1975)

[2]Roland Barthes, *S/Z* (New York: Hill and Wang, 1974). See also Uri Margolin, "Characterization in Narrative: Some Theoretical Prolegomena," *Neophilologus*, 67 (1983), 1-14; and Raymond Federman, "Surfiction — Four Propositions in Form of an Introduction," in *Surfiction: Fiction Now ... and Tomorrow*, ed. R. Federman (Chicago: Swallow Press, 1975).

[3]Wayne Booth, *The Rhetoric of Fiction* (Chicago: University of Chicago Press, 1963), p. 9.

[4]Roman Jakobson addresses the enhanced "realism" of experimental fiction in his essay "On Realism in Art," in *Readings in Russian Poetics*, eds. L. Matejka and K. Pormorska (Cambridge: Harvard University Press, 1971), pp. 38-45.

[5]R.M.P., "Entrevista con José María Guelbenzu," *El País*, 8 April 1978, p. 28.

[6]José María Guelbenzu, *El pasajero de ultramar* (Barcelona: Galba Ediciones, 1976), p. 29.

[7]For an overview of recurring techniques and themes in Guelbenzu's early fiction see my, "Experimentation and Alienation in the Novels of José María Guelbenzu," *Hispania*, 64 (1981), 367-75.

[8]E.M. Forster, *Aspects of the Novel* (New York: Harcourt, Brace and World, 1955), p. 55.

[9]Doritt Cohn, *Transparent Minds* (Princeton: Princeton University Press, 1978), p. 179.

[10]Thomas Docherty, *Reading (Absent) Character* (Oxford: Clarendon Press, 1983), pp. 224-243.

[11]For a succinct overview of this idea see Thomas Docherty, pp. 228-238. See also Colin McCabe, *James Joyce and the Revolution of the Word* (New York: Macmillan, 1979), pp. 104 ff.; and Fredric Jameson, *The Prison-House of Language* (Princeton: Princeton University Press, 1972), pp. 169-170. See also, of course, Jacques Lacan, *The Language of the Self*, trans. and ed. Anthony Wilden (New York: Dell, 1968).

[12]José María Guelbenzu, *El río de la luna* (Madrid: Alianza, 1981), p. 123. Future references to *Río* are to this edition and noted parenthetically in the text.

[13]There is also another problem here that appears often in twentieth-century fiction: evocation of the past in order to understand or explain the present. There is of course no inherent danger in this; on the contrary, the search for identity often begins as an exploration of the past through reveries and memory. However, for Fidel it serves to negate both present and future, for it deters the necessary action that he must take in the present. As Thomas Docherty puts it concerning a similar problem in *La Nausée*: "The bad faith involved in [recounting] lies is the belief that through an epistemological quest the character can arrive at the ontological goal of being" (p. 236).

14Docherty, p. 236.

15The dual and necessarily complementary nature of eros and thanatos are revealed explicitly near the end of the novel in Fidel's death dream. In his reverie he observes the combat between the "Caballero de la Sombra" and the "Caballero de la Luz," and comes to realize that one must not destroy the other, but rather the two must co-exist in order to sustain and even nourish meaning for the self.

16My view is thus opposed to that of Isabel Román, who affirms that love is Fidel's principal motivation and his only hope: "El encuentro con Teresa supone para el personaje la única posibilidad de vida y salvación." "La coherencia de El río de la luna, de José María Guelbenzu," ALEC, 10 (1985), 111-122.

17Fredric Jameson, p. 172.

18Henry James, "The Art of Fiction," in The Art of Fiction and Other Essays (New York: Oxford University Press, 1948), p. 5.

BEHIND THE "ENEMY LINES": STRATEGIES FOR INTERPRETING *LAS VIRTUDES PELIGROSAS* OF ANA MARÍA MOIX

Linda Gould Levine
Montclair State College

Ana María Moix's recent collection of short stories, *Las virtudes peligrosas*,[1] poses innumerable questions and problems of interpretation for the reader who has followed her literary trajectory of the last seventeen years. It is a trajectory marked by periods of great productivity and years of silence, by alternating currents of escapism and social confrontation, intense sadness and biting parody, poetry and fiction—an intricate web of hermetic images which pulls the reader into its very center and then leaves her stranded. To open the door to Ana María Moix's world in 1969, as well as in 1986, is ultimately to follow the Dantesque motto and leave "all hope" behind, for there is no redemption possible for the explorer of her verbal Inferno, only repetition and entrapment, at the hands of her "palabra enemiga."

Nowhere is this sense of the destructive force of words more apparent than in *Las virtudes peligrosas*. It is a haunting book which Moix seems to have written almost against herself, as if the cry for silence so poignantly desired throughout the pages of *Walter ¿por qué te fuiste?* were finally defeated and its author compelled, again, to transform her obsessions into fiction. Five short stories, five abstract and depersonalized worlds, marked by characters without names, settings without time and space, conflicts within origin, words without passion—a complex artifice of absence which, nonetheless, tantalizes the reader with its aura of mystery suggested by the titles themselves: "Las virtudes peligrosas," "Érase una vez," "El inocente," "El problema," "Los muertos." The intent of this discussion is to penetrate, or perhaps, infiltrate, the "enemy lines" and suggest strategies for interpreting the complexities of Moix's recent book, as well as for situating it within the context of her previous body of fiction.

It seems appropriate to begin this analysis with a study of the title story of the collection, "Las virtudes peligrosas," an enigmatic tale which turns a feminist critic upside down, and makes the story "Cuando las mujeres quieren a los hombres," by the Puerto Rican writer Rosario Ferré, seem like a portrait of psychological clarity. A first reading of the story reveals that it is about the unusual passion that two women feel for each other. This information is transmitted to the reader through Rudolph, the son of one of the women, who in turn uses his father's diary as a basis for his narration. As we read the story, we discover that although the two women never speak to one another nor embrace, they are continually together, in the opera, the city, the country and seem to communicate through channels never clarified to the reader or any of the characters involved in the story. Their relationship is intense, longing and yet complete. They seem to exist in a sphere which defies the laws of conventional reality, as described in the following way by Rudolph's father:

> Vestidas ambas con trajes del mismo color, caminaban despacio, separadas por la calzada, sin hablarse, pero envueltas en una dicha y en una seguridad que las aislaba del resto de los humanos y, por supuesto, de él. Gozaban. Paseaban horas y horas sin dirigirse la palabra ni juntarse, y, sin despedida alguna, se separaban con la misma naturalidad con que se habían encontrado. (pp. 26-27)

This bond inevitably becomes so threatening to the husband, an army general, that he perceives himself to be strangled by "serpientes invisibles ... la punzante y desconocida arma creada por las dos mujeres al mirarse frente a frente" (p. 19). Slowly driven to madness, tormented by the portraits his son, Rudolph, has painted of the two women, impotent to triumph in this most arduous "battle" of his career, he succumbs to the serpentine voice of perdition. His suicide ironically marks the end of the two women's union; they bid a tearful farewell to one another in the opera and silently vow never to meet again. They isolate themselves in a frozen reality, filled with mirrors covered by black veils and the presence of the portraits of their youth. As old age sets in and their passion for one another remains intense, they seek to renew their union through a young girl, Alice, who reads stories to each one on alternating days, and who becomes in turn the recipient of the "lazos" each creates for her daily, only to have them undone and replaced the following day by the other.

Thus we have here the makings of a text rich in multiple interpretations of a psychological and sociological nature. The themes of the double, of lesbianism, phallic imagery, the weight of the past, the creation of imaginary worlds, surface again in this story as in *Julia, Ese chico pelirrojo a quien veo cada día* and *Walter ¿por qué te fuiste?*,[2] with a force which overwhelms the reader and casts her into a journey in the unknown. For more than a haunting tale of an elusive love, Ana María Moix creates a tale about a tale, a story about a story. She adeptly fuses together her narration about the obsession the two women feel for each other with the other narration about the obsession the general feels toward his wife's relationship, and the third narration about the obsession the general's son feels toward both his father's diary and Alice's reaction to it.

Through this complex interplay of the notion of the "voyeur" — the general as voyeur to his wife and her "lover,"

Rudolph as voyeur to his mother and Alice, Alice as voyeur to the old women, Rudolph's paintings and the general's diary, the reader as voyeur to the totality of this narrative structure — Moix engages in one of her favorite games of creating multiple Chinese boxes or mirror reflections. In this case they lead us not to the looking glass of clarity, but to the veiled mirrors of the text itself. For, by ceding the voice to her male characters, the general and Rudolph, she never allows us "through the glass darkly" inhabited by her female characters. Thus we never understand the complex dynamics of their secretive union.

As I read and reread the story, trying to decipher Moix's motive for de-emphasizing the theme of female and lesbian love, it occurred to me that her story presents a classic example of what feminist critics have defined as the "double-voiced discourse" of women's fiction, a discourse which contains a "dominant story" and a "muted" one.[3] By giving more importance to the "dominant" stories of the general and Rudolph than to the "muted" voice of the two women, she is in essence revealing the subordination and silencing of women in the timeless Spanish reality she seems to portray.

This narrative perspective is a marked shift from Moix's previous works which not only enabled woman to write "her self" but went even further by allowing her to address the French feminists' dictate of "writing the female body," years before such a theory was in vogue.[4] Consider the rich and audacious treatment of menstruation, lesbianism and bisexuality in *Walter ¿por qué te fuiste?* — an adventure into the taboo which earned its author forty-five cuts from the censors. The most amusing one, as related by the author herself, was María Antonia's inquiry about sexual relations between men and women and her realization that "if her mother did *it* with her father, then Franco must also do *it* with his wife."[5] Consider, too, Moix's sensitive treatment of the theme of lesbianism in her novel, *Julia*, a further indication of her preoccupation with a theme which becomes diffuse in "Las virtudes peligrosas," lost in the "body" of male discourse. Although there is one significant passage in the story which powerfully describes the passion Rudolph's mother feels for her "double," her "ardor y desesperación," her "intento de posesión" of her beloved (pp. 40-41), it is significant that this expression of woman's rich sexuality is reserved for the character's later years, while her youthful passion remains mute and uncoded. I suspect this is so not only because Moix is suggesting a critique of the predominance of male voice in Spanish society, but also because she is not interested in developing this theme any further. Rather, she seems to be wrestling with and testing out another obsession which will slowly invade the other stories of this collection: her belief that we are all trapped in, men and women alike, by words and texts, that we are all characters of poorly written tales which destroy our autonomy and inner voice.

Just as her two women in "Las virtudes" are ultimately limited and defined by the words the general and his son generate about them, this condition defines all of Moix's characters. It also denotes an attitude of hostility and antagonism towards words present in her writings since the inception of her career. In *No Time for Flowers y otras historias*, she writes of "las palabras [que] se vendían;"6 in *Walter ¿por qué te fuiste* she speaks of "la inmunda palabrería," "la palabrería insulsa," and of the fall of the writer from the Olympic heights of "el dios mercurio" to the depths of the verbal vulgarity of "el loro parlanchín" (p. 16). Yet, if she returns to this theme a decade later, it is with a marked difference. In her previous works, the struggle against words experienced by her characters was situated in the context of a vast socio-political machinery, which created an inherent sense of tension between reality and fiction, human psychology and artifice. Hence, Ismael's constant theorizing about the nature of words and writing in the pages of *Walter* is carefully balanced with a detailed description of the character's odyssey through the Spain of the sixties. Similarly, his sense of despair toward the word becomes viewed by the reader as an inevitable product of the devaluation of discourse in Franco's Spain, as well as of a product of his inner sense of failure.

In the short stories of *Las virtudes peligrosas,* this outer core of reality and social setting has been removed. It is almost as if without the imposing specter of Franco who haunts the pages of *Julia* and *Walter*, Moix felt free to return to the scenarios of her earlier works and to create, anew, abstract and depersonalized individuals. They, in turn, are faced with bizarre circumstances which bring to the surface, not their fears of a threatening reality, but of the words which constitute it. Consider the plot of "El inocente," a story about a man who goes to a bar, gets drunk and reveals some details of his personal life to a stranger, "el profesor," who proceeds to console him about the complexities of love. This compassionate reaction produces such a feeling of distaste in the protagonist that he punches the stranger in the face and makes a quick exit to rush home for a date with his girlfriend, Laura, whom he had just denigrated during the course of his conversation.

As in the first story, "Las virtudes peligrosas," the main characters are nameless, mere linguistic pronouns ("él") or generic entities ("el profesor," "el camarero"), soon to be assaulted by other textual configurations. For once again, rather than develop the suggestive overtones of the complexities of the male-female relationship, of the uncanny parallels between the protagonist and the "profesor," Moix uses her text as a mere pretext for a meditation on "la sucia palabrería," "las frases . . . manchadas," "los signos adversos" which constitute her universe. As the conversation with the "profesor" and

100

"camarero" continues, the narrator slowly begins to view himself as written into a script he wants no part of, as catalogued, defined and "misread" in the waiter's mind:

> Por eso le miraba el camarero, para situarlo en el lugar que le correspondía en el gran libro de su monótona y grasienta experiencia. Sí, se sentía arrancado de la silla por la mirada catalogadora del camarero que lo arrastraría para dejarlo caer luego en las páginas insulsas de aquel libro muerto, que era su mente de lavaplatos, y entre cuyas tapas quedaría apresado para siempre sin posibilidad alguna de corregir la infame escritura a la que habría sido traducida su persona. (p. 94)

This profound sense of what Harold Bloom has called the "anxiety of influence," the anxiety of "authorship,"[7] is thus given a new twist in Ana María Moix's world as the character, and not the author, experiences anxiety over the insidious invasion of words on his life. This theme becomes so dominant in the story that its minimal plot disintegrates and never reaches the climactic ending the reader was expecting. This characteristic, in fact, defines most of the stories in *Las virtudes peligrosas*, which tantalize the reader almost erotically with their suggestion of rhythm and sexual configurations and then, rapidly, usher in a harsh anticlimax. It is almost as if Moix, undoubtedly mirrored as author-God in the "condescendencia propia" of the waiter, were writing *The Displeasures of the Text*, an ironic recreation of Barthes' *The Pleasures of the Text*.[8] There is no eroticism — neither sexual nor textual — in Moix's world. The concept of pleasure is replaced by what the narrator of "El inocente" calls "el displacer ilocalizable" (p. 89) and the shift from physical bodies to textual and intellectual spheres becomes emblematic of Moix's obsession with the mental terrain her characters inhabit.

From the beginning of her literary production, Moix has revealed a propensity for situating her stories and haunting tales not in concrete and familiar times and spaces but in the hidden corners of the mind. In "Dedicatoria," one of the stories of *Ese chico pelirrojo*, she expressses an artistic creed which years later seems more powerful than ever: "vivir ... sobrevivir, encerrado en uno mismo, en un lugar carente de espacio regido no por las leyes del universo, sino tan sólo por las fuerzas del pensamiento" (p. 52). In the short stories of *Las virtudes peligrosas*, this mental space dominates the action as indicated by the professor's dictate to the narrator in "El inocente": "'todo sucede aquí' ... y volvió a golpearse la frente con el dedo índice" (p. 95).

This emphasis on mental realities is not an unfamiliar sphere in recent Spanish women's fiction. Consider the case of Carmen Martín

Gaite and her creation of "el cuarto de atrás," at once the back room in her parents' home in Salamanca and "un desván del cerebro, una especie de recinto sagrado,"[9] designed to store and generate a flow of creative images which form the rich texture of the character's biography and the Spanish reality of the Franco years. But unlike Martín Gaite's journey into the "cratered night of female memory,"[10] Moix's odyssey and that of her characters resembles more an incursion into the jagged darkness of a newly created Hades. Gone, of course, are the Cerberuses and Medusas of classical times; instead, there is a strong presence of an absence, of a "vacío," as if the paths her characters travelled on were marked by a colossal mental abyss into which they feel themselves falling. Consider the following passage from "El inocente" which further describes the narrator's dilemma:

> Pero, al pensar lo que había pensado (que las asquerosas mesas solitarias de aquel asqueroso bar parecían vaciar el local más que ocuparlo), al displacer, adueñado ya de toda su sensibilidad, se añadió un violento furor contra el hombre que tenía delante. Aquel pensamiento referente a las putas sillas no era suyo. Jamás, se dijo, se había su mente extraviado por los caminos del vacío y sin sentido. (p. 90)

Nowhere does this contradictory sense of the empty force of words seem more apparent than in the metaphorical parallel Moix suggests between the bar and her narrator's mind. Just as the chairs seem to empty the bar rather than fill it, so, too, words do not complete a mental tapestry, but rather reveal the absence of texture, the absence of design. As the narrator of "Los muertos" painfully comes to realize, she is "puro aire traspasado por sucesiones de imágenes inconexas y en las que no aparece. Puro aire traspasado por frases ajenas, oídas en el interior de su cabeza vacía" (p. 184).

Inevitably one asks oneself: Where does this sense of nihilistic despair come from? Is its source a void in the author's self transferred to her characters or rather a statement on the inability of words to capture meaning and make it communicable to others? Can we situate Moix in the same category as one of the favorite authors, Samuel Beckett,[11] acutely "haunted" by the "insight that the living truth is no longer sayable"?[12] I am not quite sure of the answer to this problematic question of the genesis of Moix's literary malaise. If historically we have come to believe that the origin of a literary work is embedded in the point of confluence and tension between the author's textual, psychological and socio-political experiences, then, inevitably, the answer includes all of the above. It also encompasses the influence of Moix's own unhappy childhood, similarly noted by Margaret Jones in her attempt to explain the "acknowledgement of failure" which "permeates her entire opus" with its concomitant result in the character's "desire to escape, whether through meta-morphosis, actual flight, attempted suicide, or alienation in varying degrees . . ."[13]

Since, perhaps for the purpose of this discussion, the location of source is less important than the manifestation of the malaise, I might limit myself to noting that the different vehicles of escape observed by Jones are given a different twist in "El problema." Here one of Moix's protagonists tries to fill the abyss of his mind with a concrete answer to the meaning of his existence. Nowhere does Moix's sense of the futility of the mind become more palpable than in this tale of the dilemma of "Problema," a text-book term come alive and forced to live out his problematic existence in "aquella bestia humana . . . el vaciadero de todo el detritus del universo" (p. 124). Nowhere, too, is Moix's gift for parody more evident as she reveals "Problema's" fall from the Olympic heights. He becomes not a metaphysical or philo-sophical problem, nor even a political one, but the lowest and most mundane of them all, "algo que en otro tiempo ni siquiera hubiera tenido nombre", a sexual problem, the private property of "Yo" and "Tú" ("¿Yo?" "Tú, sí, tú." "No, yo no; tú . . ." [p. 129]) and their failed marriage.

Once again, Moix artfully sublimates textuality into intellectuality as the sexual overtones are diminished or merely alluded to, while the ontological concerns of "Problema's" pressing reality become the center of the tale. Determining that there is no escape from his problematic existence, "Problema" undertakes the suicidal course feared by all problems — (re)solution — the tragic-comic answer which nullifies and obscures his existence in the heightening moment of clarity. Note again Moix's propensity for "signos adversos," and contradictory patterns as "Problema" decides his future:

> El Problema sexual se contempló en el espejo. Estaba decidido a averiguarlo. ¿Era o no era? En cualquier caso, el final debía ser el mismo. Deseaba dejar de ser o dejar de no ser. Lo sabía: los problemas pueden verse en los espejos antes de morir. . . . ¿Quién, quién era en realidad? Lo sabría, aun a cambio de su vida. Sí, iba a morir, a desaparecer. El mismo se desentra-ñaría, él mismo se identificaría. La autosolución, la muerte. Pero lo sabría, lo sabría entrando en el espejo en el que, el Problema suicida, por fin entró.
> (pp. 135-36)

Inevitably, of course, Ana María Moix, supreme God and puppeteer of this absurd world, denies her character this chance to enter the looking glass of truth. As in "Las virtudes peligrosas," the suggestion of Lewis Carroll's imaginative view of reality governs the laws of fate. "Problema's" journey into the mirror, though not covered by veils, is thwarted and obscured. Just as he is about to (dis)appear triumphant, "Yo" and "Tú", in the throngs of a new marital dispute, "reconocieron de nuevo su existencia," leaving him incomplete, a mathematical equation two thirds resolved and one third unfinished, as "la tercera parte del cuerpo del problema quedó fuera del espejo, quedó, quedó . . . Quedó" (p. 136). This original metaphor for human existence ultimately defines all of Moix's characters. They are incomplete, only "one third" there, part presence, mostly absence, mirror reflections of "Problema," destined to live out their fictional lives "en un rincón oscuro de un cochambroso bar, bebiendo desaforadamente y contando la historia de su vida a quien se presta a escucharle" (p. 137). We need only recall Ismael in *Walter ¿por qué te fuiste?* obsessively reviewing the story of his life to his cousin Ricardo in a bar, or the narrator of "El inocente," to verify that this is a common fate of Moix's characters, heightened in "El problema" by the author's delightful play on metaphysical and sexual concerns.

Another rendition of this same theme, but again given a different twist of an equally satirical nature is "Érase una vez," a complex story which takes on the fairy tale canon and reveals it to be a totally arbitrary literary construct with no value behind the linguistic signs that compose it. In this story, Moix turns her pen to the ontological and linguistic despair of fairy tale characters, portrayed as meaningless voices without substance, such as ""uno para contarlo," desperate and alone without a public because "¿A quién cuenta quien quedó para contarlo si sólo quedó uno, él . . ." (p. 51) or "érase una vez," anguished at just passing through "una vez."

In no other story of this collection does the difference between Moix and her sister writers seem more apparent than in the intellectual approach she chooses to treat a genre which is a compelling source of interest for women writers, who have reread, rewritten and deliberately misread its sex-coded messages. The French feminist, Hélène Cixous, has given us perhaps the most satirical reading of one of the classic tales of this tradition, *Sleeping Beauty*. She views it as "particularly expressive of woman's place . . . in bed," for fairy tale characters have either been "laid out" in the castle or "laid" by the prince.[14] If the American writers Anne Sexton and Adrienne Rich have similarly injected feminist models into the age-old canon, Spanish women writers have not been silenced or silent in their recreation of these tales.

Consider the separate instances of Carmen Martín Gaite and Esther Tusquets and their treatment of fairy tales. It would be difficult to find two authors more antithetical than Carmen Martín Gaite and Ana María Moix. For Martín Gaite, literature is a kind of magical castle, constructed not of bricks and mortar, but of "paredes de papel," a twentieth century "casa de placer."[15] Narrative thus becomes in her hands "un instrumento de liberación," a "juego" filled with surprises, transformations and a sense of awe and delight toward "la palabra hábil, audaz y todopoderosa."[16] Subsequently, when she turns her pen toward a critique of the sex role stereotyping of fairy tales in her theoretical work, *El cuento de nunca acabar* and her short novellas, *El pastel del diablo* and *El castillo de las tres murallas*, it is not surprising that we should find a reversal of many of the fixed patterns of this male-authored canon. Instead of female protagonists who spend their lives at a spinning wheel, we find young women who "spin" their own tales and activate "el motorcillo maravilloso de su cabeza."[17] Gone from the pages of Martín Gaite's texts are any notions of the Freudian model of sexual conflict and rivalry which have come to characterize female behavior in traditional fairy tales. Her protagonists do not drift off into a deep sleep at the age of fifteen to prepare for "sexual maturity" as Bruno Bettelheim has told us,[18] but rather actively seek to decipher their dreams and decode their lost mothers' hidden journals. Such is the case of the young princess, Altalé, in *El castillo de las tres murallas*, who inspires the villagers to resist the oppressive rule of her father, the King, and who uses the secret messages and notebooks of Sirena, her distant mother, to find freedom for herself and her "prince," Amir. In this sense, "living happily ever after" for Martín Gaite's characters becomes "reading and writing ever after," and the new siren's song leads women to salvation, rather than men to perdition.

This process of "revisionist mythmaking"[19] is given a different focus in Esther Tusquets' novels, a formidable literary fortress composed of an overflowing Baroque-like prose, an abundance of erotic symbolism and an intense and problematic union between women's sexuality and the concept of textuality. Unlike Martín Gaite's pen, which assumes the force of the knight's sword, effortlessly knocking down male textual barriers at every turn, Tusquets' pen seems to collide with them, compelling her to face the "enemy" and create an appropriate strategy for victory. That is, as opposed to Martín Gaite's characters, intent on "deconstructing a prior story and constructing a new one, which includes instead of excluding themselves,"[20] Tusquets' characters are only in the initial stages of this creative act. Before they can generate a new text and mirror, they must first confront their image reflected in the texts they have been weaned on and then commence what Judith Fetterly has called the arduous process of "exorcising" the "male mind" implanted in women.[21]

Thus, Tusquets' trilogy[22] abounds in references to countless texts of the fairy tale canon, *Snow White, The Little Mermaid, Beauty and the Beast*, which are scrutinized and critiqued by her protagonists as they carefully shed off these time-worn textual layers which have come to mark or define their adult personality. What

105

seems most significant in this shattering of the Bloomian concept "you are what you read"[23] is the relationship between sexuality and textuality rendered by Tusquets. Whereas Ana María Moix carefully sublimates sexuality into narration and converts physical bodies into textual bodies, in Tusquets' world, the subversion of the male literary canon is accompanied by an equally decisive blow at conventional patterns of heterosexuality. If Sleeping Beauty is to avoid being awakened by the prince, she must find her princess who will free her from the numbness of existence in patriarchal society and release her dormant sexual impulses. Such is the case of her narrator and Clara in *El mismo mar de todos los veranos*, two characters recast in Tusquets' world as an androgynous "Beauty" and "Beast," who enclose themselves in their own inner spaces, sexual and textual, and rewrite the canon of male supremacy.[24]

Although they do not totally succeed, for the backlash of patriarchal society is ultimately stronger than Tusquets' desire for her narrator's salvation or the latter's inner strength, the process of resisting the male code is nonetheless significant and illustrative of the essential difference between Martín Gaite, Esther Tusquets and Ana María Moix. In the face of the strong "phallologocentric" tradition[25] that all three confront in their works, one might say that Martín Gaite posits the power of female authored words, "total magic" to paraphrase Robert Alter, a belief in the recreation of reality through creative discourse. Tusquets, on the other hand, restates Alter's principle of "partial magic."[26] Words are still powerful, but women must generate them in the face of great opposition from social and sexual conventions.

In Ana María Moix's world, however, there is no magic, no power, no generative spirit. The castle of literature has crumbled, the King, Queen and all the inhabitants are reduced to linguistic signs and the enormously suggestive connotations of the formula "once upon a time" have become fertile terrain for an ontological and lingüistic exploration of Moix's character, "érase una vez." That is, Moix takes on the canon in a totally different way from either Martín Gaite or Esther Tusquets. It is not subverted through recreation or rereading but through revealing it as pure artifice, stagnant and fixed in time and space, mere "páginas muertas" (p. 78). This sense of the entrapment of words in texts, the antithesis of theories of writing which span across the centuries from the Bible to Cervantes to Martín Gaite, becomes so acute in "Érase una vez" that rather than speak of the concept of literary "parricide" postulated by Edward Said[27] and suggested by Tusquets, it might be more appropriate to speak of "texticide," a non-generic demolition of the "inmensa cloaca," of words themselves in Moix's world.

When "uno para contarlo" poignantly asks in "Érase una vez": "¿Disponía el universo de suficiente fuego para quemar todos los libros cuyas páginas muertas se les había condenado a llenar en forma de letras?" (p. 78), this implicit cry for silence may be viewed as that of Moix herself. Indeed, as one reads this story, it becomes increasingly clear that "uno para contarlo," like the waiter in "El inocente," is just a mirror reflection of countless other Moixian protagonists: Julia, Ismael, the narrator of "Los muertos," Rudolph in "Las virtudes peligrosas," and, more significantly, of Ana María Moix herself and her theory of writing. "Uno para contarlo" tells us that "le pesaba la memoria, una losa sobre aquel inmenso recinto donde habitaban todos, en cuyo mármol sólo él esculpía . . . para no reducirlos al silencio" (p. 50). He feels continually oppressed by the knowledge that "nunca se descargaría del peso de imágenes, recuerdos, anécdotas, historias que arrastraba; un lastre que lo ataba implacable, no sabía a qué" (p. 77). This condition ultimately defines all the protagonists in Moix's fiction. Isolated and alone, filled with words generated in their minds and frozen on lifeless pages, they never break out of their hermetic narrative structures to reach a sense of communion with one another.

Just like "uno para contarlo," they are confined to their role of witness, "voyeurs" of potentially rich human experiences merely transmuted into words, but not flesh, continually repeated in endless cycles of similarities. For if the end of "Érase una vez" is exactly the same as its beginning, this sense of circular time without historical progression is just one more rendition of a constant in Moix's fiction. It is another link in the saga of the Julias condemned to repeat nightly their ritual dream of self-destruction, of the Ismaels forced to repeat in an endless echo "Anoche soñé que había regresado a T," of the aged señoras of "Las virtudes" trapped in the cycle of doing and undoing each other's "lazos," of "Problema" compelled to retell the story of his life and mutilation, of the protagonist of "Los muertos," whose life is "monotonía y repetición, monotonía hecha a base de repetición" (p. 165). More significantly, it is a mirror image of Ana María Moix herself, forced to pick up the pen after years of silence and to return to her haunting scenario of the late sixties.

Certainly, this sense of a cyclical text, of "la serpiente que se muerde la cola," is not new to recent Spanish fiction. Yet, between the world of Martín Gaite's El cuarto de atrás or Juan Goytisolo's Don Julián and Moix's tales, there is an inherent difference. In the novels of Martín Gaite and Juan Goytisolo, circularity is balanced by passion, artifice by human desires and dreams, repetition by creation, an act of the will which fights against the constraints of fiction. In Ana María Moix's stories, circularity resides either alone or accompanied by the most significant force in Moix's world which is

107

her only means of salvation from complete "texticide:" irony, a solid affirmation of the writer's craft which blossoms anew in "Érase una vez" as Moix takes up the battle enunciated by Cixous, Tusquets, Martín Gaite and herself, a decade ago. For, of all her fairy tale characters who resist their codified roles — "la viuda," "con quién," "el hombre feliz," "érase una vez," — the two whose identities seem most decisively subversive are Blancanieves and la Bella Durmiente. Read here Moix's parodic rereading of not only the fairy tale canon, but also of Bettelheim's interpretation of the relationship between Sleeping Beauty's sleep and the onset of menstruation:[28] "despierta, la descubrieron no sólo feísima sino malvada: bebía café sin cesar para evitar el sueño y para demostrarle saber tejer perfectamente bien sin pincharse" (p. 63).

Read, too, Snow White's joyful rejection of the mold of female beauty into which she has been cast and her implicit solidarity with her Third World sisters:

> ... de nuevo Blancanieves se había empeñado, aquella mañana, en tomar el sol en el parque y, mientras cinco enanitos se afanaban en aplicarle harina para disimular el color tostado de la piel, Gruñón, rojo de ira, los regañaba a todos: ¡más harina, más harina! ¡Su piel debe parecer blanca como la nieve! Ya de por sí morena, ¿a quién se lo ocurre tomar el sol? ¡Parece una gitana! ¡Insensata! ¿Crees muy fácil encontrar príncipe miope para que te bese y despierte cada vez que a alguien se le ocurre contar tu disparatada historia? (p. 63)

This explicit vindication of an autonomous female identity, momentarily and parodoxically liberated in Moix's text about the entrapment of texts, brings the author back 360° to the center of her own feminist writings in *Vindicación feminista* in the seventies. During that period her monthly column "Diario de una hija de familia" provided an irreverent view of traditional Spanish machismo and cultural values.[29] This satirical destruction of codified norms has enabled the reader to delight in Moix's creations at the same time that we sense her struggle with the futility of words and the voids they create.

It may indeed be true, as Blackmur has hypothesized, that "the next age will not express itself in words ... at all."[30] Although Ana María Moix seems to subscribe to this view, she nonetheless offers us some redemption from our verbal insufficiencies. Her unusual configurations of irony and satire compose a compelling textual mirror into which we are inexorably and comically drawn. Let us hope we emerge intact, instead of "two thirds" trapped within.

NOTES

[1]Ana María Moix, *Las virtudes peligrosas* (Barcelona: Plaza & Janés Editores, S.A., 1985). All page numbers cited in this paper refer to this edition. An early version of one of the stories included in this collection, "El problema," appeared in *Vindicación feminista*, 28, June, 1979, pp. 61-66, with the title "Vida, esplendor y caída de un problema sexual que no quiso serlo."

[2]Ana María Moix, *Julia* (Barcelona: Editorial Seix Barral, 1970); *Ese chico pelirrojo a quien veo cada día* (Barcelona: Editorial Lumen, 1971); *Walter ¿por qué te fuiste?* (Barcelona: Barral Editores, 1973). All page numbers cited are in reference to these editions.

[3]Susan S. Lanser and Evelyn T. Beck, "[Why] Are There No Great Women Critics?" in *The Prism of Sex: Essays in the Sociology of Knowledge,* ed. Julia A. Sherman and Evelyn T. Beck (Madison: University of Wisconsin Press, 1979), pp. 79-91.

[4]In her essay, "The Laugh of the Medusa," Hélène Cixous states "woman must write her self: must write about women and bring women to writing, from which they have been driven away as violently as from their bodies ..." She continues to give the following advice to women writers: "Write yourself. Your body must be heard. Only then will the immense resources of the unconscious spring forth." Translated by Keith Cohen and Paula Cohen in *New French Feminisms: An Anthology,* ed. Elaine Marks and Isabelle de Courtivron (Amherst: University of Massachusetts Press, 1980), pp. 245, 250. This essay originally appeared in English in *Signs,* in the summer of 1976.

[5]See Linda Gould Levine, "The Censored Sex: Woman as Author and Character in Franco's Spain," in *Women in Hispanic Literature: Icons and Fallen Idols,* ed. Beth Miller (Berkeley: University of California Press, 1983), p. 309.

[6]Ana María Moix, *No Time for Flowers y otras historias* (Barcelona: Editorial Lumen, 1971), p. 54.

[7]Harold Bloom, *The Anxiety of Influence: A Theory of Poetry* (New York: Oxford University Press, 1973).

[8]Roland Barthes, *The Pleasure of the Text,* trans. Richard Miller (New York: Hill and Wang, 1975), p. 10. See also Susan Gubar, "'The Blank Page' and Female Creativity" in Showalter, *The New Feminist Criticism,* p. 294 for a discussion of Barthes' "erotics of reading."

[9]Carmen Martín Gaite, *El cuarto de atrás* (Barcelona: Ediciones Destino, 1978), p. 91.

[10]These words are part of Adrienne Rich's description of the journey of the woman artist. See Rich, "Re-forming the crystal" in *Poems: Selected and New, 1950-1974* (New York: W.W. Norton, 1975), p. 228.

[11]See Margaret E.W. Jones, "Ana María Moix: Literary Structures and the Enigmatic Nature of Reality," *Journal of Spanish Studies: Twentieth Century,* 4 (1976), 115.

[12]This quotation is included in George Steiner, *Language and Silence: Essays on Language, Literature and the Inhuman* (New York: Atheneum, 1967), p. 52.

[13]Jones, pp. 105, 114.

[14]Hélène Cixous, "Castration or Decapitation," trans. Annette Kuhn, *Signs* (Autumn, 1981), p. 43.

[15]Carmen Martín Gaite, *El cuarto de atrás*, p. 56; *El cuento de nunca acabar* (Madrid: Editorial Trieste, 1983), p. 202.

[16]Martín Gaite, *El cuento de nunca acabar*, pp. 137, 113, 165.

[17]This is a description of the protagonist Sorpresa in Martín Gaite's *El pastel del diablo* (Barcelona: Editorial Lumen, 1985), p. 95. *El castillo de las tres murallas* was also published by Lumen in 1981.

[18]Bruno Bettelheim, *The Uses of Enchantment: The Meaning and Importance of Fairy Tales* (New York: Alfred A. Knopf, 1976), p. 235.

[19]Alicia Ostriker, "The Thieves of Language: Women Poets and Revisionist Mythmaking," in Showalter, *The New Feminist Criticism*, pp. 314-338.

[20]This is a paraphrasing of Ostriker's interpretation of the poetry of Adrienne Rich and Margaret Atwood in "The Thieves of Language," p. 316.

[21]Judith Fetterly, *The Resisting Reader: A Feminist Approach to American Fiction* (Bloomington: Indiana University Press, 1978), p. xxii.

[22]Esther Tusquets, *El mismo mar de todos los veranos* (Barcelona: Editorial Lumen, 1978); *El amor es un juego solitario* (Barcelona: Editorial Lumen, 1979); *Varada tras el último naufragio* (Barcelona: Editorial Lumen, 1980).

[23]Harold Bloom, *Kabbalah and Criticism* (New York: Seabury Press, 1975), p. 96.

[24]See Linda Gould Levine's forthcoming article on this topic in *Anales de la literatura española contemporánea*, "Reading, Rereading, Misreading and Rewriting the Male Canon: The Narrative Web of Esther Tusquets' Trilogy."

[25]The origin of this word, coined by the new French feminists, may be found in Hélène Cixous' suggestion that "the logocentric project had always been, undeniably, to found phallocentrism, to insure for masculine order a rationale equal to history itself." See her essay "Sorties" in *New French Feminisms*, p. 93. See also "The Laugh of the Medusa," p. 255.

[26]Robert Alter, *Partial Magic: The Novel as a Self-Conscious Genre* (Berkeley: University of California Press, 1975).

[27]Edward Said, *Beginnings: Intention and Method* (New York: Basic Books, 1975), p. 209.

[28]Bruno Bettelheim, *The Uses of Enchantment*, p. 235.

[29]*Vindicación feminista* was published in Barcelona in the late seventies.

[30]Quotation included in Steiner, *Language and Silence*, p. 35.

REPETITION AND THE RHETORIC OF LOVE
IN ESTHER TUSQUETS'
EL MISMO MAR DE TODOS LOS VERANOS

Gonzalo Navajas
University of California, Irvine

From Vico and Hegel to Marx, Deleuze, and Derrida, the notion of repetition has played a significant role in the development of thought. Repetition, understood as the recurrence of meaning in ideas and historical events, has been an important factor in the emergence of two central — although divergent — conceptions of reality. In one conception, the basic relation between the objects and the ideas that refer to them is considered to be one of similitude or identity. According to this view, ideas are seen as *icons* that faithfully repeat or reproduce the components of the world. In the other conception, ideas are *simulacra*, that is, autonomous entities that resemble the world only in an indirect and haphazard way. Thus, for this second conception, ideas and objects are seen as fundamentally different. It is indeed possible to establish relations of similarity between the various components of reality, but those relations are unreliable since they must be viewed against a determining background of difference.[1]

Repetition and its philosophical implications have had a considerable impact on fiction. The iconic view, which has prevailed for much of the history of Western literature, has shaped the nature of the classical novel, particularly the one affiliated with realism. The nonrepetitive view, which denies representation as a valid epistemological category, has been the underlying theoretical basis for modernist and postmodernist fiction, from Kafka and Joyce to Italo Calvino and Milan Kundera. This view has determined the entire fictional paradigm, its central and originating components as well as the secondary ones.

Although the modernist and postmodernist novel reject the iconic view of literature, repetition can be found here in various forms.[2] In some texts, repetition predominantly influences the overall formal structure of the work, as is illustrated in Proust's notion of fictional discourse as the expansion of a singular nuclear point. In others, it characterizes the patterns of plot development, as is shown in Borges' stories, which present variations and countervariations of the same motif. Therefore, in view of its significant presence in different kinds of texts, we can conclude that repetition is a universal epistemological category that is central to fictional texts in general, even those that are in principle opposed to it.

In Esther Tusquets' *El mismo mar de todos los veranos*, repetition is actualized in the semantic core of the novel, assuming the configuration of an unchanging—and thus repetitive and identical to itself—cultural system. The female narrator and protagonist of the novel tries to introduce difference in that system in order to subvert its rigid structure of sameness. That subversion takes place through her disqualification of a rhetorical view of love (composed of immutable norms), as well as through her attempt to replace it with a new conception of love that would be nonrhetorical (free of restrictive norms). Thus, Tusquets' novel presents a conflict between two contrary views of history. One—embodied in the code of the prevailing cultural environment of the novel—sees the human condition as determined by a preestablished model, and views the individual as duty bound to be like others. The other challenges this deterministic conception and attempts to overcome it through differentiation, by way of the individual's independence from any set of laws externally imposed on him.[3]

The anonymous narrator of the book personally experiences this conflict and, through her presentation of it in fiction, illustrates one of the possible manifestations of repetition. Paradoxically, although she is opposed to repetition in her life, she is, nevertheless, influenced by it. Her confrontation with a despised cultural system reproduces an old feature typical of the novel's hero in general: his rejection of a trivial world (as is seen, for example, in Don Quixote and Madame Bovary). In my discussion I will consider the nature of the analysis of repetition in El mismo mar as well as its consequences for the concept of nonrhetorical love that is advanced in the text.

The nature of the discourse of El mismo mar is the most general manifestation of its nonrepetitive orientation. The novel is an introspective analysis of the intimate life of the narrator, in which she tightly controls what she presents. No counterperspectives external to her exist and, consequently, her domination of the narration is unquestioned throughout the novel. Her exclusion of external perspectives is the result of her suspicion of the views of others. She rejects those views because she considers them nondifferential—the effect of social imposition rather than independent and personal creation. The function of the narration appears to be solely to reread the history of a constraining past that is seen with contempt and to write a new version of it. The narrator seems to expect that the act of rewriting will produce a freer and more satisfying identity.[4] In this manner, literature would assume a role (akin to psychoanalytic therapy) in which the text would be seen as the vehicle through which the self could extricate itself from a restrictive cultural system, recuperating an alienated past and transforming it into a vast renovated space for personal creation.

The exclusive use throughout the novel of the first person narration emphasizes the text's intention to protect itself against interference from the outside. Moreover, the distance between the figure of the narrator and the author herself is intentionally minimized, thus intensifying the subjectivization of the text. Furthermore, the narrator's discourse, although apparently similar to an interior monologue, is far from the randomness and incoherence characteristic of that fictional procedure. On the contrary, it is highly organized as if to demarcate unambiguously the separation between itself and a mediocre communal system: the distinctive and articulate nature of the text's discourse is intended to contrast clearly with the amorphous and commonplace speech of the other.

Despite its efforts at differentiation, the discourse of the text is not entirely free from the mechanism of repetition. The text refuses to imitate the nondistinctive language of others but at the same time, to a certain extent, it invalidates its rejection of imitation by imitating its own language. Repetitive constructions and expressions are not infrequent. For example, constructions structured around a serial sequence of nouns with a similar meaning abound in the novel. The function of the nouns following the one placed at the beginning of the series, rather than adding new real meaning, seems to be the insistence on ideas previously presented. Thus, in a way that contradicts the main orientation of the text, the discourse in these instances seems to pursue the reiteration of meaning already introduced rather than the creation of a new one.

An illustration of this repetition can be seen in the following passage, in which the narrator alludes to the interior of an opera theater in the city where she lives: "en esta *oscuridad* grana, en este *cubil* con aroma a mar y cachorro, en esta *guarida* cálida y aterciopelada . . . en este *templo* mío" (p. 138, italics mine). The referent of the narrator's words is an old-fashioned theater that she has previously mentioned on several occasions. The terms "oscuridad," "cubil," "guarida," and "templo" hardly expand or develop an idea already presented before; they merely emphasize it in order to indicate that the theater assumes a strong representativity in the character's life. The theater is a sign of her ambivalent relations with the dominant social group in the city. The massive building reflects the power of the cultural restraints that determine the protagonist's freedom. She resists those restraints in order to assert her individual identity, but at the same time she is conscious that she is indelibly marked by a social and cultural inheritance she cannot totally evade. Thus, through linguistic repetition, the narrator reveals her latent attachment to a rejected system, as well as her reservations and uncertainty regarding her enterprise of self-assertion.

Other examples of linguistic repetition could be furnished. Together with the one already provided, they would show that *El mismo mar* is not exempt from the influence of repetition that it so determinedly attempts to circumvent. This influence, however, does not substantially hamper the central impulse of the text toward disassociation from repetition. The novel does not appear to doubt the capacity of the individual to liberate himself from the mimetic drive.[5] Contrary to a general trend in contemporary Spanish literature, in Tusquets' novel the individual is seen in principle from a hopeful perspective: by way of personal introspection and through conduct faithful to fundamental personal principles, the subject is deemed able to eliminate the traces of the other and create a truly differentiated identity. Therefore, confidence in the possibilities of the subject for self-realization is the initial semantic move of the novel.

Nowhere is the opposition to repetition more forcefully developed than in the novel's study of love. As happens with the discourse of *El mismo mar*, which is influenced by the very mechanism of repetition it attempts to oppose, the text shows that, regarding love, the confrontation with mimesis has an ambivalent and conflictive rather than linear orientation.

Let us consider an example. In conferring a universal dimension on its analysis of love, the text places the love relations of the protagonist against the background of the myth of Theseus and Ariadne. At the same time, through this mythical reference, it introduces strong determining forces capable of dominating the protagonist's life, despite her endeavors to achieve personal freedom. She and other characters experience love under the powerful spell of semidivine and supraindividual figures whose love relations are viewed as a general paradigm of love for men. Hence, in this instance, overcoming the mimetic impulse necessarily becomes an even more trying enterprise than when the objects of mimesis are only men. The narrator is aware that, in her acts, she follows the model set by her mythological counterpart, Ariadne, and that, therefore, like Ariadne, she is exposed to abandonment and betrayal by her lover, Jorge (Theseus's double). In this way, repetition adopts the configuration of an all-powerful destiny that defies the attempts of men to change it. When the narrator comes to the realization that she cannot evade her subjugation to the rules of an eternally recurring mythical story that becomes concrete in different subjects of all times and places, she concludes that the only appropriate attitude is the critical uncovering of the paradigm of love. Writing a demystified grammar of love appears as one of the few legitimate ways of facing the power of imitation. In a way similar to other postmodernist texts, which consider self-referentiality and self-consciousness the only possible refuge against an irrelevant world, *El mismo mar* regards writing as the ultimate field of freedom.[6]

The institutionalization of desire around rigid rules of conduct that assure the preponderance of one of the participants in love relations is viewed as the main component of the code of love. Thus, free desire is restricted and mystified by domination. Men are identified as the agents responsible for the creation of a paternal model of love and for its imposition upon women. Although women often become accomplices of institutionalized love and partake in the corruption of genuine desire, they are mostly considered by the narrator as victimized figures of an external law that is alien to them. The narrator's self-image and conduct correspond to that view of women in general. Thus, when her first lover, Jorge, and her erratic husband, Julio, subject her to their arbitrary and manipulative decisions that are so disruptive of her life, she seems to resign herself to them, although she is aware that she is being treated in an unjust manner.

Even though she submits to the rules of love dictated by men, the narrator never ceases to be faithful to her aim of lucid analysis, often relating her painful experiences to those of other women in order to reach conclusions that have a general validity. One of those conclusions is that men are not interested in an authentic emotional exchange with women and, therefore, they unavoidably disappoint women who search for that exchange: "... los príncipes encantadores que pueblan la tierra no suelen entender nunca nada, ignoran a las sirenas románticas y locas, puestos los ojos desde un principio en princesas bobaliconas . . . [ellas sueñan con un] amante engañoso y disfrazado que habrá de abandonarlas siempre, siempre, siempre en la noche de sus bodas . . ." (p. 163). The narrator sees herself and other women as slaves and not as masters of history, which is conceived as the constantly recurring field of action of superior forces ("siempre, siempre, siempre") which women cannot escape. The differential trait between the narrator and the other deceived women to whom she refers is that she is able to discern the recurrent paths of history and, consequently, she can place her personal situation within a network of causes and relations. Since she can identify the agents of her difficulties, she can mitigate, if not entirely arrest, the drive to turn against herself the resentment and contempt that she feels toward men.

Domination and its concomitant effect, the instrumentalization of the other, are posited as some of the basic principles of the rhetoric of love. These principles are considered to be so universally determining that the protagonist of the novel, although intent on unmasking and disqualifying them, is not infrequently affected by them. The narrator's dependence upon these negative principles applies even to her relation with Clara, which she envisions as being devoid of the drawbacks of the relations between men and women. This is not the case, however. In relation to Clara, the narrator clearly occupies a dominant position that she is careful to maintain and use to her advantage.[7] When she incurs in what she considers a sign of emotional weakness toward her partner, she immediately tries to restore her domination and reestablish a hierarchy that is blatantly favorable to her: "debo hacer que Clara pague de algún modo el hecho de que sea yo la que hoy la haya llamado, debe compensarme de algún modo por el temblor de mis dedos en el teléfono, por mi voz de ahogada que pide auxilio, por esta necesidad imperiosa y desvalida de tenerla junto a mí ..." (p. 151). Need (even if it is of love) is seen as an indication of dependence, and the narrator, mimicking the same acts of men which she rejects, attempts to deny this need through an increased reassertion of power. On another occasion, she pictures herself as being "inerme en mi ternura, inerme ante el embate terrible de esta ternura mil veces más fuerte que la muerte ..." (p. 157). The choice of the qualifying term "inerme" (without arms or weapons) reveals that the narrator is not free from the contamination of the concept of love as a battleground that she claims not to share. In her relation with Clara, as in other relations that she has witnessed, peace and accord are not possible.

Her active implication in an invalid mode of love notwithstanding, the narrator is capable of suggesting a countermodel to it. That model is asystematic and incomplete. Nevertheless, the intense conviction with which she presents it may compensate for its imperfections. In an analogous way to the connection established between conventional love and classical mythology, nonrhetorical love is related to children's literature. In both fictive worlds, the characters, rather than being autonomous figures, act according to well-established patterns of role playing. Gods, heroes, and humanized animals very often merely fulfill a function assigned to them following the needs of the plot. Those functions can be classified in well-defined taxonomies, as V. Propp has done with the folktale.[8] Therefore, in principle, the literary reference of nonrhetorical love is not less bound to the limits of repetition than that of rhetorical love. In children's stories, however, the narrator sees a greater possibility of avoiding mimesis through fantasy and the characters' unpredictable behavior. In contrast with adult narrations, children's stories allow the inclusion of unlikely elements that may disrupt unquestioned thought and actions. Like Madame Bovary, who makes of her romantic readings a vehicle of flight from provincial life, the narrator of El mismo mar transforms children's literature into a privileged key to the realm of an unknown reality. In both instances, the apparently doubtful power of the imagination proves more compelling than that of logical reason, which is seen as merely aspiring to adapt to the world rather than challenge it and change it.[9]

Since the rhetoric of love is produced and controlled by men, it is essential that the new forms of love must exclude them. For the narrator, the ultimate measure to determine the authenticity of a differential mode of love is found in the dismissal of the ancestral law that establishes the legitimacy of heterosexual love with the exclusion of all other forms of love. The Freudian assassination of the primordial father by rebellious sons is taken now a step further and is transformed into the replacement of both father and sons by women.[10] Lesbian love is conceived as the decisive challenge to the obsolete rules of rhetorical love.[11] The novel does not deal with the other major mode of nonheterosexual love — male homosexuality — and thus circumvents the logical conflict that would present the consideration of a form of love that opposes conventional norms but by way of excluding women altogether.

The search for a model of differential love is traced back to the past. A past that is as imaginary and nonobjective as that of Arcadian and Utopian visions of man and society. In Don Quixote's apology of the Golden Age, in Rousseau's and Levi-Strauss's notions of *l'homme sauvage*, and in the Marxist and Anarchist versions of a perfect society, there is implicit the view that, at some time in the past, in a historically indeterminate but uniquely signifying *Ur-cronos*, there existed a man who was pure and free from the moral and social ills of the men who succeeded him.[12] Thus, the role of history would seemingly consist in destroying the superior qualities of the original man, progressively debasing him until he reaches the state of unmitigated alienation and corruption typical of modern man.

In order to rectify the deformation of man, the work of the chivalrous knight, the anthropologist or the political thinker must be addressed toward deciphering the palimpsest of human history, thus reconstructing the forgotten features of the nature of original man. In view of these observations, a surprising characteristic of some of the most influential modern cultural and political movements becomes apparent: in their efforts to change a despised present, they long for a de facto nonexistent past.

El mismo mar participates in that general orientation of fundamental nostalgia. In Tusquets' novel, genuine and absolute love is only possible in childhood and adolescence — the phases of life that the narrator knows are placed in an irretrievable past for her. Hence, since she cannot recover that original form of love from her past, she transfers it in the present to another person of whom she makes a mirror image of her previous self. The narrator's substitute is Clara, a much younger woman who does not partake in the narrator's disillusionment about life. Clara embodies the possibility of renewed love, as well as a limitless capacity for creative play that can counter the incapacitating sterility of the narrator's mind.

The disparity between the narrator's despised present and the hope of change brought about by Clara's arrival is presented in unambiguous terms in the novel. The present is: "un universo que se nos ha vuelto poco a poco gris e insípido e inodoro, tan poco a poco que ni siquiera nos hemos dado cuenta del cambio, hasta que es ya muy tarde, demasiado tarde, y estamos inmersos en un vacío opaco y sin contornos" (p. 122). In contrast with this bleak appraisal of her current situation, the narrator sees Clara as the instrument of a lost time that was rich in imagination and passion: "en esta soledad sin esperanzas, emerge de otro mundo, de otro tiempo, de otros planetas, una muchacha que trae consigo toda la magia de las noches insomnes, el perfume cálido de los sueños, el fervor de las primeras pasiones no aprendidas" (p. 123). Thus, Clara may cancel the absence that necessarily underlies nostalgia. She can effect in the narrator the radical transformation that revolution is destined to produce in Utopian political visions.

Clara is the replica of the narrator's identity at a privileged moment in her past. However, neither the replica nor the referent of that replica have an objective and autonomous reality. They are rather the fictional constructs of the narrator's self used to reenact the Mosaic myth according to which an edenic and idealized time in the past is made concrete with the arrival of a messenger or prophet of that time. In *El mismo mar*, both the past and its manifestation in the present exist solely in the narrator's mind as a conceptual paradigm capable of helping her to overcome an unwanted reality. At the same time, by inventing *ex nihilo* the most central component of her past and by making her present directly dependent on it, the narrator's self becomes also an invention: thus a fictionalized and nonreal self supplants the real one. The paradox of the narrator's strategy is that, out of a world that is purely fictional and whose agents are equally fictional, she is able to build a powerful and valid concept of love. Moreover, that concept is not only a hypothetical and ideal project, but is specifically realized in the lives of both the narrator and Clara. The narrator's success could be considered as proof of the power of paradigms in constituting — and not just organizing — the supposedly preexisting facts of reality.[13]

Having considered the general theoretical *Umwelt* in which the analysis of love is placed in Tusquets' novel, let us study some of the basic concrete aspects of the concept of love presented in it.

The most general characteristic of love in *El mismo mar* is that it can effectively contribute to the achievement of the subject's independence from rigid principles and systems. The experience of love is seen as a path to overcome the restrictions of logocentric reason and inherited culture, whose study has intensely interested postclassical thought.[14] On the one hand, logocentric reason maintains that the categories of thinking must be derived from a single originating principle, which leads to the establishment of narrow criteria to determine the validity of different approaches to reality. On the other hand, inherited culture superimposes an axiological framework upon all the subject's acts. *El mismo mar* does not intend to offer an analysis of the premises and values of classical thought that would be comparable in its depth and comprehensiveness to the analyses of the leading postclassical thinkers that have studied them in detail. It shares, however, with those thinkers a common critical orientation that allows it to present a challenge to classical values through fiction.

Love is conceived in the novel as a nonrational and ahistorical state of the mind and the body that directly defies the rules of classical reason and the cultural determination of history. The narrator's love for Clara is: "un amor vacío de programas y metas, tan tierno y tan torpe y delicioso y sabio como el de dos adolescentes que llevaran siglos ocupados en amarse, un amor que no conoce apenas paroxismos ni desfallecimientos — no hay antes ni después — " (p. 182). Thus love is above all a praxis through which it is possible to avoid the self's mimetic acceptance of invalid systems and principles.

The second feature of love is that it facilitates the reunification of complementary human qualities and values that have been arbitrarily separated in the modern view of man. Love should mediate the inception of a new configuration of man that would overcome the present fragmentariness of his identity. In a way that parallels the search for differential love already mentioned, the new image of man is conceived as a recovery of a previous phase of mankind in which men were apparently free from any form of alienation. In that non-historical time, an ideal man existed who combined with equal immediacy and intensity the fundamental qualities of love, beauty, and virtue. That primordial man, who was internally indivisible, has been transformed through history into an amalgamation of disparate parts among which no integration is possible. The protagonist of *El mismo mar* experiences the suffering produced by the disintegration of the self and is unable to find a remedy or a solution for it until she finds Clara in whom she sees a remnant of the integrated *Ur-anthropos* she is searching for.

Clara should possibilitate the mutually enriching interaction in the narrator's life of three categories that she considers have a superior value: love, art, and revolution. Through her outward impulse to love the other, the narrator sees herself as capable of canceling her isolation and joining in the realization of a common enterprise. At the same time, she believes she can apprehend and perpetuate the meaning of that enterprise in the artistic work. The ancestral Nietzschean conflict between Apollonian and Dionysian forces would thus be resolved and the seemingly impossible aspiration of a harmonious man could become realized.[15]

The narrator's enthusiasm for this project of reconciliation of hitherto opposing forces is unequivocal: "sin fin juntos, siempre amándonos y convirtiendo este amor en mágica palanca que pueda transformar el mundo" (p. 184). The project never transcends, however, the realm of her imagination and is never put into practice. At the same time it is not unproductive or meaningless. It allows her to visualize with intense sharpness the seemingly chimerical possibility of achieving a new configuration of man. Moreover, it provokes the emergence of the writing act in her. The novel that the narrator writes is a substitute of the ideal model of the reconciled world she has conceived and that she is incapable of building with her actions. Like other figures of the postclassical novel (for example, Antoine Roquentin in Sartre's *La nausée* or the main character of Juan Goytisolo's *Makbara*), in the act of writing the protagonist of *El mismo mar* creates a totalized vision of art that is infused *simul et nunc* with a new definition of human relations and a radical view of reality.

The third trait of the new kind of love proposed in *El mismo mar* is that that love produces a situation of genuine self-satisfaction. The narrator is clear about the reality of this unexpected situation in her life: "constato que soy de nuevo ahora, por primera vez después de tantísimos años, absolutamente feliz" (p. 187). The straightforward revelation of her happiness is particularly remarkable in her since in the past she had meticulously avoided manifesting any acceptance of feelings of happiness because she considered them deceptive. This uncompromisingly self-critical attitude intensifies the validity of the newly found happiness and increases the value of love as a means to achieve an integrated subject.

Since, as I have mentioned, the vision of an integrated subject is founded upon a purely subjective and uncertain view of reality, it is not surprising that happiness is not longlasting in *El mismo mar*. Nevertheless, despite its provisionality, happiness appears in the text as a profound and authentic feeling, a substantial achievement of the narrator that differentiates her from the world of degraded emotions of the other characters.[16]

It can be concluded that the narrator's search for a nonrepetitive world in which she could grow in a creative manner is ultimately motivated by her drive to achieve a legitimate self. The Heideggerian move toward a subject that faces the ultimate meaning of being without equivocations is reenacted in the main character of Tusquets' novel in the form of a self that cannot conform to the mystified — and hence illegitimate — world of her family and the culture with which her family identifies.[17] She herself acknowledges the distance that separates her from her family and social group: "Nada de lo que yo sentía, nada de lo que yo pensaba ..., encajaba en aquel mundo isleño y cerrado en el que había nacido y que era el único mundo que yo en aquel entonces conocía" (p. 193). Her steadfast opposition to a debased axiological system as well as her renunciation of the existential comfort that that system could offer her furnish her with the most convincing evidence of the reality of her attempt. She not only ambitions or imagines her rejection of an illegitimate mode of existence but she in fact performs that rejection with actions of unequivocal signification. Thus her search becomes a radical praxis and the achievement of difference is transformed into an exemplary act. She falls victim, however, to the paradoxical pattern of radical conduct, which is essentially based on the opposition to a dominant reality. The subject of the opposition *is* precisely in relation to that which it opposes and thus it needs, for its existence, that which it denies.[18] Since the narrator of *El mismo mar* is unable to maintain indefinitely her opposition to an environment more powerful than her, she renounces her opposition and, in a parodic reproduction of the myth of the prodigal son, returns to a despised world. Consequently, she makes herself again illegitimate and nondifferential.

Vico sees in social and historical recurrence (i.e., the universal consensus regarding the codes of justice, matrimony, religion, etc.) a necessary and beneficial order that makes possible the establishment of a pattern of reason over the unpredictibility and irrationality of human impulses. For him, repetition is an appropriate procedure to preserve mankind and avoid its self-annihilation through disorganization and chaos.[19] Thus history and its immutable and transindividual laws are the only guarantee of the perpetuation and progress of the individual. *El mismo mar de todos los veranos* does not differ much in the end from *La scienza nuova*'s view of the absorption of man in a predetermined reality. Unlike in Vico, however, that absorption takes place in Tusquets *à contrecoeur*, thus manifesting the minimization of the great values of the classical tradition, characteristic of the postmodernist literary mode.[20] The narrator of *El mismo mar* does not participate willingly in history; rather, in a mixture of resignation and despair, she abandons herself to it.

Unlike the protagonists of the classical novel who achieve individuation and greatness through their persistent commitment to an eccentric but compelling vision, *El mismo mar*'s narrator yields to a trivialized world and forsakes the heroic dimension of her self precisely when she was closest to attaining it. The exemplary trajectory of the classical fictional figure concludes with the achievement of everlasting life with death: he lives eternally through the immortality of fiction. That is, the classical hero erases the effects of the only force (death) that, with the termination of his life, could bring the end of his attempts at differentiation. The narrator of Tusquets' novel subverts that orientation. She dies for herself when she begins to live for others upon relinquishing difference and adapting again to the family world. The reality of her life is undeniable; but that life is in fact canceled out by the death of her individuation.

It is the unregulated force of nonrhetorical love that finally undoes the narrator's pursuit of difference. She is destroyed by the same structure of difference she has created. She turns away from nonrhetorical love because she cannot withstand its antinormative nature, its irreducibility to predictable laws and principles. In the end, she shuns the unrestricted freedom of emotions and beliefs she herself has brought about. Total love proves too risky for a self still bound to the comfortable security of conventional expectations: "la mirada terrible del amor total . . . [un amor] casi monstruoso, de plenitud y de abandono, un amor tan quemante, tan acerado, tan peligroso, tan predispuesto a las apuestas límite y a los riesgos supremos . . ." (p. 171). Rather than committing herself to Clara in the enactment of a new but hazardous affective project, the narrator prefers to return home with her husband, Julio. Thus her Odyssean voyage through the uncharted territory of love comes to a conclusion. Her home differs essentially, however, from the home of the Homeric hero upon his return to Ithaca. Unlike on other occasions in which *El mismo mar* includes a classical myth as a positive referent of the text, in this instance, the novel reiterates a classical myth, but disqualifying it by rendering it meaningless. In a way different from Ulysses, her arrival home does not triumphantly close the distance that separated her from her familial environment. On the contrary, her arrival signifies the final surrendering of a woman previously inspired by greatness, who is dispossessed in the present of the attributes of differentiation. Thus the recurrent cycle of the *Odyssey* takes place now in a debased manner. The classical referent is deemed valuable only insofar as it is a totally finished negative materialization — a reversed model — of the postmodernist conscience's aspirations.

It seems appropriate to ask why the narrator of *El mismo mar*, who has an acute perceptiveness about her condition and seems to dispose of the means to carry on her project of self-realization, ultimately opts for undoing her achievements and returns to a depersonalized life dominated by the other. I shall propose an interpretation of her unexpected decision.

The narrator of *El mismo mar* adheres to the theology of negativity that constitutes a main component of postmodernist fiction. Postmodernist fictional figures cannot affirm ideas or principles because any form of affirmation is considered by them as tantamount to complicity with a degraded world that only deserves rejection. Thus, a total and uncompromising negation of that world seems the only consequential attitude. But negation, when transformed into an ultimate and unquestioned principle, may, in turn, become absolute. Renunciation of all beliefs for fear of being imprisoned by them becomes itself a definitive belief, endowed with the power of transcendental authority akin to that of theology.[21]

124

The ontological authority of negativity dominates the protagonist of *El mismo mar* and causes her to fail in her attempt at freeing herself from external imposition. The narrator could have asserted herself in the accomplishments of her free love for Clara. With her, she attains a plenitude that is legitimate because it is not influenced by representation. Nevertheless, instead of nurturing this new form of love that she has created after overcoming many obstacles, she prefers to completely undo it. She considers the cancellation of her previous affirmation in love a way of countering any complacency that could lead her to the abandonment of her critical attitude. After her brief joyful experience with Clara, pain appears as the only reliable emotion for the legitimate self. Suffering is seen as the best instrument to constantly maintain an alert conscience and avoid self-delusion. Furthermore — like a new transcendental force — it becomes the originating principle of man and the world: "in principio era il dolore y este dolor no habrá de terminar más que en la muerte sin sueños" (p. 220).

If negativity is a value that validates the behavior of *El mismo mar*'s protagonist and consequently seems to liberate her from history, it is at the same time an important cause of the determinism that permeates the novel and characterizes the acts of its central figure. Unable to assert herself in difference, she becomes insecure and is swept, in her indecision, by the stronger will of others. From this perspective, it is easier to understand why she lets the suicide of her first lover, Jorge, condition her entire life: "si Jorge moría para siempre sin permitirme darle réplica ni entrar en el juego, la partida solitaria que había decidido jugar ya sin mí con la muerte, no habría entonces posible salvación ni posible huida ..." (p. 225). Although Jorge's death is understandly quite distressing for her, she should have been able to confer the appropriate dimensions to it, especially taking into account that Jorge's suicide happened beyond her knowledge and responsibility and that she has reasons to believe that he never really loved her. Consequently, it should not have been impossible for her to recover from the negative consequences of her lover's suicide or at least she should have been able to alleviate them. Instead, she allows her life to be determined by circumstances that escape her control.

In a way similar to the narrator's subordination to Jorge, her submission to Julio is contrary to her avowed aim of independence. She despises him and has lost all affection for him since he is unfaithful to her and does not show any serious emotional attachment to her. She lets him invade her life, however, although she clearly equates his presence with self-destruction: "es mi propia muerte la que cabalga sobre mí, la que me tiene aferrada entre sus piernas sin escape posible, la que me penetra en acometidas sucesivas y brutales, cada vez más brutales, es mi muerte la que me colma, me inunda, me desborda, este Julio letal montándome como a una pobre jaca definitivamente domeñada" (p. 215). Surprisingly, despite her awareness of her husband's brutality, she exchanges Clara's tenderness and devotion to her for that brutality. With Clara's departure and Julio's return, the narrator definitively reverts to her previous orientation and substitutes personal difference with historical determination. Fate appears as the final preponderant force in the text. Fate is the exact human replica of a text written by a superior figure of force. The individual subject to the influence of fate is thus condemned to the most drastic form of representation. After having entered the privileged realm of difference, the narrator of *El mismo mar* retreats from it and dissolves in the anonymity of trivialized history. It could be concluded that destiny has been particularly severe with this capable and courageous woman who dared defy the secular laws of repetition. Her renunciation of her opposition to the other is not even compensated by the glory of a heroic defeat. Neither can it be redeemed by attributing an especially significant symbolism to it. Her act is simply a return to the same mediocrity from which she emerged after many efforts. Nevertheless, the text does not entirely corroborate the concluding semantic orientation conveyed by its central figure. Like Nietzsche and Marx, who devise antirhetorical procedures to overcome the rhetoric of history (the *Übermensch* or revolution), the text promotes a figure who counters the regressive move of the protagonist.[22] That figure is Clara, the narrator's companion in her enterprise of exploration of a new love. If the narrator does not seem to have undergone a real fundamental change as a result of her experience, Clara, on the other hand, expands her self through that experience, acquires new knowledge, and makes of that knowledge a Promethean incitement to avert mimesis. Therefore, the text — albeit conditioned by repetition — indirectly validates the continuation of the process of undoing repetition. This validation should not be interpreted as a decisive final affirmation of the text in the task of subverting repetition. It is rather a timid and uncertain epistemological opening in order to justify the future repetitive act of writing once more against repetition.

NOTES

[1]For the significance of the notion of repetition in Western thought, see Said, pp. 111-25.

[2]For a practical study of repetition in modern fiction, especially in the classical novel, see Hillis Miller.

[3]On differentiation, see Girard, "Differentiation," pp. 111-36.

[4]A suggestive presentation of the view of narration as the rewriting of the subject's life in order to produce a new and more articulate version of its biography can be found in Schafer, p. 52.

[5]In relation to mimesis as a mediating force between man and his environment, see Girard, Mensonge, 30.

[6]In relation to these aspects of postmodernist literature, see Hutcheon, pp. 33-42; and Barthes, pp. 11-17.

[7]Centering love relations upon power is a common trait of the contemporary Spanish novel, from Luis and Juan Goytisolo to Jesús Fernández Santos (Extramuros) and Juan Benet (Un viaje de invierno, En el estado). On the nature of power, see Foucault, Power, pp. 78-108; La volonté, pp. 57-67.

[8]Propp, pp. 25-65. See also Bremond, pp. 129-333; Jameson, Prison-House, p. 29; and Navajas, pp. 87-88.

[9]In its suspicion of reason, El mismo mar de todos los veranos connects with a fundamental trend of postmodernist fiction for which reason is an instrument to disguise and falsify reality rather than apprehend it. In relation to this aspect of postmodernism, see Sussman, p. 207; Derrida, Writing, p. 262; and Said, pp. 177-225.

[10]See Freud, p. 184.

[11]For some aspects of the connection between Freud and the function of women in literature, see Culler, pp. 59-60; and Gallop, pp. 33-50.

[12]See Derrida, Grammatology, p. 133, and Lucáks, Theory, p. 30. For a renovated and more complex version of Utopia, see Jameson, The Political, pp. 281-99.

[13]On the notion of paradigm and its significance for the development of thought and science, see Kuhn, p. 10.

[14]See De Man, p. 107.

[15]Nietzsche, p. 34.

[16]Regarding the nature of sexuality and love in El mismo mar in relation to the contemporary Spanish novel, it should be noted that both aspects of human relations are presented in Tusquets with a naturalness and frankness that are not common in that novel. In contrast with other authors, Tusquets offers a vision of sex and love in which body, senses, and emotions appear as significant per se and are not instrumentalized as marginal elements used in order to make general political or philosophical statements (for example, to defy censorship or to attack an authoritarian system).

[17]Heidegger, p. 221.

[18]In my analysis I build upon Hegel's notion of the relation of master and slave, which has had a significant impact on some developments of contemporary philosophical and psychological thought. See Hegel, p. 236; and Lemaire, p. 174.

[19]Vico, p. 352.

[20]Critics like Lucáks or Auerbach are among the last advocates in our time of the classical representational view of art. See Lucáks, *Studies*, p. 11 and Auerbach, p. 551.

[21]The logical conflicts of the negative critique typical of the postmodernist mode and deconstruction in particular (to which *El mismo mar de todos los veranos* is related) have been noted by some authors. See, for example, Henning, p. 185, where he studies some of the conflicts specifically in Foucault.

[22]For a view of Nietzsche and Marx that centers on the textuality of their work, see White, 281-330, 331-374. For a study of the links of Marx with postmodernist thought, see Ryan, 65-81.

WORKS CITED

Auerbach, Erich. *Mimesis*. Princeton: Princeton University Press, 1971.

Barthes, Roland. *Le degré zéro de l'écriture*. Paris: Seuil, 1972.

Bremond, Claude. *Logique du récit*. Paris: Seuil, 1973.

Culler, Jonathan. *On Deconstruction*. Ithaca: Cornell University Press, 1982.

Derrida, Jacques. *Writing and Difference*. Chicago: University of Chicago Press, 1978.

-------------------. *Of Grammatology*. Baltimore: Johns Hopkins University Press, 1976.

Foucault, Michel. *Power–Knowledge*. New York: Pantheon, 1980.

-------------------. *La volonté de savoir*. Paris: Gallimard, 1976.

Freud, Sigmund. *Tótem y tabú*. Madrid: Alianza Editorial, 1970.

Gallop, Jane. "The Father's Seduction," *The (M)other Tongue*. Eds. Shirley Nelson Garner, et al. Ithaca: Cornell University Press, 1985.

Girard, René. "Differentiation and Undifferentiation in Lévi-Strauss and Current Critical Theory," *Directions for Criticism*. Eds. Murray Krieger and L.S. Dembo. Madison: University of Wisconsin Press, 1977.

-------------------. *Mensonge romantique and vérité romanesque*. Paris: Bernard Grasset, 1961.

Hegel, G.W.F. *The Phenomenology of Mind*. New York: Harper, 1967.

Heidegger, Martin. *Basic Writings*. New York: Harper and Row, 1977.

Henning, E.M. "Archaeology, Deconstruction, and Intellectual History," *Modern Intellectual History*. Eds. Dominick LaCapra and Steven L. Kaplan. Ithaca: Cornell University Press, 1982.

Hillis Miller, J. *Fiction and Repetition*. Cambridge: Harvard University Press, 1982.

Hutcheon, Linda. "A Poetics of Postmodernism," *Diacritics* 13, 4 (1983), 33-42.

Jameson, Fredric. *The Political Unconscious*. Ithaca: Cornell University Press, 1981.

--------------------. *The Prison-House of Language*. Princeton: Princeton University Press, 1972.

Kuhn, Thomas. *The Structure of Scientific Revolutions*, 2nd ed. Chicago: University of Chicago Press, 1970.

Lemaire, Anika. *Jacques Lacan*. London: Routledge and Kegan Paul, 1977.

Lukács, Georg. *The Theory of the Novel*. Cambridge: MIT Press, 1971.

-------------------. *Studies in European Realism*. New York: Grosset and Dunlap, 1964.

De Man, Paul. *Allegories of Reading*. New Haven: Yale University Press, 1979.

Navajas, Gonzalo. *Mimesis y cultura en la ficción. Teoria de la novela*. London: Tamesis Books, 1985.

Nietzsche, Friedrich. *The Birth of Tragedy and the Genealogy of Morals*. New York: Doubleday, 1956.

Propp, V. *Morphology of the Folktale*. Austin: University of Texas Press, 1975.

Ryan, Michael. *Marxism and Deconstruction*. Baltimore: Johns Hopkins University Press, 1982.

Said W., Edward. *The World, the Text, and the Critic*. Cambridge: Harvard University Press, 1983.

Schafer, Roy. "Narration in the Psychoanalytic Dialogue," *Critical Inquiry* 7 (1980), 29-53.

Sussman, Henry. *The Hegelian Aftermath*. Baltimore: Johns Hopkins University Press, 1982.

Tusquets, Esther. *El mismo mar de todos los veranos*. Barcelona: Lumen, 1978.

Vico, Giambattista. *The New Science*. Ithaca: Cornell University Press, 1948.

White, Hayden. *Metahistory*. Baltimore: Johns Hopkins University Press, 1973.

RHETORICAL STRUCTURES AND NARRATIVE TECHNIQUES IN RECENT FICTION OF JOSÉ MARÍA GUELBENZU

Janet Pérez
Texas Tech University

New poets and new novelists emerging during the late 1960's and early 1970's share a number of distinguishing traits. Not only are both groups reacting against similar restraints and limitations (inasmuch as the extra-literary, anti-aesthetic and anti-intellectual orientations of "critical realism" transcend genres), but their searches for modernity and generational identity take similar directions. With the publication of *Nueve novísimos poetas españoles* (1970), José María Castellet took formal notice of the appearance of a new literary sensibility, broadening of themes, and preoccupation with form. In spite of the not inconsiderable differences of quality and even aesthetics among the nine, their work and that of others not included in the anthology may be seen as constituting a "new poetry" in Spain. Chronologically and psychologically distinct from the representatives of previous trends or "movements," these poets — much like the cultivators of the so-called *nueva novela* launched not long afterward — broke with the extra-literary *engagement*, pedestrian sociological thematics and anti-artistic aesthetics of the adherents of "social" literature.

New poets, as well as practitioners of the new novel, turn increasingly to linguistic and lexical innovation, rediscovering subjectivity, and incorporating a broad and varied range of intellectual motifs, literary allusions, and cultural or artistic motifs eschewed by their predecessors. Neo-vanguardism and neo-Baroque elements appear in both poetry and prose, and a modified but pervasive influence of Surrealism in both suggests the discovery (or rediscovery) by novelists and poets of the Generations of 1925 and 1927, respectively. At the same time, mimetic elements diminish, while imaginative and fantastic ingredients proliferate. The impersonal, impassive author vanishes together with the generic or collective protagonist or persona, and intranscendent, quotidian thematics. Syntactic complications and rhetorical flamboyance, accompanied by deliberate ambiguity and obscurity, combine to produce mystery and sometimes hermetic texts. Although reality continues to be the point of departure, verisimilitude ceases to be a norm, and many writers temporarily eliminate it from the canon, together with other traditional normative criteria such as clarity and facility of the text, and communication of a message or transmission of content. In short, there seems to be as large an area of coincidence between new novel and new poetry in the years in question as there had previously been between the social novel and social poetry during the neo-realist period.

Despite such broad areas of coincidence, individual variations between the new novelists are often weighty, and nearly as numerous as the writers themselves. Without pretending a complete listing of those who have emerged since the decline of neo-realist "social" fiction, Luis Suñen mentioned the following in 1982: Ana María Moix, Javier del Amo, Félix de Azúa, María Luz Melcón, Javier Fernández de Castro, José Antonio Gabriel y Galán, José María Vaz de Soto, Gonzalo Suárez, José Leyva, Juan José Millas, José María Guelbenzu, Julían Ríos, Emilio Sánchiz Ortiz, Eduardo Mendoza, Montserrat Roig, Antonio Prometeo Moya, Mariano Antolín Rato, Alvaro Pombo, Ramón Ayerra, Esther Tusquets, Javier Marías, Vicente Molina Foix, Carlos Trías, Augusto Martínez Torres, Manuel de Lope, Raúl Ruiz, Soledad Puértolas, Fernando G. Delgado, Miguel Espinosa, Lourdes Ortiz. These thirty names do not include many writers of previous generations who also abandoned neo-realism, or contemporaries of those older novelists who did not begin publishing until after the emergence of the "new novel," for whatever the reasons.

The trans-generic points of similarity between post-neo-realists in prose and verse are especially relevant to discussion of the aesthetic posture of José María Guelbenzu. Because he, like many of the writers anthologized by Castellet, has cultivated both poetry and the novel, Guelbenzu — who served his literary apprenticeship as a poet, publishing a volume of poems (*Espectros, la casa antigua*) in 1967 — may be studied equally well in the context of the new novel and the new poetry. The proliferation of intertextual allusions to European and American literature and a vast range of Spanish writers, as well as to the cinema, found in Vázquez Montalbán, Antonio Martínez Sarrión, Vicente Molina-Foix and Guillermo Carner is evident also in Guelbenzu. Similarly, the recreation of childhood experiences, most particularly the atmosphere of mediocrity and repression characterizing the Franco regime's first three decades, found in poems of José María Alvarez, Pere Gimferrer and several others of the anthology, appears repeatedly in Guelbenzu's fiction. The influence of the mass media, the loss of national identity with the Americanization and Europeanization of Spain, the presence of sub-literary motifs and forms (e.g., motifs drawn from the "comics," from popular music, from "pulp" fiction), apparent in the majority of the *novísimos*, is similarly present in the novels of Guelbenzu, albeit in varying degrees. The mythification of cultural "idols" by the mass media, whether football players, rock stars, politicans, movie stars or even members of royal families, together with the accompanying meta-language, receives an ironic, depersonalizing and demythologizing treatment by many of the "new" poets, and this too finds an echo in Guelbenzu's fiction. Visual images, allusions to or incorporation of advertising slogans and the trappings of a nascent consumerism, all comprising part of an adolescence in which pop culture and the mass media became increasingly visible, are likewise important in the prose of Guelbenzu and the poetry of his contemporaries among the *novísimos*. Ambiguity, attempts at simultaneity, non-lineal succession (of actions, comments, objects), collage techniques, and a frequent use of foreign words and phrases are further elements in common. They coincide, too, in rejecting the immediately preceding Spanish literary traditions, and in having a literary formation which is fundamentally foreign or international. Elliptical techniques, sincopation, and a deliberately illogical or irrational quality, together with occasional limited exoticism (references to foreign cities, distant places, strange costumes, or the treatment of what is most Spanish as still more foreign), all used extensively by the *novísimos*, occur in Guelbenzu's fiction, but with less frequency.

Several essential aspects of Guelbenzu's fiction as represented in his first four novels have been identified by David Herzberger, beginning with the former's rejection of neo-realism in favor of vanguardism and experimentalism, the emphasis upon language per se, and the predominance of the existentialist motifs of absurdity, alienation and anguish (pp. 367-69). While critical reception of Guelbenzu in Spain has been almost unfailingly positive and often laudatory, it has seldom gone beyond the review and interview, and Herzberger's article is the first to provide a study of several novels — the totality of Guelbenzu's narrative output at the time of his writing. Emphasizing the novelist's foregrounding of language, Herzberger observes the "repetition of words, rhythmic clustering of sounds, the use of assonance and consonance ... portmanteau words" (p. 369), the suppression of conventional syntax and frequent elimination of punctuation. Other devices employed repeatedly by Guelbenzu include "interior monologue, flashbacks, fragmented temporal sequences" (p. 370), and in the case of *Antifaz*, the presentation of several parallel or alternative outcomes. In addition to the existential thematics mentioned above, Herzberger perceives the problem of identity as having particular weight in Guelbenzu's novels. These observations are entirely accurate.

Guelbenzu has to date published six novels, the first three with Seix Barral and the next three with Alianza: *El mercurio* (1968), *Antifaz* (1970), *El pasajero de ultramar* (1976), *La noche en casa* (1977), *El río de la luna* (1981; Premio de la Crítica), and *El esperado* (1984). They differ considerably in length and format, and in a general way, progress from radically innovative beginnings towards increasing utilization of traditional forms and techniques. In 1978, Rafael Conte perceived the author of *El mercurio* as "Vanguardista a ultranza, experimentador sin rebozo," while the cover blurb of *El esperado* more or less accurately classes it as a "relato iniciático construido de un modo tradicional [que] plantea un tema igualmente clásico." Conte's review of *El esperado* in December of 1984 takes note of the change in Guelbenzu "que fue in 1967 un adelantado y precursor de la joven novela española vanguardista y experimental . . . y que hoy, con esta su sexta novela, *El esperado*, se presenta como un narrador tradicional, riguroso en la construcción de una fábula de estirpe clásica, cuyos procedimientos e inspiración hunden sus raíces en la gran tradición de la novela europea de todos los tiempos." A similar progression in the direction of increased reliance on traditional elements is observed by Herzberger, who points out that the fragmented narratives of the first two novels are replaced in *El pasajero* by character analysis, while "syntax and punctuation follow more standard patterns" (p. 372). Herzberger correctly notes similar trends in *La noche en casa*, which "approaches the thematic traditions of existential narrative" (p. 373).

Conte divides Guelbenzu's novels into two groups (which happen to correspond precisely to the two publishers). Conte states that the first three, "pese a su vanguardismo formal, aparecen como libros de una clara intención realista," while the last three, by contrast, "se presentan como libros más tradicionales, en principio, más conservadores desde el punto de vista técnico y expresivo, pero al mismo tiempo mucho más misteriosos, menos explícitos, más ambiguos en sus contenidos secretos." Guelbenzu is thus not merely an experimental writer, but a changing and paradoxical one, whose vanguardist stylistics camouflage a critical orientation toward contemporary reality, while his movement in the direction of traditional rhetorical structures and narrative techniques is accompanied by an increase in symbolist and surrealist elements so that the result is considerably more remote from the realistic novel than the straightforward narration might suggest.

The presence of such contradictory elements and marked change in Guelbenzu's work seem to indicate the appropriateness of a critical investigation of constants or unifying elements. Some have been suggested by Herzberger, whose emphasis is upon the experimental uses of language and the reiterated presence of existential thematics. A number of others emerge upon analysis of the rhetorical and thematic structure of selected texts. My discussion will concentrate upon *El esperado*, with references to the other novels.

El esperado belongs to the general body of literature on apprenticeship, rites of passage and initiation, and thus may be inserted in a much larger tradition than its immediate context, which is the 20th century novel of adolescence. This sub-genre is especially important in post-war Spain, and adolescents are prominent in the novels of Matute and Delibes, Goytisolo and Martín Gaite, Sánchez Ferlosio and Laforet, to mention only a few of the better-known. The encounter of adolescent innocence, idealism, or (relative) purity with the adult world and the resulting disillusionment is a universal and timeless theme treated by all of those just mentioned, with only circumstantial variations. *El esperado* presents the world of "los adolescentes españoles educados en los años mediocres y terribles del franquismo," in the words of Conte. The action is set during the summer of 1959, and concerns the fifteen-year-old protagonist's first trip alone, first stay away from home, first discovery of adult sexuality, first encounter with love. Conte mentions a statement by Guelbenzu that *El esperado* begins a new cycle, "es el primer libro dedicado a este nuevo personaje que proseguirá su viaje en otros dos, en otros momentos más tardíos de una vida que aquí comienza."

It is particularly significant that the word *viaje* appears in the foregoing reference to the two remaining volumes of the projected trilogy, for the voyage topos is one of the important unifying elements of Guelbenzu's fiction. Used with deliberate symbolic intent, it tends to be combined with the encounter or epiphany, becoming a transcendent voyage of discovery, whether of self or the meaning of life. This is the case in *El esperado*, as León Solano's vacation in the home of a school friend leads not only to his first experience with abnormal psychology and aberrant emotions but also his first witnessing of unethical conduct by respected adults. He discovers moral ambiguity and begins to generalize about himself and others, discovering a measure of his own identity. The voyage is employed as a time-set framework or limiting device, which determines the duration of the action (from the day León leaves his home in Madrid to travel to the Cantabrian fishing port for a few weeks at the estate of the family of Jaime Mayor, to the time he prepares for the bus ride home).

The voyage topos likewise appears in *La noche en casa*, whose two principal characters are both away from their homes in Madrid. Chéspir, an erstwhile poet and non-practicing lawyer who was involved in political activism as a student some ten years earlier, had withdrawn from involvement with politics during a period dominated by his now-defunct love affair with Pilar. He finds himself a reluctant collaborator with a clandestine group, presumably terrorists, agreeing to act as courier between cells of the movement in Madrid and San Sebastián. Carrying a suitcase of unknown contents to be turned over to a contact in the North, he arrives in San Sebastián to learn that the group is under suspicion of having engineered a sensational robbery the day before, so that he must wait an indefinite time until it is safe for the contact. A chance encounter in the railway station with Paula, a friend from law school, ends eventually with their spending the night together (the allusion of the title) and making love. Paula, too, is on a journey, but her destination is Sweden and another lover.

135

She refuses to be swayed from her itinerary and the next day departs on another train. The intervening hours produce epiphanies for both, as Chéspir must face his own unsuitability for the role in which he finds himself — his ineptitude, uneasiness and boredom while waiting, lack of commitment to the cause (whatever it may be), and his fear — bordering on panic — when unexpected knocking is heard at the door in the pre-dawn hours. Chéspir's existential solitude is emphasized by the peculiar, para-revolutionary situation, and he encounters his own inauthenticity, although obliquely. The erotic encounter with Paula underlines his sexual and emotional aloneness and alienation, and his attempt to avoid the full impact of awareness is frustrated by her rejection of his plea that she stay for a few days (during which he would satiate himself). Paula, attracted to Chéspir in the past, realizes that her journey (which she conceives as a step in self-realization) is more important, and refuses to be used. The topos of the journey appears also in *El pasajero de ultramar*, as the title itself reveals, and the same combination of voyage and epiphany is employed. As Herzberger notes, "Victor pursues Julia throughout Spain, but his search compels him to discover things about himself" (p. 373).

Repeated use of the journey motif produces, logically enough, certain other similarities between the works in which it occurs. These include the repetition of travel-related motifs (packing, unpacking, the temporary lodging, stations — whether train, bus, maritime or plane — and changes of place or setting). Physical motion or geographical change are usually correlated with an uneasiness of spirit, providing a variation upon the pathetic fallacy. In *El esperado* and *La noche en casa*, which both take place in ports, the associated motifs of *brisa, mar, viento, velero, isla, calor* and *norte* are insistently reiterated, usually being presented via peculiarly personal and lyrical similes and descriptive imagery.

Weather phenomena are employed by Guelbenzu in *El esperado* (and, to a lesser extent, *La noche en casa*) in a symbolic manner, likewise reminiscent of the pathetic fallacy. There is consistent emphasis on climatological change throughout *El esperado*, and weather in its various manifestations is intrinsically interwoven with the plot and denouement. Specifically, the end of summer — signalled by a storm — is made to coincide with or portend disaster. A similar parallel is established in *La noche en casa*: the sultry, becalmed, humid days Chéspir spends waiting for the contact in San Sebastián are the prelude to storm whose build-up is unmistakable on the morning Paula leaves. The respite from the heat and gathering tempest represented by the night of love serves only to intensify the contrast and underscore the approaching menace. It is immaterial whether, for Chéspir, the menace is within himself (unleashed by Paula's departure) or the result of his momentary involvement in extremist activity. The storm, like the potentially disastrous outcome of Chéspir's revolutionary mission, threatens but has not yet struck at the novel's close.

The coincidence of storm, crisis and/or tragedy is quite explicit in *El esperado*, although there is no initial indication of any cause-and-effect linkage. Before the end, however, the storm is to play a role in the disaster (or series of disasters) with which the tensions are resolved. Passions of several sorts are on the rise during the heat wave of the last days of summer: outbursts of temper between Jaime and León, with their eventual fight; the sultry temperatures intensifying the erotic appetites of Pepín el Guapo and Jaime's mother, culminating in their adultery; the confrontation between Arturo Mayor and his sister Regina, in which she reveals his wife's infidelity. The actual storm — a near hurricane of some three days' duration — coincides with the encounter between Arturo and his faithless wife, his outrage and María's hysteria; the climactic battle between Arturo and Pepín el Guapo in which Jaime's father reclaims his honor; and Jaime's fatal stabbing of Arturo as the latter returns home. During a lull in the gale, the mortally wounded Arturo embarks with Regina in the family yacht, which is never seen again, thus making the storm a participant in the final phase of the tragedy. Guelbenzu's integration of weather phenomena with the psychology of the characters and within the fabric of significant events appears even on the rhetorical level, as when Jaime reveals his Oedipal hatred of his father during an argument with León, and the latter is described as "viendo cernirse el dolor como cielo de tormenta" (p. 64).

An unusual awareness of colors, lights and shadings contributes to a very personal vision and enlivens Guelbenzu's style. While the novelist's chromatic sensitivity and vividness is most apparent in his descriptions of nature and the varying tones and intensities of light and shading, which are perceived and captured with impressionistic skill, the reader also encounters variants of synaesthesia, with coloration being attributed to aural or tactile sensations and sometimes to abstract or incorporeal concepts, emotions, days, memory. For example, recalling the atmosphere of hostility and repression during the second decade of the Franco era, the protagonist mentions "aquel tiempo — que siempre recuerdo con un fondo de tristeza y de color caca de niño" (p. 45), an association which is apt enough for the adolescent narrative consciousness, and which has the potential to evoke a very specific hue at the same time that it seems to cast a dark pall over the epoch as a whole. Furthermore, the impact of the image is reductive and it connotes a puerility in the Fascist swaggerers portrayed immediately before as a major part of "aquel tiempo."

Synaesthesia is the basis of the following lyric description of the seashore on a summer morning:

Era un espacio en el que el aire tenía sabor,
entraba en el cuerpo como los hilos de agua despren-
didos de los arroyos en su caída se distribuyen por la
roca y van a dar en el yerbal. Era un espacio poblado
de voces diminutas que se armonizaban cual una coral
de matices del tiempo, del transcurrir de la vida y,
como eco de su propio ámbito, se alzaba hasta el
cielo para señalar las distancias y las marcas de aquel
reino. Era una suma de luz, de aire y de sonido latien-
do sin pausa, conformando una plenitud que henchía
la tierra con verdad y con belleza. (p. 106)

The fusion of visual, tactile, auditory and other elements is especially
appropriate for conveying the awakening of a youthful spirit and
sensibility. A simpler and more traditional variant of synaesthesia
appears in Regina's reference to "la *humedad del sonido* de la
lluvia" (p. 226), but more frequently Guelbenzu combines this figure
with a simile or metaphor for more extensive development, as above.
Synaesthesia and simile are effectively combined to convey sensations of a foggy, rainy morning in the northern fishing village. The
young guest is at first unable to identify the murmur of the rain:

sonaba como un milagroso rumor de yerba creciendo
a los pies de la cama, en el silencio sepulcral de la
casa. Una apenas velada claridad tintaba de suave gris
el sonido de aquella melodía. (p. 47)

The slow gentleness of the rain is captured in another simile (in
which — as he frequently does — Guelbenzu avoids *como*): "[los hilos
de agua] semejaban el paso tranquilo y ordenado de una memoria
cargada de belleza y lasitud" (pp. 47-48).

While Nature's gentler moods are captured by lyrical language
and figures emphasizing sensual perceptions and abstracts, Guelbenzu employs more concrete and menacing entities in his
expressed or implied comparisons describing the winds and storms,
drawing especially upon the context of the hunt or of war. Thus, the
threatening elements of change in the seasonal winds are captured in
the following extended metaphor:

Soplaba el Señor del Norte trayendo oscuridades que
aceptaba la tierra . . . Era una brava llamada de amor y
de guerra donde no cabían vencedores ni vencidos,
sino diestros jinetes que se entrecruzaban como la
niebla y la maleza se encuentran en el amanecer de
un día ventoso. Y a la manera en que el abanderado
galopa en el fragor de la batalla, una nube negra y
solitaria avanzaba velozmente, flanqueada por la lejana
amenaza del turbión . . . (p. 158)

Elsewhere, by means of associations between the storms and various animals, Guelbenzu expresses the concepts of strength and fury:

> La tormenta avanzaba con la lentitud y firmeza de un elefante y todo el mundo se había preparado para recibir a la gran dama estruendosa... (p. 235)

> La luz [de los relámpagos] acudía a la cristalera como si fuera el reflejo de un nervioso e impaciente caballo blanco que aguardase escarceando en el patio de la casa y que, intuyendo el combate, se alzara de manos, incandescente en su reclamo al jinete, exhalando cada uno de los fogonazos que acobardaban a las sombras de la habitación. (p. 254)

In the foregoing variant upon the pathetic fallacy, incorporating a double personification (lightning flashes as *jinetes*, and the cowardice attributed to the shadows of the room), Guelbenzu manages also to suggest the emotions of the human onlooker. The same technique is further illustrated by the timidity of the light, as seen below:

> La bombilla pendiente del techo hacía oscilar una mansa luz que los relámpagos no lograban ahuyentar, sino solamente intimidar desde el marco de la ventana porque, en cierto modo, no hacían más que mostrar los dientes de la tormenta, como el animal que en la linde de un territorio que no es suyo afirma tanto su lugar como su exterioridad y León pensó que la tormenta cesaría cuando se hartase de ladrar ante los cristales de la habitación. (pp. 262-63)

The timidity attributed to the light is, of course, equally applicable to León.

Guelbenzu's special awareness of lightings appears in his description of the tenuous visibility of a summer night as "una claridad sedante, como si se tratara de la estela dejada por la luna llena de unos días atrás" (p. 99), or the different gradations of illumination in the stormy sky: "Primero fue un destello, luego iluminaciones encadenadas que al sucederse acompasadamente semejaban un solo y largo temblor de luz, después la culebrina nítida de un relámpago" (p. 294). Inextricably connected to the emphasis upon light and shadow is the novelist's insistence upon color, as in this description of León's perception of nearby hills:

> verdes ondulaciones de árboles, troceadas y cercadas por matorrales, cubiertos de maizales y huertas, ligeramente argentadas a trechos por los eucaliptos jóve-

nes, oscurecidas por alguna mancha de robles; todas
las tonalidadas — verdemar, cardenillo, glauco, esme-
ralda, oliva, cobrizo — se armonizaban coronadas por
el gris marengo y pizarra de las cimas. Las casas,
terrosas, rojizas y blancas, salpicaban el color dominante como corros de flores silvestres. (p. 105)

It is not merely the profusion of color, but also an awareness of shadings, for example, that not all clear skies are the same shade of blue,
as appears in these excerpts from *La noche en casa*:

El cielo es de un color azul intenso no descolorado por
los bordes. (p. 17)

El azul se abre luminosamente al mirarlo. (p. 147)

... el pálido sol de octubre ... el gris cálido que
bañaba la tenue claridad del día ... la luz que prelu-
diaba el invierno ... (p. 120)

Elsewhere the novelist describes the night sky from the viewpoint of
León (*El esperado*) as "una formidable campana grisoscura"
(p. 205). The same character perceives the climb to the crest of Isla
Ventosa with a fresh awareness of color:

... esperaba las habituales coloraciones verdosas de
la costa pero, a medida que ascendíamos, me fue
ganando aquella cercanía solar que tanto la tierra
como el matorral mostraban en su cromatismo, como
si de pronto hubiese emergido del mar un lugar distinto ... (p. 195)

Other tones mentioned in the same passage include "colores verdia-
marillentos, pardos y cobrizos."

Guelbenzu's descriptive rhetoric draws more heavily upon
similes than any other figure, and his comparisons at best are striking. The novelist is especially versatile in varying his similes, avoiding the impression of repetitiveness despite the relatively high inci-
dence of occurrence. While Guelbenzu does not always maintain the
same distance from clichés and fixed phrases (although he often
uses them with variations), the freshness and originality of certain
comparisons contributes to reducing the impression of monotony.
Guelbenzu employs circumlocutions to prevent over-use of *como*,
including such verbs as *semejar* and *parecer*, and the substitution of
cual, *al modo de*, *igual a*, and so on. The sense of disorientation
León feels upon beginning to lose an argument is evoked by
describing him "como quien siente de pronto esa pérdida del
espacio que es la borrachera" (p. 62). His disturbance is conveyed
by this description of his speech: "León hablaba como apagando un

fuego" (p. 63), while the uncomfortable end of the discussion is communicated by still another simile: "El silencio destelló como el releje de una faca."

The novelist favors equations where the elements of similarity are subjective, sometimes based upon free association or Proustian recall. When employing more traditional associations, Guelbenzu may either employ intertextuality or exercise special care in avoiding *como*. Thus, Doña Mariana, Jaime's beautiful mother, has "orejas pequeñas y delicadas ... cual dos pequeñas camelias blancas" (p. 28). Another substitute appears in this observation concerning those who try to hide their age, "al modo de quien aguanta la respiración por componer la figura" (p. 95). A similar example occurs in a reference to the relief that having found a satisfactory excuse provides León, "con el aspecto de quien ha conseguido salir vivo de un campo de boas" (p. 92). Hearing rumors of the dark past of Jaime's parents, León intuits the presence of evil: "La mancha del pecado, de pronto, se agigantaba a la manera de una sombra creciendo agitadamente al acercarse" (p. 62). Spying upon the sensual expressions of affection between Jaime and his mother, León perceives their conversation as a melody of voluptuousness which "empezó a sonarme igual que cuando olfateaba ... la malignidad de Jaime" (p. 78), a simile which is also a variant of synaesthesia with its implicit fusing of the perceptions of sound and smell. Verbs which add variety to the standard language of the simile figure in the following description of the novel's villain: "Pepín me parecía un advenedizo, con su mezcla de brusquedad y fanfarronería, lo que le otorgaba un aspecto de nuevo rico de turbio pasado" (p. 96). Visiting the former servants' quarters, León has the impression that the unkept rooms "presentaban un aspecto desvencijado" (p. 114), while Jaime's imposing, reserved father has, for León, a presence which "parecía esa noche la de un altivo farallón cubriéndose y descubriéndose entre el oleaje" (p. 79).

Sounds and silence are of special interest to Guelbenzu, and are often treated figuratively. Thus, the murmur of the raindrops "se extendía uniforme y muellemente como un dulce ámbito; su propia delicadeza casi lo apagaba" (p. 47). When a funeral procession approaches the boys playing on the cemetery road, they are interrupted by the mournful bell "como un pájaro solitario bajo el cielo ceniciento" (p. 49). Another miniscule sound, that of the approaching breeze sweeping across an alfalfa field, is recreated in this sensitive description:

> ... ramas y tallos, empezaron a alzar una especie de
> bisbiseo coral en el que la primera nota de la octava
> correspondía al campo de alfalfa y la octava, que do-
> blaba su número de vibraciones, a las hojas del

robledal; el resto de las notas parecía emerger del vaivén que acompasaba las turbulencias: y todo el canto era como una salmodia que acariciase la tierra mágicamente. (p. 157)

Examples of Guelbenzu's innovative use of metaphor and his special awareness of sense perceptions abound and might easily be multiplied indefinitely, but the foregoing should suffice to illustrate these constants of his style.

In addition, Guelbenzu's writing is characterized by considerable, deliberate literary self-consciousness in the form of metafictional elements, intertextuality and parody. A good deal of metaliterary self-awareness appears in *La noche en casa*, whose two principal characters are erstwhile poets. Both are seen in the process of composing (Paula, pp. 29-31; Chéspir, p. 92), and Chéspir sprinkles his conversations with intertextual allusions and citations, including Quevedo, Ungaretti, Antonio Machado, Fray Luis, Claudio Rodríguez, Italo Calvino, Freud, Oedipus, Miguel Hernández, Saint-John Perse, Theodor Adorno, Rilke, Robert Graves, Beckett, Vallejo, Calderón, Cummings, and the myth of Cupid. Other artistic intertexts are drawn from the realms of music and painting, with references to the former ranging from Mozart to songs of Chavela Vargas and the trio Los Panchos. Reception aesthetics (although not mentioned by name) also figure prominently in Chéspir's discussions of poetry and painting. *El esperado* has less overt intertextuality, but contains references to Bolivian popular songs, the Bible, folk tales, popular sayings, E. Salgari, Chesterton, Priestly, Saint-Exupéry, Agatha Christie, Dickens, the novels of chivalry, mythology (Hermes), *La Celestina*, and Falangist rhetoric. Cultural allusions (e.g., to Hannibal crossing the Alps, Leonardo da Vinci) are for the most part kept to a level appropriate for the mentality of the adolescent protagonist and sometime narrative consciousness. Both novels contain lengthy descriptions of a painting, *La noche en casa* one of the Virgin Mary presenting the Holy Child to the elders (pp. 69-70), and the paintings of Regina Mayor in *El esperado* (pp. 207-10).

Guelbenzu parodies clichés of popular literary and cinematographic forms in both novels, with targets including the Western, the gothic tale, spy novels and the mystery story. At the same time, he utilizes elements drawn from these forms to structure his own narratives, without actually entering fully into the other genre(s). The *planteamiento* and certain events of *La noche en casa* are taken bodily from the novel of intrigue and espionage, while the development of *El esperado* essentially parallels that of the mystery novel, with the young protagonist devoting much of his time to somewhat inept investigations and eavesdropping. In neither does Guelbenzu use the conventional endings, however. The reader of *La noche* is left not knowing the outcome of Chéspir's mission or the content of his mysterious suitcase, as the author focuses instead on personal epiphanies. In *El esperado*, some portion of the Mayor family mysteries is revealed (no thanks to the efforts of the young investigator), but much more is left in darkness. Again, it is personal discovery which most interests Guelbenzu, and this aspect comes to the fore, relegating the machinery of the mystery genre to the status of a forgotten prop.

The novelist spoofs the clichés of cinema and popular literature in the following scene from *El esperado* wherein the betrayed husband, Arturo Mayor, fantasizes or hallucinates prior to his battle with the offender, Pepín el Guapo:

> Un traidor había osado profanar el corazón mismo de su dominio y éste clamaba por un castigo que en modo alguno dejaría de cumplirse. Con la escopeta al hombro, a trote ligero, entre el boscaje, al galope por medio de los prados, iluminado a trechos y siempre en compañía de una tormenta que en su prisa por contemplar el ajuste de cuentas se atropellaba enfurecidamente, agigantando el escenario de la contienda como si esa ansiedad formara parte del espectáculo de la venganza, Arturo Mayor buscaba al infractor a la manera del cazador que cubre el terreno en que se refugia la presa de modo que ella misma, al sentir el acoso, acabe reculando . . . (p. 257)

The novelist's special, peculiar use of weather phenomena again appears in the foregoing passage, which may be termed prophetic — or an instance of dramatic anticipation — insofar as the role of nature in the denouement is concerned. Another effect of the long sentence just cited is to project a larger-than-life mythic scene, with the armed, avenging horseman of the archetypal Western (whether of the northern or southern hemisphere). The detailing of motion and lighting evokes the movie medium, and the scene is prolonged until the chapter's end, where it is revealed that the avenging rider is actually seated in an armchair in his physician's living-room, thereby deflating the grandiose vision in which an aroused nature seconds the passions of the offended husband and master of the estate.

A similar burlesque occurs in *La noche en casa*, as Chéspir imagines himself the protagonist of a stereotypical scene from a spy novel or a James Bond film:

> . . . me veo en la obligación, a instancias tan superiores como desconocidas, de abandonar la grata morada que me habían proporcionado los conspiradores de

143

la facción de acá y buscar otro cobijo ... se supone
que teniendo a mis talones a todo el Intelligence
Service Lonely Hearts Club Band, los cuales intentan
cogerte vivo parar hacerte cantar porque la chica, que
en el fondo es buena pero también amoral, se ha visto
obligada a delatarte, si bien con-el-corazón-encogido, aunque, diantre, no olvidemos que, por las razones que sean, se acuesta con el jefe del Band, un
pistolero con una polla que no te quiero explicar,
cierto, pero carente de valores humanos ... (p. 23)

The use of the phrase "tan superiores como desconocidas" encap-
sulates a *sine qua non* of the orders which move the super-hero in
accord with stereotypical conventions of the genre, while the slightly
archaic and quite inappropriate words "grata morada" are a highly
visible clue to the intertextual nature of the passage, made more
explicit and identifiable by the words in English. The remainder of the
extended sentence provides a tongue-in-cheek resumé of the
archetypal plot, whose reductive and satiric nature is signalled by the
hyphenated neologism, "con-el-corazón-encogido." When Chéspir subsequently finds himself in another stereotypical Bond scene
(surprised by unknowns while in bed with "la chica"), his very natural
but out-of-character panic will serve retrospectively to deflate the
parodied model still further. Guelbenzu effectively demythologizes
the super-hero via Chéspir's reactions: "las venas de sus sienes se
han disparado" (p. 103); "está realmente descompuesto de miedo"
(p. 104); "lo provoca un temblor nervioso que no controla ... Las paredes le provocan terror excepto aquella en la que se apoya"
(p. 105). Still another archetypal scene is parodied as Chéspir sees
his life mentally played back in a few instants (pp. 104-05). His explanation to Paula of the situation in which he finds himself and his
reasons for supposing the police to be at the door provide another
encapsulation of clichés of the spy-thriller plot, but with none of the
bravado characteristic of the genre (pp. 106-07).

Brief, parodic allusions to the gothic and mystery genres occur
on the level of the rhetorical figures in *El esperado*. For example,
when León investigates the long-abandoned servants' quarters, he
finds works by Chesterton and Priestley, as well as a family album,
from which he pilfers a photograph of Regina as an adolescent:
"Como un ladrón de guante blanco la extraje de sus cantoneras"
(p. 117). On a moonlit night, the sleepless León pursues a mysterious
sound in a scene replete with variations on standard gothic motifs:
"tomó paso a paso el camino a la puerta como si se tratara de un
fantasma" (p. 100). Disoriented and confused, he hesitates "con el
cerebro como una habitación vacía" (p. 101). Eventually reaching
Regina's room, he enters before realizing that it is full of owls and
remains frozen with fear, "estático como los balaustres" (p. 102).

Subsequently spying a shadow and then another in the garden, he observes them struggle, after which one falls to the ground. Later, all traces have vanished.

Another parody of scenes of the stereotyped melodramas of the Old West appears in this dream or fantasy of Chéspir's:

> Los pistoleros del Ferrocarril han ido casa por casa coaccionando por la fuerza a los pequeños propietarios. Si alguno de ellos se niega a vender su tierra pese a las amenazas, Corrigan toma el asunto en sus manos y ya no hay apelación posible, sólo la huida o la muerte. Paula no va a vender ... Cierto que Chéspir pudo comprarlo en su momento, pero ella se negó a ser ayudada. Mañana vence el plazo y, de todos modos, Sam Corrigan irá con sus matones. El sheriff tampoco va a hacer nada, salvo tratar de que Paula no fuerce la violencia ... Pero para este asunto es mejor el revólver de Chéspir. (p. 143)

Smarting from the embarrassment of his earlier panic, as well as from Paula's rejection of his invitation to spend a few more days with him, Chéspir fantasizes as a means of self-vindication. In the remainder of the scene, he saves Paula's homestead, gunning down Corrigan and one of his henchmen, while humiliating the unknown lover Paula has planned her trip to see: "tu amigo de Suecia temblando" (p. 144). After having thus symbolically re-established his manhood, Chéspir rides off into the sunset in the best John Wayne tradition:

> retrocedió a su caballo y subió a él protegiendo la línea del tiro del rifle, después apoyó la culata sobre el muslo, miró a todos lentamente, cruzó sus ojos durante un solo segundo con los de Paula esbozando un rictus escéptico de imposibilidad. Entonces dijo a su perro: --Vamos, Jacko. Y volviendo grupas se alejó a trote ligero, camino de las montañas. (p. 145)

The careful reader will manage to ferret out the information that Chéspir is actually in bed suffering from insomnia during the above scene.

The collective effect of such parodies is a reduction or demythologization of machismo, since all involve situations where the stereotypical, larger-than-life heroic model is contrasted with actual conduct on a normal scale, from which extraordinary valor — or even ordinary valor — is conspicuously absent. Together with his undermining various presuppositions of the macho myth, Guelbenzu presents a relatively more liberated view of the female. Both Regina Mayor and Doña Mariana in *El esperado* are quite unconventional in

145

their conduct, defying normative prohibitions and patriarchally-inscribed limitations. Regina, an artist, lives alone, serenely ignoring her scandalous reputation as a woman who, in her nephew's words, "se acostaba con todos" (p. 89). She is autonomous, mysterious, decisive, independent and strong-willed, and at least one long-time observer wonders "si no fue precisamente ella, Regina, la que en verdad luchó por una fortuna que enderezase a la familia" (p. 247). And it is also Regina rather than a man who intervenes to save her brother Arturo and Mariana when the latter's father hears of their erotic encounters in the jungle. Mariana is considerably less admirable than Regina, but she lives as though in possession of a sexual freedom which women in Spain and South America were several decades from achieving. Guelbenzu's mildly pro-feminist stance is even clearer in *La noche en casa* (whose action is set nearly forty years later), as both Paula and Pilar put their own self-realization before conventional "happiness" as supposedly offered by pseudo-marital relationships with Chéspir. Both appear to be university-educated, with Paula (like Chéspir) a non-practicing lawyer and a poet. Nevertheless, she speaks out against sex-role stereotyping in fairly typical feminist fashion:

A mí no me han educado para que sea alguien, sino para que aguante, al contrario que tú ... Conque además de buscarme un sitio en la vida tengo que empezar por renegar de todo aquello a lo que me han dirigido ... tú ya sabes que tienes que querer algo, lo que sea, algo. Yo me enteré hace poco de que tengo que querer algo por mí misma, porque soy una persona como otra cualquiera. (p. 47)

Not only does Paula speak directly for self-discovery and self-realization, but the occasionally omniscient third-person narrator also observes such concerns in her mind: "Paula se pregunta cuántos años lleva detrás de ser quien es ahora y de intentar ser una persona libre, viva, entera" (p. 78). Clearly, this is a sympathetic narrator.

Paula accepts the night of love-making with Chéspir much as the man traditionally is supposed to do, freely and without strings attached. She is therefore somewhat irritated when her friend, in something of a role reversal, protests that she cannot simply continue her journey with no thought for his feelings:

No es justo, Chéspir. Te conozco y valoro muy bien, y creí que nos entendíamos. Y si esta noche me he quedado contigo ha sido precisamente por eso ... Y ahora tengo que descubrir que el lugar donde se supone que estamos es sólo teórico y sólo vale para mantener largas conversaciones sobre las relaciones entre las personas. (p. 115)

There is considerable irony, then, in Paula's defense of her liberty against Chéspir's assertion of rights claimed in the name of his emotions, especially when Paula points out that she is merely following his example:

> te quiero mucho, muy profundamente, pero no a costa de mi libertad . . . Sé muy bien lo que te duele que te diga esto, pero sabes tan bien como yo que es también de ti que yo he aprendido a actuar así, a ser libre así, a ser yo así. (p. 116)

By a number of similar exchanges, Guelbenzu implicitly indicts the double standard of male and female sexual conduct.

Chéspir's jumbled recollections suggest a similar experience with his former live-in lover Pilar, who has broken away from a relationship which she found overwhelmingly restrictive, abandoning Chéspir and their infant son:

> Como un animal acorralado vuela hacia ninguna parte para escapar de sí misma . . . ¡Ella fue quien complicó, con su actitud, la situación! . . . ¿Cómo puede dejar también al hijo? ¿Cuál es esa necesidad de libertad que se la lleva por encima de nosotros dos? (p. 121)

Guelbenzu thus has Chéspir (who has likewise left his son) reveal a covert lack of understanding and empathy, an egotistical tendency to blame the other, and emotional selfishness. Some suggestion of Pilar's reasons for leaving may be gleaned from the encounter with Paula, in which Chéspir behaves without commitment or altruism, wishing to impose his own emotional needs and preferences of the moment over and above Paula's plans. His selfishness and lack of emotional generosity are evident in his surly refusal to bid Paula a friendly or affectionate farewell the following day: "Chéspir conoce muy bien los ojos de Paula y entre ambos se ha cruzado una lágrima diminuta. Sabe que sólo tiene que besarla, rodearla por los hombros y acompañarla al andén. Sabe que es un estricto problema de generosidad, con ella y consigo mismo. Pero no" (p. 148).

Further tracing Guelbenzu's demythologization of male-female stereotypes, it is interesting to note that in *El esperado*, there is a perceived "villain" who is the typical predatory macho, Pepín el Guapo, a bullying, loud, vulgar and portly womanizer who proceeds from the seduction of several maids to that of Jaime's mother, Doña Mariana. Pepín is the only character of whom the young narrator speaks consistently and unequivocally in negative terms. In *La noche en casa*, by contrast, Chéspir's former sweetheart, Carmen, is

147

married to his best friend, Jorge Basco (protagonist of *El mercurio*). The couple discusses her former lover more or less amicably over Sunday morning tea. Although the discussion degenerates into an argument, this has as its pretext not the wife's premarital affair, but a dispute over the relative sensuality of the two (pp. 132-34). And in *El esperado*, it is Arturo Mayor rather than his wife who suffers guilt and remorse because of their premarital relationship. Without becoming an overt spokesman for feminism, Guelbenzu does make it a specific topic of the conversation between Jorge Basco and Carmen (cf. 132-33), and portrays, without comment, several instances of male chauvinism.

Thus, if Guelbenzu is less innovative on the formal level in his later novels, his ideas are up-to-date, and he continues his experimentation with language and the development of a personal, subjective style. A major technique employed in both *El esperado* and *La noche en casa* is variation of the narrative perspective, including frequent and sometimes initially disconcerting changes from the first-person or indirect interior monologue to an external, omniscient narrator whose attitude is often ironic. In much the same fashion that Guelbenzu varies the narrative perspective, he varies narrative distance (from the character or events portrayed), requiring the reader to remain alert and make repeated readjustments. The unsignalled changes from prosaic, quotidian reality to the fantasy episodes parodying literary or cinematographic models are a similar challenge for the reader, who is forced to determine what is "real" and what is fantasy, and what is actually taking place during the fantastic episodes.

Examination of Guelbenzu's rhetorical structures and narrative techniques has revealed a number of reiterated characteristics, some of them present in more than one novel, which may be considered both as constants, or unifying elements, and as traits typifying what is most personally exemplary of Guelbenzu's style. These included the prominence of the voyage topos, an interest in the literature of apprenticeship and rites of passage, and the epiphany. Relatively brief or limited spans for the narratives, repetition of travel-related motifs, and physical motion or geographical change are likewise frequently employed. Guelbenzu seems to have a special interest in the sea, and in weather phenomena, often symbolically associated with significant events in a variation upon the pathetic fallacy. The novelist is also fond of intertextual allusions, and of parodying popular novelistic and cinematographic clichés. He is interested in human relationships, existential problems, and especially problems of communication and authenticity. Abnormal psychology is important in the thematic structure of several narratives, and is sometimes portrayed together with or paralleling a process of demythologization. Among the most noteworthy aspects of Guelbenzu's stylistics are his sensitivity to colors, lights and shadings, and his predilection for the simile, which he employs with versatility and a broad range of variations upon the basic formula. Synaesthesia, prosopopeia, metaphor and extended metaphors are all found repeatedly and with some frequency or regularity, although less insistently employed than the simile. Metaliterary elements and the use of the structures of other genres (such as the spy thriller or mystery novel) may also be considered characteristic of Guelbenzu's writing. Endings tend to be open, and leave a sense of mystery, involving the reader in attempts to work out an ending. A final trait, heretofore unnoticed, is Guelbenzu's mildly pro-feminist stance, which is combined with a demythologizing attitude toward male-female stereotypes and double standards. Considered jointly, the fruits of the foregoing analysis should serve to elucidate the functioning of the creative process as relevant to this writer's works.

WORKS CITED

Castellet, José María. *Nueve novísimos poetas españoles*. Barcelona: Barral Editores, 1970.

Conte, Rafael. "Guelbenzu o la conquista del estilo," *El País* (12 May 1978), III.

---------. "El viaje iniciático de Guelbenzu," *El País* (24 December 1984), 18.

Guelbenzu, José María. *La noche en casa*. Madrid: Alianza Editorial, 1977.

-----------. *El esperado*. Madrid: Alianza Editorial, 1984.

Herzberger, David. "Experimentation and Alienation in the Novels of José María Guelbenzu," *Hispania* 64 (September 1981), 367-75.

Suñen, Luis. "Ser y parecer (Hacia una perspectiva de la narrativa española, 1970-81)," *Quimera* 16 (February 1982), 4-7.

AMOR SEXUAL Y FRUSTRACIÓN EXISTENCIAL EN DOS NOVELAS DE GUELBENZU

Gemma Roberts
University of Miami

Con seis novelas publicadas hasta el presente,[1] José María Guelbenzu es reconocido como uno de los más destacados novelistas de un grupo al cual Darío Villanueva caracteriza como «una generación desengañada que ya empieza a dejar de ser joven, la de los universitarios nacidos después de la guerra civil, protagonistas de un inconformismo que no ha germinado sino en un crispador nihilismo existencial.»[2] Incorporando el afán de experimentación formal a una necesidad imperiosa de volcar en la ficción las angustias existenciales de su generación—una generación formada en el ambiente de la dictadura franquista—, Guelbenzu ha evolucionado, con extraordinaria independencia creadora, hacia una narrativa de sello muy personal en sus temas y estilo. Así lo ha indicado el crítico David K. Herzberger en un excelente estudio sobre este escritor: «... Guelbenzu's novels do not reflect the norms of a particular literary movement, nor do they promote a specific new tendency that advocates inflexible literary dogma. Instead, his work represents a search for an individual literary identity that stems from the explicit rejection of the novel of social realism».[3] En dicho artículo, publicado antes de la aparición de las dos últimas novelas de Guelbenzu, Herzberger indica una progresiva atenuación del deseo de experimentación formal a partir de *El pasajero de ultramar*, tendencia que, a juicio también del mencionado crítico, representa una evidente aproximación de este novelista a la temática existencial, a la vez que renueva algunas de las preocupaciones típicas del realismo social de las décadas del cincuenta y sesenta.[4] Con respecto a sus dos últimas novelas debo añadir que éstas no sólo continúan la intensificación de la problemática existencial, lo que supone, ineludiblemente, la consideración de las relaciones interpersonales y de la vida en sociedad, sino que ambas obras descubren a un escritor cada vez más seguro de sus recursos expresivos en la creación de un mundo de ficción denso y palpitante de compleja y contradictoria vida. Al mismo tiempo, si Guelbenzu vuelve a evitar las excesivas extravagancias formales en *El río de la luna* y en *El esperado*, también ahora comienza a apartarse—hasta cierto punto—de la analítica existencial consciente, de la deliberada intención filosófico-moral de la novela existencial típica, para adentrarse en zonas oscuras y misteriosas de la realidad humana, con un sentido más bien mítico y visionario.[5]

Señala Herzberger la alienación como una nota temática constante en la producción de José María Guelbenzu. Ciertamente, estamos ante uno de los novelistas españoles que de manera más reiterada y penetrante ha presentado la problemática vital y moral de su generación, la cual no es sólo la del español formado en la sociedad de posguerra, sino también la de todo hombre del siglo XX, atrapado en su propio laberinto de auto-engaño, soledad y angustia. En este sentido, la entrega, casi frenética, al amor sexual en sus novelas representa un anhelo desesperado por mitigar la enajenación del individuo y recuperar una armonía interior que parece definitivamente perdida dentro de nuestro mundo tecnocrático y mecanizado.

En contraposición a Freud, para quien la causa de las frustraciones y neurosis humanas radica en la represión de la libido, Victor E. Frankl, Erich Fromm y otros psicoanalistas de orientación más bien existencial ponen el énfasis en la frustración humana en su intención por encontrar un sentido a la vida. Afirma, por ejemplo Frankl: «... existential frustration often eventuates in sexual compensation. We can observe, in such cases, that the sexual libido becomes rampant in the existential vacuum.»[6] Esta tesis ofrece, a mi parecer, una buena explicación del sexualismo compulsivo de los personajes de Guelbenzu, en cuyas novelas el sexo no tiene ese carácter de panacea social y psicológica que le dan Cela y otros escritores de posguerra española, sino un sentido trágico y desgarrado, que destaca, sobre todo, la dificultad de realizar el verdadero amor y la comunicación entre dos subjetividades. Si los personajes de Guelbenzu buscan la libertad, la espontaneidad, y la plenitud de su ser a través del sexo, también es cierto que no logran superar el cerco de soledad y muerte que acosa a la persona humana desde su nacimiento.

El tratamiento dado al tema del amor sexual en las novelas de Guelbenzu es verdaderamente complejo y se extiende en múltiples dimensiones de alcance social, existencial, metafísico, mítico y poético. En su aspecto social, hay que reconocer que, sin lugar a dudas, el restablecimiento de la democracia en España ha permitido a los autores peninsulares—el caso de Guelbenzu no es único—el prestar una inusitada atención a elementos sexuales y eróticos que durante la dictadura permanecían vedados tanto a la sociedad como al arte. Podría hasta decirse, un poco humorísticamente, que junto a la liberalización de las costumbres—el llamado destape—se ha producido el fenómeno parejo, en el terreno literario, de una especie de destape novelístico. No obstante, hay que advertir que si bien el tratamiento abierto y franco de la sexualidad ha facilitado una mayor «comercialización» de la novela actual, los mejores y más serios novelistas—entre los que se destaca Guelbenzu—han evitado tanto el sentimentalismo erótico como el culto intencional de la pornografía. En La noche en casa, Paula habla, por ejemplo, de que el propósito de su generación por hacer las relaciones sexuales más «simples» no debe significar el hacerlas más «fáciles», y se preocupa de que la nueva facilidad adquirida con las libertades sociales lleven a desvirtuar la dimensión profunda que el sexo tiene en la vida humana. Es decir, este personaje reconoce el deseo de su generación por restablecer lo natural y lo espontáneo de las relaciones sexuales, por aligerarlas del lastre de represiones e inhibiciones sociales y psicológias, pero al mismo tiempo admite el sentido trascendental que el acto sexual puede tener para el individuo, y los riesgos que comporta el convertirlo en una práctica superficial y sin consecuencias para el ser humano.[7]

Observaba Max Scheler en 1923 que solamente un criterio estólido de la pacatería podría negar el hecho de que, para el hombre civilizado, el amor sexual constituye una fuente de posible conocimiento, incluso de índole metafísica, que de otra forma sólo podría obtenerse de modo imperfecto o no obtenerse en absoluto.[8] Este esfuerzo por alcanzar un conocimiento superior del yo y del universo a través de la relación sexual me parece esencial al tratamiento del amor en las novelas de Guelbenzu, especialmente en *La noche en casa* y en *El río de la luna*, en las que deseo concentrar la atención en este estudio. No se trata, claro está, de un aspecto temático exclusivo de este autor, sino de un rasgo sintomático de casi toda la novela contemporánea.[9] Por lo demás, lo que verdaderamente importa en las novelas de Guelbenzu no es tanto el aspecto temático coincidente con otros autores como su captación en profundidad y su capacidad artística para expresarlo y manifestarlo en sus muchas complejidades.

Subyace en las novelas de Guelbenzu — tanto en *La noche en casa* como en *El río de la luna* — un concepto del deseo sexual como una necesidad a la vez biológica y existencial de alcanzar un estado de unión entre los seres, un intento desesperado por rebasar las barreras de la separación y la soledad; en suma, una búsqueda de solución, como señala Fromm, al problema de la existencia humana.[10] Los protagonistas de Guelbenzu, como tan frecuentemente ocurre en la novela moderna, aparecen como individuos desarraigados de su sociedad, condenados a un angustioso aislamiento. El comienzo mismo de *La noche en casa* resulta especialmente elocuente de esa situación existencial descrita en el caso del protagonista Chéspir: «Heme aquí *solo* en un aueropuerto, *apartado* en un rincón de la sala de espera (...) *abandonado* junto a una copa de coñac» (NC, p. 9. Énfasis mío). No sólo los tres adjetivos empleados resultan significativos del estado de enajenación del personaje, sino también el triste paliativo de la compañía de una «copa de coñac.» Como detalle reiterado de la actual novelística y como reflejo de una realidad de nuestro tiempo, los personajes de Guelbenzu suelen beber alcohol y fumar profusamente para disimular la soledad, el aburrimiento y el vacío que invade las almas en la rutina del diario vivir. Así en *El río de la luna* encontramos también la siguiente frase reveladora: «Fidel empezó a aumentar, en aras del aburrimiento, las dosis de alcohol» (RL, p. 194).

153

Con gran perspicacia asocia Erich Fromm el proceso de desinte-gración del amor en la sociedad occidental con la enajenación general y el valor que se concede a los bienes de intercambio y consumo.[11] En esa sociedad «consumerista» existe en todo momento la tendencia a que el sexo se convierta en mero bien de consumo encaminado hacia un concepto falso de la felicidad basado exclusivamente en la satisfacción de necesidades materiales. De acuerdo con esa situación de nuestro tiempo, los personajes de las novelas de Guelbenzu experimentan la tensión entre el afán por lograr el verdadero amor como una relación duradera y que afecta a la integridad de la persona, y la mera satisfacción de los instintos sexuales a través de relaciones efímeras que no resisten los embates de la rutina y de la vida cotidiana.

Hay que advertir además que la soledad de los personajes de Guelbenzu se intensifica por el espíritu de rebeldía que los separa de las normas conformistas de la sociedad imperante; con orgullo y preocupación por su autenticidad, se resisten a ser iguales al resto de la sociedad burguesa que los circunda. Todo intento de asimila-ción al grupo queda perturbado por esa conciencia de ser diferentes, que les lleva al culto del sexo como un valor superior a los principios respetados por la moralidad ambiente, por la moral del filisteo en su mundo de codicia, ambición e hipocresía. Así hallamos la extremada sexualidad de Fidel Euba en *El río de la luna* conscientemente rela-cionada con su estado de extrañamiento social: «El era distinto; se lo gritaba a sí mismo desde todos los rincones de su mente cada vez que la vergüenza de su propio erotismo le acercaba a la desespera-ción de la culpa» (RL, p. 175). «Y sin embargo, poco a poco, aquel avergonzamiento de ser distinto fue siendo suplantado por un odio visceral a la mediocridad que, como pendón de gloria, proclamaban en sus actos y sus palabras aquella masa de enfermos satisfechos de su infelicidad y atemorizados de su corporeidad que le negaban la información más evidente y necesariamente anhelada y en cuya búsqueda quemaba sus energías con la potencia de la arremetida de un búfalo» (RL, p. 175).

Sin embargo, la experiencia del amor sexual no conduce a los personajes de Guelbenzu a la tan anhelada felicidad ni a la plenitud a la cual aspiran. En su monólogo inicial de *La noche en casa*, el pro-tagonista Chéspir define la felicidad como el derecho «a vivir una historia que sea mínimamente estable, mínimamente duradera» (NC, p. 12), aunque admite su incapacidad para llevar a cabo tal aspira-ción: «no logro satisfacerme con mi compañía, pero cuanto toco lo deshago, lo sé desde siempre, lo sufro desde que empecé a conocer el placer» (NC, p. 13). Tampoco Fidel, en *El río de la luna*, puede establecer una relación duradera con su amada Teresa, ni con ninguna de las otras mujeres de su vida. En realidad, el sexo es la única manifestación de posible unión entre el hombre y la mujer en estas novelas, pero en su carácter temporal, pasajero, no podrá salvar, en definitiva, la soledad; dejará intacto el vacío. Con razón ha observado Fromm cómo el amor sexual es incapaz por sí solo de romper el cerco de la incomunicación entre los seres, cuando no está respaldado por el verdadero amor: «It becomes a desperate attempt to escape the anxiety engendered by separateness, since the sexual act without love never bridges the gap between two human beings, except momentarily.»[12] Por eso le advierte Chéspir a Paula: «El vacío es de persona y piel, no de piel sólo, ¿comprendes?» (NC, p. 84).

Me interesa recalcar que la inquietud por el propio destino personal, la constante auto-búsqueda es inseparable de los distintos aspectos que adquieren las relaciones eróticas en estas novelas de Guelbenzu. En este sentido, un motivo dominante, que no puedo dejar de mencionar es el narcisismo que subyace en el encuentro carnal de uno y otro sexo. Paula, por ejemplo, cuando piensa en David, el hombre que la espera en una estación de Copenhague, se refiere a él como la persona «en cuyos brazos ella estremece un *deseo de ser* y también de *quererse a sí misma*» (NC, p. 77. Énfasis mío). «Sabe que está sola y totalmente al encuentro de sí misma» (NC, pp. 28-29). También para Chéspir su relación amorosa con Pilar ha sido sobre todo un encuentro consigo mismo, y manifiesta la misma preocupación narcisista por el propio yo: «Desde aquel día *me quise* de otro modo y comprendí cuántas formas de afecto empalidecían y cuáles otras cargaban de un nuevo sentimiento *mi historia personal*» (NC, p. 10. Énfasis mío).

Para Fidel Euba en *El río de la luna*, el sexo es una forma de «bucear por debajo de la terrible represión ambiental» (RL, p. 174), pero también se asocia a su necesidad de conocerse y auto-afirmarse: »... no había otra cosa que una cabeza interrogándose de continuo y llegando mucho más allá de lo que su cuerpo le permitía, hasta descalabrarse en su propia contradicción y en el incumplimiento de la sinceridad más elemental» (RL, p. 174). Allí donde la unión carnal se efectúa con la naturalidad del instinto, la conciencia, en cambio, parece extraviarse en laberintos de mala fe y autoengaño. Mientras Chéspir, intelectual y analítico, descubre con lucidez las trampas del autoengaño y manifiesta cierta dosis de ironía respecto a sí mismo y sus fracasos vitales («de mí suelo mofarme cada media hora» [NC, p. 25]), Fidel Euba, más confuso e instintivo, se consume en amor de sí mismo, en una especie de patético narcisismo: «Buscó otro cigarrillo y mientras lo encendía se iluminaron fugazmente sus manos y no sintió pena sino cariño por sí mismo, un cariño acorralado y profundo. Después de todo le gustaba ser él, hubiera dado la vida por Fidel aunque fuera un cerdo» (RL, p. 192).

No deja de ser sumamente significativo el que sean las mujeres — Pilar, Paula, Teresa — las que tomen la iniciativa de la ruptura definitiva con sus compañeros.[13] Es como si, tras años de servidumbre sexual, estas mujeres se sintieran ahora compelidas a buscar su libertad a toda costa y se esforzaran por alcanzar una identidad personal que tradicionalmente les ha sido negada en la sociedad burguesa, especialmente en la sociedad española tan preocupada por las normas católicas de moralidad y conducta. Chéspir no puede comprender a cabalidad lo que califica de «neurótica necesidad de Pilar por liberarse de mí» (NC, p. 94), pero acaso lo intuye vagamente: «A veces me resultaba exasperante verla debatirse en su necesidad de alcanzar algo; algo innombrable, inaprensible, una especie de justificación de su vida . . .» (NC, p. 94). Esa misma lucha interior que aleja a Pilar de Chéspir parece impedir la continuidad de la breve relación amorosa que se establece entre éste y Paula, quien está dispuesta a entregar su cuerpo, pero no su integridad personal: «Con que además de buscarme un sitio en la vida tengo que empezar por renegar de todo aquello a lo que me han dirigido, mostrenco, que al fin y al cabo tú ya sabes que tienes que querer algo, lo que sea, algo. Yo me enteré hace poco de que tengo que querer algo por mí misma, porque soy una persona como otra cualquiera» (NC, p. 47). También en *El río de la luna*, al preguntarle Fidel a Teresa la razón de su abandono, ésta le responde: «Yo sé que no lo entenderás, pero continuar sin ti era continuar conmigo . . . de otro modo, sin ti, sin ellos, sin nadie que me esperase de inmediato. — Hizo una pausa antes de continuar —. Era . . . bueno, una manera de ser» (RL, p. 325).

Las mujeres, pues, en estas novelas de Guelbenzu, también van en pos de su identidad como personas, temerosas de perder el sentido del «yo» recientemente adquirido, rebeldes frente a los papeles que les han asignado tradicionalmente en la sociedad: de «esposa fiel», de «madre abnegada», de «hembra placentera» (como decía el Arcipreste de Hita), o de «ideal romántico», para ser venerada como un objeto de idolatría y mitigar las ansias metafísicas del hombre.

Las relaciones eróticas de Fidel Euba y de Teresa en *El río de la luna* resultan particularmente complicadas y ambiguas. El sexualismo avasallador que impulsa a estos dos seres uno hacia el otro impide que exista entre ellos la comunicación entre subjetividades, imprescindible en el amor duradero. Es éste un amor que se consume y se destruye en su propio fuego. En el caso de Fidel es clara esa actitud desesperada por llenar un vacío existencial mediante el amor sexual, que en sus propias palabras lo atrae «como una llamada de la sangre y de la conciencia hacia el vértigo» (RL, p. 298).[14] Estimo que vale la pena reproducir aquí un pasaje algo

156

extenso, pero muy revelador, que nos muestra cómo Fidel no ama esencialmente a Teresa como persona, sino que se siente arrastrado por las fuerzas misteriosas de un erotismo que él mismo no logra explicarse con claridad:

El solo recuerdo del cuerpo de Teresa me enciende como si fuera una antorcha de estopa, entonces me quema dolorosísimamente y, además, así soy yo mismo quien también ilumina mi carencia de ella, todo de una vez, una sola antorcha, una intolerable crispación de mí. Pero olvidémoslo, pues yo mismo *ni sé qué busco*. Tan sólo reconozco el daño que su ausencia me producía, la de Teresa y la de *ese algo que persigo*, cuya llamada escucho cuando la recuerdo a ella y que de algún modo, sé que está solamente en Teresa, o estuvo, y que *también existe fuera de ella*, aquí y allá, en el pasado y en el futuro. Y en el presente también, y desdichadamente para mí también en el presente. Una llamada que *ni siquiera sé de dónde viene, una puerta que desconozco dónde está*. Pero que existe como que existo yo, y está vagando dentro de mí. También *dentro de mí*. (RL, p. 251. Énfasis mío)[15]

Se destaca en el anterior pasaje, sobre todo, el anhelo metafísico, de estirpe indiscutiblemente romántica, que se halla ligado al erotismo del personaje, y que se manifiesta además cargado de resonancias becquerianas. Pero me interesa señalar que Teresa constituye para Fidel sólo el objeto que despierta una emoción, el símbolo de algo que se busca y no se encuentra; que, en definitiva, el protagonista de esta novela aparece encerrado en el círculo hermético del yo, imposibilitado de trascenderse hacia el ser amado como persona.

Un aspecto importante que estimo muy sutil y poético tanto en *El río de la luna* como en *La noche en casa* consiste en la mitificación del amor sexual como una experiencia cósmica de unión y fusión entre dos seres. De ahí que Guelbenzu titule la parte de su novela *La noche en casa* que culmina con la cópula de Chéspir y Paula: «Mar adentro». Nos hallamos frente a una descripción del orgasmo como una especie de proyección hacia un espacio extraterrenal, que implica el regreso a un mundo natural perdido, a un estado de unidad pre-humana o pre-natal: «perdiendo los límites y los contornos para fundirse en una naturaleza total que sólo mana y late y cuyo éxtasis frenético, cuyas palpitaciones desbocadas, de tal modo expresan culminación que estallan por encima de toda forma para convertirse finalmente en un ritmo que humedece la tierra como brota la vida» (NC, p. 87). El acto sexual le proporciona a Chéspir la ilusión transitoria no sólo de rebasar los límites del espacio, sino también del tiempo, en una proyección instantánea hacia la infinitud y la eternidad. Lo esencial es esa sensación de «culminación», de absoluto, de plenitud, que, aunque efímera, justifica la experiencia de la unión entre los dos sexos: «todo estalla en el espacio y el tiempo y la descarga precipita sin remedio a los amantes hacia el centro de algún universo» (NC, p. 89). Véase también la descripción, llena de sensualidad y poesía, que hace Guelbenzu del contacto carnal y del beso: «el tiempo se detiene y sólo existe el seno de Paula en la palma de su mano; la caricia, como una fiesta, asoma en los ojos, desciende hasta la boca y el abrazo sube allí como ola que bate en los labios y queda la hondura de los cuerpos buscándose con la alegría del agua que estalla en millones de gotas» (NC, p. 85).

El erotismo y el amor sexual alcanza así en Guelbenzu una dimensión poética, de indiscutible belleza, que cala hondamente en la esencia del fenómeno que describe. El novelista toma sus símiles sobre todo del mundo natural, y sugiere por este medio la nostalgia profunda de un paraíso perdido que sólo puede ser recapturado en esos raros y fugaces momentos del paroxismo sexual. No obstante, Chéspir, el protagonista de *La noche en casa*, quien por algo se reconoce a sí mismo como «existencialista» (NC, pp. 112-13), acaba admitiendo la transitoriedad de la experiencia sexual en esta otra frase cargada de sentido existencial: «Entonces, al final de la encantada largueza del beso, el tiempo vuelve» (NC, p. 85). Frase que se complementa con la siguiente paradoja: «conocemos la plenitud porque desaparece, no porque permanece» (NC, p. 138).

A la búsqueda de la unidad y la armonía cósmica a través del amor, tal como la vemos desarrollada en las novelas de Guelbenzu, se le podría aplicar el siguiente comentario de Max Scheler:

> (...) let it be conceded also that man's sense of unity with the living cosmos is in general so bound with the sense of union in sexual love that the latter is, as it were, the 'gateway' to the former; for it is not so much the foundation thereof as the means, prescribed by Nature herself, of *arousing* in man a capacity for identification with the cosmos, which is not in itself, at all dependent upon sexual love.[16]

En *La noche en casa*, Chéspir se lamenta del exceso de lucidez, de su intelectualismo, que lo aparta de la fuente originaria de la vida, y reafirma el valor del cuerpo como único medio de restablecer la unidad cósmica perdida: «Ardo en árboles, pájaros, monte, llanura, océano y horizonte cuando recuerdo a Pilar y cuando yazgo con Paula: una y otra me remiten a lo inconquistable, a lo imperdurable, al fluir de la vida, por tanto» (NC, p. 139). «Este cuerpo en el que habito es mi único testigo: sólo cuando se ayunta con otro sabe hablar y, como mortal, reclama su vida para revelar la desconocida historia del universo» (NC, p. 142).

La fascinación del cosmos se encuentra también vinculada al erotismo en *El río de la luna*. El recuerdo y la presencia de Teresa aparecen en la novela como inseparables de la presencia y el recuerdo de la naturaleza: «Nadie se libra de volver a buscar la armonía, lo cual otorga sentido a toda una vida; sobre todo a una vida noble y libre y acorde con la Naturaleza, si es cierto que la ha conocido, pues ella se nutre de nuestra vida, de la vida, es una pasión insondable, y total» (RL, p. 299). Guelbenzu utiliza sugerentes símiles para expresar la sensación de simbiosis entre la amada y la naturaleza que la rodea: «La noche anterior había estado lloviendo y ahora la humedad se desprendía del suelo, llena de olor a tierra y vegetación, y subía graciosamente, zarandeada a ratos por la brisa, como Teresa balanceándose levísimamente ante él, absorta y dejada de sí . . .» (RL, p. 165); «Una marea como la vida le sacó del lecho» (*Ibid.*); «Fidel se hundió allí como en el corazón de la tierra (*Ibid.*). El prolijo uso de verbos como hundir y fundir; frases como «vaciándose y llenándose de Teresa de la cabeza a los pies» (*Ibid.*), «se sumergió en ella» (RL, p. 169), me parecen sumamente expresivos de ese estado de unidad anhelado, dentro del cual, al menos temporalmente, la propia subjetividad y la conciencia quedan anuladas.

Resulta admirable la capacidad de este novelista para adentrarse en las complejidades subconscientes e irracionales que yacen bajo el intento de comunicación entre las almas y los cuerpos. Por ejemplo, la expresión de temor y empequeñecimiento que Fidel siente ante la fuerza y la energía erótica desbordante de Teresa: »Pero estuvo pensando en la fuerza de ella y, de algún modo, la relacionó con su sensación de torpeza de la noche anterior: quizá le asustaba su fuerza, quizá era la primera vez en su vida en que se sentía pequeño, extraordinariamente pequeño, y la sensación le desconcertaba, balanceándose *entre el miedo y un cierto regusto*» (RL, p. 170. Énfasis mío). En este pasaje, de verdadero acierto psicológico, hallamos a un individuo que fluctúa ambiguamente entre el miedo a verse absorbido por una fuerza material superior a la suya y cierto placer masoquista que este mismo estado de sometimiento y debilidad le proporciona. El lector va advirtiendo en el personaje masculino de *El río de la luna* una especie de duplicidad sadomasoquista que lo incapacita para el verdadero amor. El mismo joven — que no sin cierta angustia — se había prestado para el acto sádico, organizado por un amigo, de llevar a unas muchachas a la playa y obligarlas a desfilar desnudas alrededor de los coches con los faroles encendidos (RL, pp. 158-63), se siente psicológicamente empequeñecido ante el vigor sexual de su amante, con esa especie de doble sentimiento de seducción y temor que produce el abismo. Frente a Teresa, que representa una fuerza cósmica y material superior a la suya en el acto sexual, Fidel parece ceder a impulsos masoquistas con la misma ambigüedad que antes lo hiciera a los entretenimientos sádicos de un machismo y de un señoritismo irresponsables. De una forma de unión sexual (que Fromm llama acertadamente *simbiótica*) caracterizada por el dominio sobre el sexo contrario, pasa este personaje a una actitud más bien de sumisión ante Teresa, el objeto de su amor-pasión, una pasión que tiende a anular su individualidad y que acabará destruyéndolo. Para usar la terminología de Fromm, de una forma *activa* de *unión simbiótica*, el sadismo, se pasa a una forma *pasiva* de *unión simbiótica* que es el masoquismo.[17] Al final, Fidel será arrastrado por su pasión, igual a quien se somete masoquísticamente a la fuerza del destino, y Eros habrá cumplido su misión de muerte.

Acaso el momento culminante en *El río de la luna* sea el escabroso episodio del delirio erótico-sexual a que se entregan Fidel y Teresa, mientras aquél conduce el auto por una peligrosa carretera llena de abruptas curvas (RL, p. 185-87). Comprobamos hasta qué punto el paroxismo sexual se manifiesta como un poder que enajena a ambos amantes, haciéndoles perder la razón y la cordura. Pero también comprobamos cómo en esta situación domina la fuerza erótica de la mujer. Mientras en Fidel prevalece el instinto de conservación y logra frenar a tiempo, antes de estrellarse, Teresa estimará esta reacción como una cobardía y una falta de amor. Desde ese instante, además, el protagonista masculino comenzará a experimentar la angustia de quien se siente esclavo, no dueño de su pasión: «No sabía qué hacer, cómo enfrentar aquello, fuera lo que fuese, que estaba apoderándose de él como un demonio» (RL, p. 189) . Guelbenzu va así destacando, con indiscutible maestría artística y penetración psicológica, no sólo el vínculo de vida y muerte que une en su erotismo el destino de Fidel con Teresa, sino también la ansiedad que produce en el protagonista el hecho de que su voluntad apenas intervenga para nada en ese amor, y que éste sea la trampa de poderes extraños e incontrolables:

> La angustia se había prendido de él y entre el adolescente que desnudó a las chicas y el fortísimo desconocido propio recién aparecido se trazaba un arco tal que bajo su sombra Fidel sentíase empequeñecido como bajo la bóveda de un cielo misterioso e inescrutable, acechador, y ante el que sólo el disimulo y el escondrijo del observador proporcionaba alguna seguridad, por más que se trataba de una seguridad teñida de miedo. (RL, pp. 190-91)

En esas intrincadas relaciones entre el protagonista masculino de *El río de la luna* y su amada, va desarrollándose una situación en la cual Fidel se siente cada vez menos dueño de sí mismo. Las fuerzas materiales, el deseo sexual, lo llevan a una especie de unión cósmica que le produce desbordante felicidad en los momentos de éxtasis o paroxismo, pero parece evidente que nuestro «héroe» ha caído en la decepción que Berdyaev llama la *esclavitud del hombre por el cosmos*, y que este autor identifica como una forma de demonismo. Recordemos cómo Fidel observaba que «aquello . . . estaba apoderándose de él como un demonio» (RL, p. 189). Comenta Berdyaev:

The cosmic soul, the soul of the world, having no inward existence, becomes a power which envelopes man and engulfs his personality. Thus a return to pagan cosmocentricity has come about, the spirits and demons of nature have again arisen out of the hidden depth of the life of nature and taken possession of man.[18]

De este modo, el ímpetu metafísico y cósmico de la pasión de Fidel por Teresa no conduce a la liberación sino a una mayor enajenación de su personalidad. Al mismo tiempo, hay que destacar el sentido totalmente excluyente que caracteriza el amor de Fidel en relación con su amada, quien se convierte para él en una especie de objeto de idolatría al que se le rinde culto y se le concede un valor absoluto.[19] Es ésta una manera sutil de servidumbre más peligrosa, según Berdyaev, que el sometimiento a una fuerza externa:

A demoniacal character attaches to everything relative which is transformed into the absolute, to everything finite which is transformed into the infinite, to everything profane which is transformed into the sacred, to everything human which is transformed into the divine.[20]

Sin atender a la ideología cristiano-existencial implícita en el análisis de este fenómeno por el esritor ruso, no cabe duda que las novelas de Guelbenzu exaltan el amor sexual como una forma de unión cósmica y como un retorno a la espontaneidad y a la naturaleza, con un significado de rebeldía frente a la sociedad moderna, tecnocrática y burocratizada, pero que, a la vez, el sexo no alcanza la anhelada salvación espiritual ni la emancipación de la personalidad del ser humano. Siendo el amor una actitud que afecta a la voluntad y la decisión existencial del individuo. hallamos que el erotismo de Fidel Euba, por el contrario, está determinado, mítica y simbólicamente, por *el río de la luna,* fuerzas cósmicas que él no controla, aunque misteriosamente se vinculan con una mujer y con un nombre: Teresa.

Pero si el amor de Fidel por Teresa constituye el eje temático de *El río de la luna,* no se debe olvidar que estamos frente a una novela compleja, en donde el autor parece querer agotar el significado de las relaciones sexuales entre hombre y mujer a través de múltiples perspectivas que revelan el fracaso existencial del hombre contemporáneo. Tenemos, así, en el comienzo de la novela, la desconcertante alegoría kafkiana que tiene como protagonista al adolescente primo de Fidel, el pobre José, a quien el autor, como demiurgo, le concede el deseo de desaparecer al final de esta primera parte. El vicio de Onán y su rebeldía social conducen a este inocente a sufrir los tormentos de un laberinto que, como se sugiere, no estaba destinado para él, sino tal vez para el propio protagonista. El «regente» de La Taberna le advierte al joven que «su caso es inhabitual en este lugar de casos habituales» (RL, p. 101). Después Fidel escuchará la historia o «mensaje» relatado oralmente por un misterioso rápsoda, precisamente la noche anterior a su reencuentro con Teresa, y podrá intuir la conexión que la narración guarda con su propia vida: «evocaba sensaciones que, si bien le eran extrañas en tanto que pertenecientes a los distintos episodios, no dejaba de reconocerlas, aunque indefinibles aún, en sí mismo, en alguno de los misteriosos recovecos de la memoria» (RL, p. 59). El lector puede, pues, concluir que toda esta primera parte de la novela no constituye un mero juego estructural, caprichoso e inconexo, sino que se trata de una dimensión en profundidad de indiscutible relevancia temática.

En dicho relato, en medio de la confusión y el terror sufridos por el adolescente José, aparecen otros personajes que representan casos límites del amor-pasión y del deseo sexual, que, en su condición demoniaca, enajenan la personalidad y la llevan a la destrucción de uno u otro de los amantes. Por ejemplo, el hombre que mata a su mujer por amarla (desearla) demasiado, poseído por un temor ontológico a perder su ser en ella, a que su persona fuese borrada dentro de la infinitud anonadante del éxtasis sexual, a la vez que frustrado por la imposibilidad de comunicar en un plano espiritual: «no podía más, yo era finito y no podía más, yo era mi límite y no podía tolerarlo y cuanto más se sumergía ella en mí más lejos estaba yo de mí y menos podía desprenderme de mí y nunca podría alcanzarla a ella ni aunque muriese de placer; a ella o a lo que ella fuera, eso no lo sé» (RL, p. 56). En esta especie de infierno alegórico de los amantes — verdaderamente dantesco — , también nos encontramos con otro hilo sutil de la trama: el hombre con la cicatriz como media luna en la cara, el anterior amante de Teresa, quien refleja, como en un espejo, el propio destino del protagonista, Fidel Euba.

Estimo interesante además observar cómo el amor-pasión entre Fidel y Teresa, el cual sólo por momentos alcanza un sentimiento de comunicación personal y ternura, es decir, de unión espiritual y no meramente física, resulta incapaz de resistir los embates de la vida social, y cómo la ruptura se produce precisamente por la infidelidad de ambos amantes en estado de embriaguez alcóholica.

Denis de Rougemont ha indicado, con singular perspicacia, lo frecuente que se produce, en el mundo contemporáneo, la degradación del mito de Tristán e Iseo, y cómo se da el caso de que una pasión que se califica a sí misma como «irresistible» no logre siquiera mantenerse en el cumplimiento de la fidelidad. De esta manera — afirma de Rougemont — no es inusitado el ver a un Tristán moderno (y Fidel lo es en más de un sentido) revertir a su modelo antitético, la figura de Don Juan.[21] Así los rasgos donjuanescos del protagonista de *El río de la luna* se resaltan en la parte significativamente titulada «Las mujeres de mi vida», en donde no faltan incluso — como en el *Narziß und Goldmund* de Hesse — ciertas resonancias picarescas. En efecto, el propio personaje de Guelbenzu, en esta parte confesional escrita en primera persona, se califica a sí mismo como un tipo donjuanesco: «yo ostentaba una cierta fama de castigador» (RL, p. 236).

Así vemos que la variedad de experiencias sexuales, la «modesta cantidad de mujeres que pasaron por la cama» — como escribe el personaje-narrador con intencionada ironía picaresca — sólo logran producir una serie de frustraciones, en las que «en ningún caso apareció lo que se llama un gran amor o una gran persona o una historia de *calidad*» (RL, p. 230. Énfasis del autor). Cuando el personaje cree hallar el amor, como en el caso de la aventura con Irene, la primera mujer con la cual convive un tiempo, la relación se desintegra tan pronto irrumpe en medio del idilio la monotonía y el aburrimiento propios de la vida cotidiana. Frustrados en el intento de comunicación espiritual, los amantes terminan sintiéndose incapaces de compartir la mutua soledad excepto en el acto sexual: «De hecho, llegó un momento en que apenas nos ataba otra cosa que nuestra relación sexual, y ésta iba poco a poco llenándose de furia y convirtiéndose en un verdadero resorte de descarga» (RL, p. 243). También la relación con Delia, la jovencita con quien se casa Fidel a los 37 años y con la cual tiene un hijo, resulta condenada al fracaso, a pesar de que ese amor manifiesta ciertos instantes de ternura y compenetración espiritual. En definitiva, tampoco resiste la rutina de la convivencia, el rigor de la responsabilidad personal y del regreso al trabajo, en suma, el enfrentamiento con la realidad de la existencia. Delia se convertirá, con su propio erotismo, en la trágica mensajera que le trae a Fidel el recuerdo de Teresa, la fuerza casi telúrica para que el protagonista consuma su verdadera vocación, la de la muerte. En las consideraciones que el propio personaje se hace sobre los lazos que lo atan a Teresa hay como una intuición o premonición de su verdadero destino, y hasta qué punto está vinculado con su sexualidad compulsiva y demoniaca:

> No sabía si verdaderamente él había contribuido a
> crearla o estaba atrapado por ella o si el tejido no fue
> sino una apariencia de comunidad a cuyo final
> esperaba una trampa quizá ineludible: la personalidad

de aquel maldito desconocido suyo que a punto estuvo de matarle, que ya había intentado poseer una vez a Teresa, y que sin duda continuaría intentándolo, tan fuera de sí como Fidel estaba por ella. (RL, p. 190)

Hay que destacar que el reencuentro de Fidel con Teresa, pasados los años, se realiza en una atmósfera de desilusión, en «Disonancia con la memoria» (RL, p. 315). Ni para uno ni para otro logra producirse el milagro, el antiguo efecto mágico de la unión sexual con la posibilidad de trascenderse hacia la persona del ser amado: «En ella advertía satisfacción y gozo, como en él, mas no se había explicitado entre ambos el hecho de amar (. . .) y si el desbordamiento carnal se había producido no sucedía lo mismo con el *reconocimiento* tan largamente anhelado y para el cual él se hallaba allí aquel día precisamente» (RL, p. 335. Énfasis del autor). Se ha logrado el placer, pero no el amor, no la autorrealización de los amantes en cuanto personas, no el vínculo espiritual que ha de perdurar una vez que ha pasado el momento fugaz de la unión carnal. Comprobamos, pues, que en gran medida es una porción de sí mismo lo que el protagonista de *El río de la luna* ha estado tratando de alcanzar a través de su amor por Teresa, una armonía interior y espiritual que no puede ser obtenida solamente en el plano material del sexo. De manera sutil, el autor sugiere que ese amor buscado sólo a través de la carne, del hondamiento en la experiencia sexual, implica un fracaso existencial y metafísico que puede llevar trágicas consecuencias.

En un pasaje revelador hacia el final de la novela, Fidel reconstruye un sueño que ha tenido la noche anterior. Este sueño alude al combate de dos caballeros que representan las fuerzas antagónicas del ser humano: la noche y el día; la sombra y la luz; el caos y el orden. El personaje siente entonces que él era, al mismo tiempo, ambas fuerzas expresivas de la eterna lucha interior del hombre, que dura mientras éste vive y que sólo termina con la muerte. En realidad, el simbolismo de la luna, como un constante motivo estructural en esta novela de Guelbenzu, descubre el carácter esencialmente nocturno de la sexualidad del protagonista. En relación con su destino, no he podido dejar de recordar las bellas palabras que Ortega y Gasset aplica al erotismo de Don Juan: «cuando hacemos camino nocturno la luna, mundo muerto, esqueleto de estrella, paso a paso nos acompaña y apoya en nuestro hombro su pálida amistad».[22]

Ese conflicto entre el sexo y el espíritu, entre la noche y el día, entre las fuerzas oscuras del origen pre-humano de la vida y la luz de la razón, de la voluntad y de la conciencia que pugnan por dominarlas y encauzarlas, parece ser un tema que obsesiona a José María Guelbenzu.[23] Así Chéspir en *La noche en casa*, el cual es un personaje mucho más reflexivo que el protagonista de *El río de la luna*, ve en la lucidez un fondo de padecimiento para el hombre, que le da conciencia de su soledad y su aislamiento con respecto al universo, pero a la vez esa lucidez constituye el fundamento de la grandeza humana. La separación del cosmos comienza con la separación de la madre; es el primer paso de la dolorosa ruptura con el orden natural, pero la irrupción del hombre a la luz es lo que va a definir su tarea específicamente humana: «Cultivados en la dulce oscuridad de un cuerpo que no es sino un hermoso cosmos, la luz es lo más hiriente de cuanto nos es dado conocer; sin embargo, apelamos a la luz y a la claridad para establecer los más altos términos, los mejores, de una comparación» (NC, p. 140). Chéspir reconoce la necesidad de ahondar en el misterio pre-natal y cósmico mediante una ·búsqueda para la cual no basta el pensamiento, que implica la complicidad del cuerpo, pero su intento viene a concluir en un reconocimiento del fracaso y en un desolador nihilismo existencial: «Por lo tanto, hay que seguir descendiendo y, sin embargo, el tope es un ovario que cada uno conoció muy bien: más allá sólo existe el vacío» (NC, p. 140). Si Chéspir, «héroe existencial», termina con el reconocimiento de los límites de todo proyecto humano, incluso el amoroso, Fidel Euba, el «héroe erótico» en un sentido casi arquetípico, solamente puede rebasar esos límites en la muerte, hundiéndose definitivamente en la noche de la nada.

Tanto en *La noche en casa* como en *El río de la luna*, Guelbenzu presenta los conflictos psicológicos y sociales que obstaculizan el amor entre los dos sexos, pero, a la vez, el autor logra poetizar y dar significación metafísica a la sexualidad como un principio universal de vida y muerte. Como creador de ficciones, este novelista español cala hondo en ese fenómeno que Berdyaev, con frase acertada, llama «the metaphysical horror of love», y que este escritor relaciona con «the mystery of personality, with the profound difference between female and male nature, with the lack of correspondence between the first rapture of love and its realization in everyday life, with its mysterious link with death».[24] En este sentido, en las novelas de Guelbenzu el amor se manifiesta como suprema intensificación de la vida, pero, al mismo tiempo, el autor nos enfrenta con sus resultados contradictorios y los trágicos impedimentos que obstruyen la realización del verdadero amor personal en este mundo. Nos presenta así Guelbenzu el sexo en sus formas degradadas de sumisión y dominio, incluso en sus manifestaciones orgiásticas (RL, p. 254-59); los efectos nocivos de los celos sobre la relación entre los amantes; los obstáculos que encuentra la fidelidad en el mundo social contemporáneo; el enigma que para cada cual constituye la personalidad ajena, especialmente en lo que concierne a la polaridad hombre/mujer; y, en última instancia, descubre el sentido efímero de la unión meramente carnal, que remite al hombre a sus límites existenciales, así como al inquietante y pavoroso vínculo entre Eros y Thanatos, entre el erotismo y la muerte.[25]

NOTAS

[1]*El mercurio* (1968), *Antifaz* (1970), *El pasajero de ultramar* (1976), *La noche en casa* (1977), *El río de la luna* (1981), y *El esperado* (1984).

[2]«La novela española en 1977», *Anales de la Novela de Posguerra*, 3 (1978), 91.

[3]«Experimentation and Alienation in the Novels of José María Guelbenzu», *Hispania*, 64 (1981), 374.

[4]«Experimentation and Alienation . . ., 372-73. También Darío Villanueva observa sobre *La noche en casa*: «Guelbenzu ha sabido depurar no sólo su prosa sino también sus experimentalismos anteriores» («La novela española . . ., 91.)

[5]Parece haberse hecho sentir más en esta última producción de Guelbenzu la influencia de Kafka, como se advierte, sobre todo, por la angustiosa alegoría de la primera parte de *El río de la luna*. Por otra parte, percibo una huella más bien hesseniana en esta novela y en *El esperado*. No deja de ser indicativo de esto la referencia, en *El río de la luna*, a la lectura del *Narziß und Goldmund* de Hesse, libro que el protagonista declara guardar relación con sus propias angustias eróticas y vitales. Véase José María Guelbenzu, *El río de la luna* (Madrid: Alianza Editorial, 1981), p. 193. En lo sucesivo me referiré a esta novela con las siglas RL y la página en el texto de mi estudio.

[6]*Man's Search for Meaning*. Trans. Ilse Lasch (New York: Simon and Schuster, 1973), p. 170.

[7]José María Guelbenzu, *La noche en casa* (Madrid: Alianza Editorial, 1977), pp. 101-102. En lo sucesivo identificada como NC y la página de la cita en el texto de mi estudio.

[8]Véase Max Scheler, *The Nature of Sympathy*. Trans. Peter Heath (Hamden, Conn.: Archon Books, 1970), p. 109.

[9]Por ejemplo, no escapa a un novelista y ensayista tan importante como el argentino Ernesto Sábato la importancia de este fenómeno en la literatura actual, y así declara que «el sexo, por primera vez en la historia de las letras, adquiere una dimensión metafísica». Y añade Sábato: «El amor, supremo y desgarrado intento de comunión, se lleva a cabo mediante la carne; y así a diferencia de lo que ocurría en la vieja novela, en que el amor era sentimental, mundano o pornográfico, ahora asume un carácter sagrado». *El escritor y sus fantasmas*, en *Obras. Ensayos* (Buenos Aires: Editorial Losada, 1970), pp. 565-66.

[10]Erich Fromm, *The Art of Loving* (New York: Harper Colophon Books, 1962), pp. 7-9.

[11]*The Art of Loving*, pp. 86-87.

[12]*The Art of Loving*, p. 12.

[13]Para Luis Suñén, con razón, las mujeres constituyen «una de las obsesiones fundamentales, uno de los datos que no pueden olvidarse a la hora de explicar lo que se nos cuenta en *La noche en casa* o en *El río de la luna*.

El autor de *El mercurio* diseña a la perfección sus personajes femeninos —que pueden no llevar el peso del relato, pero que siempre lo explican—, hace de ellos un segundo eje que en ocasiones desplaza a la propia trama de la narración, haciando variar el punto de atención de su lector». *Insula*, 419 (Octubre de 1981), 5.

[14]El destino de Fidel Euba en *El río de la luna* puede compararse con el de Goldmund en la novela de Hesse: «Not with words and consciousness, but with a deeper knowledge of his blood, he knew that his road led to his mother, to desire and to death». Hermann Hesse, *Narcissus and Goldmund*. Trans. Ursula Molinaro (New York: Farrar, Straus and Giroux, 1968), p. 170.

[15]Al amor de Fidel y Teresa podríamos aplicarle las siguientes palabras de Denis de Rougemont en su magistral análisis del mito de Tristán: «Eros has treated a fellow-creature as but an illusory excuse and occasion for taking fire . . .». *Love in the Western World*. Trans. Montgomery Belgion (New York: Pantheon, 1956), p. 68.

[16]*The Nature of Sympathy*, p. 127. Énfasis del autor.

[17]*The Art of Loving*, pp. 19-20.

[18]Nikolas Berdyaev, *Slavery and Freedom*. Trans. R.M. French (New York: Charles Scribner's Sons, 1944), p. 101. Ernesto Sábato, gran lector de Berdyaev, también hace la siguiente observación que se podría aplicar a la problemática de las novelas de Guelbenzu: «Berdyaef sostiene que el instinto sexual encierra un elemento demoníaco y destructivo, pues nos arroja en el mundo estrictamente objetivo, donde la comunión entre los hombres es imposible y donde por lo tanto la soledad es total y definitiva». *El escritor y sus fantasmas*, p. 676.

[19]En muchos aspectos el amor de Fidel por Teresa se aproxima a un tipo de «pseudo-amor» que Fromm llama «idolatrous love», y que, según este psiquiatra, a menudo se experimenta como el «gran amor», en la vida de un ser humano. Escribe al respecto Fromm: «If a person has not reached the level where he has a sense of identity, of I-ness, rooted in the productive unfolding of his own powers, he tends to 'idolize' the loved person. He is alienated from his own powers and projects them into the loved person, who is worshipped as the *summum bonum*, the bearer of all love, all light, all bliss. In this process he deprives himself of all sense of strength, loses himself in the loved one instead of finding himself». *The Art of Loving*, p. 99.

[20]*Slavery and Freedom*, p. 249.

[21]*Love in the Western World*, p. 285.

[22]«Introducción a un 'Don Juan'», en *Obras Completas*, 6 (Madrid: Alianza Editorial, 1983), p. 136.

[23]Lo volvemos a encontrar en *El esperado*, desarrollado a través de una serie de diferentes motivos.

[24]*Slavery and Freedom*, p. 235.

[25]Escribe Denis de Rougemont: «The god Eros is the slave of death because he wishes to elevate life above our finite and limited creature state.

Hence the same impulse that leads us to adore life thrusts us into its negation».
Love in the Western World, p. 311.

THEMES, STYLE, AND STRUCTURE IN THE NOVELS OF PEDRO ANTONIO URBINA

Kessel Schwartz
University of Miami

Pedro Antonio Urbina (1936-   ), from Mallorca, has traveled extensively through Europe, foreign experiences which have had a great influence on his technical and stylistic development. Although he has worked with and written for the theater and has published several volumes of poetry, he has concentrated largely on fiction (including a novel, *Lawrence de Arabia*, intended for younger audiences), which reveals a considerable cultural background.

Almost all of Urbina's novels are autobiographical, but as Ernesto Sábato once stated: "Dada la naturaleza del hombre, una autobiografía es inevitablemente engañosa."[1] In Urbina's case, he uses details from his own life to explore the nature of various realities and themes which serve principally as a background for structural and stylistic experiments.

In Urbina's capricious, phantasmagorical, and often hostile world, his characters plunge into an ambiguous reality in which they lead empty, purposeless lives. Although the world may be absurd, the characters, in their fleeting and uncertain existence, feel guilt and anguish, and strive for love and remembrance; the author utilizes these feelings to create, from time to time, a kind of allegory involving social problems and political realities.

Cena desnuda, Urbina's second novel and first for an adult audience, portrays a series of characters who live in the Consulate of a mythical country and engage in a series of monologues and dialogues about their relationships and life around them. They talk about meals, flowers, and their need to work; they walk, listen to records, dance, and annoy one another with their problems. Nonetheless, behind their apparently empty lives, we half-glimpse a continuing existential anguish and a never-ceasing desire to love and to be loved. One of the characters, Roger Palù, who serves as a focal point for the others' problems, tries to obtain citizenship in another country and at the end has the possibility of a loving relationship with Coruba.

Clearly existential, the novel shows us people who have difficulty in determining their role in life. Urbina repeats throughout that each person must find his own authenticity, but Roger, typically, imprisoned within himself, feels that his life is a lie: "No me tengo, no me poseo ... Mi vida es mentira ... Mi vida es mentira que no es mía. No soy libre."[2] Facing his *praxis*, he has difficulty in deciding: "No sé cuándo voy a conseguir ambientarme. Ambientarme ... qué es ambientarse. Debe de ser quererse, pero sin quererse. Debe de ser nada" (CD, p. 61). In his search for himself, "Yo. Quién. Yo. ¿Quién es yo?" (CD, p. 200), he realizes that choice is difficult. Nonetheless, even though he cannot decide because of his own lack of self-identity, he knows that the decision must be exclusively his: "Pero, si decido, si elijo, debo saber qué quiero ... Solo sé que camino y es de noche, y mañana va a cambiar mi vida" (CD, p. 154).

In *El carromato del circo*, Mumpa and Corina live with their children in a traveling circus. When the father falls ill, he wants Condesito, who longs to be a writer, to take his place in the act. Some of the other children, also more or less frustrated, leave the circus to seek fulfillment elsewhere, but Condesito sacrifices his ambition in order to maintain the family. Most of these unfulfilled and unloved characters cannot relate to or communicate with one another or express outwardly their feelings and frustrations. The circus wagon, the only reality for some, is a rejected environment for others, but the father insists that each person must live his own life: "... mi opinión es que aprenda solo a abrirse paso."[3]

Condesito best sums up Urbina's existential point of view. Anguished, aware of the importance of life and death, being and not being, he finds it impossible to create new values through his ambition to be a writer. He feels incomplete: "Me entra ese desasosiego de que todo está sin terminar. Sólo es redondo y completo y entero todo cuando me voy ..." (Ca, p. 18). He sees life as an illusion and himself adrift, uncaring, unable to choose: "Deseo con toda mi alma desear vivir. Es horrible no tener gana de nada, no saber elegir, no preferir: es como estar un poco muerto" (Ca, p. 102). Tied to the circus wagon, he envies those who seem so certain about the existential choices he cannot make. His abulic state continues throughout most of the novel: "No tengo ganas de nada ... no tengo ganas de seguir viviendo ... mi vida no es nada objetiva ... El inconveniente está en saber qué elijo para escribir ... qué hago yo una vez escrita una cosa" (Ca, pp. 171-73). Nonetheless, when others ask him, "¿Decide usted por sí mismo o prefiere dejar que las cicunstancias decidan por usted?" (Ca, pp. 176, 200), his eventual answer is: "No. Decido por mí mismo" (Ca, p. 200). And his willful decision, although he feels that life is passing him by, is to stay.

The title of *Días en la playa* neatly sums up the novel's plot. Sylvie, Marco, Ralph, Matt and others go to the movies, take the sun, engage in idle conversations, dance, and above all go to the beach. All of the characters attempt to flee their loneliness, the emptiness of their lives, as they search for some meaning to their existence. They strive for but never find true love, understanding, or acceptance, for, even in a summer setting, the characters know that they will inevitably have to face the fall. Though the sky of Lalott Thrink is always reddish, they themselves lead gray and colorless lives in their search for authentic existence.

La página perdida, which has more of a plot than most of Urbina's novels, unfolds through the dream states of the protagonist, through the conversations of her relatives gathered at her house, and through her relationship with her faithful companion and house-keeper, Victoria. Without parents, Barbara lives only to see them return and seeks, through recall, to recreate their image. Without the truth of their existence, she feels she can have no future. She looks for light but discovers only darkness. In her dreams she recalls her mother, her father, her brother, and a mysterious caballero, and she tries to associate these images with the events, sights, and sounds of a real world of wind, noise, and color. Her relatives, meanwhile, engage in idle chatter about trivialities, and their shallow quest for physical pleasures contrasts sharply with Barbara's anguished attempts at recall. Finally, through bits and pieces of their conversation, we learn that Barbara's mother had committed adultery, that her father was still alive, and that the relatives were attempting to acquire his property for themselves. We are left in doubt as to whether or not Barbara will ever see him.

Urbina attempts to elucidate the relationship of sanity and madness, dream and reality. He shares with the reader a tremendous empathy for Barbara and through that identification intensifies the humanity we all bear within our soul. He concentrates on the strange forces of destiny in solitary and lost human beings, especially Barbara, lonely and alienated. She yearns to reach out for under-standing, even in the cynical atmosphere created by her relatives, and struggles to find eventual hope when faced with an inexorable future. She exemplifies human spiritual strength which attempts to triumph over circumstances, though in her case that success involves an escape into a private reality. She encounters great diffi-culty in achieving authenticity: "No comprendo nada, no sé quien soy."[4] Her life passes in a kind of fog, and at times she despairs: ". . . deseo de no ser. No de morirme, sino de no ser . . . por un rato, hasta que me entraran ganas de vivir con cierto brío otra vez" (PP, p. 139); ultimately she suffers "la sensación de no haber llegado. El miedo de que no hay atrás" (PP, p. 282).

In *Una de las cosas* the author-protagonist, an unemployed journalist, discusses various aspects of life with other boarding house members, goes to the theater, takes a trip, and recalls vacations spent with his grandparents. Although there is some discussion of governments, of ethnic relationships, and of poor peasants, also a theme in *La página perdida*, the novel essentially explores the solitary life of one who lives in a technological society which has little respect for artists. "Intentamos jugar a ser libres en la cárcel de nuestra existencia," the narrator repeats.[5] The protagonist-author also reiterates the existential belief that man is "un ser para la muerte . . . De la nada . . . La vida es vida . . . lo mío es vivir . . ." (UC, pp. 142-45).

La otra gente, a collection of short stories, consists entirely of extracts taken word for word from Una de las cosas. Totally autobiographical, they reveal screen memories of Urbina's grandparents, meals, illness, school, and especially of nature, the noises, the sky, the sun, the trees, flowers, and colors. Hardly more than sketches, these excerpts concentrate on the emotions, desires, and preoccupations of children and adolescents. The author deliberately keeps the tone light: "Algo así como si las palabras estorbaran y fuera solo un soplo de lo que debía escribirse."[6] The boy-narrator visits his grandparents in a sunny countryside which smells of apples and sweet basil. But, in spite of the sun and shining nature, we see also the remains of war, poverty, and hunger in Spain or, as the author says, "Y muerte pasada, y temor de una muerte futura" (LO, p. 38).

In Gorrión solitario en el tejado, Urbina describes an invented nightmare world outside of time and space but with the potential of becoming a reality for humanity. The prisoners of this Orwellian state, geographically consisting of poetic names like Laguna Verde, live in penitenciarías, colonies for "free" workers. As with many dictatorships, the government opens citizens' mail and controls, by means of propaganda, torture, and imprisonment, every aspect of life. In such a society, where those with the least humanity obtain the highest ranking, love, friendship, or stable relationships are impossible. The protagonist, Eros, considers rebellion, even in an atmosphere of "hombres . . . que han sido idiotizados por las torturas y privaciones,"[7] and makes contact with various friends (musicians, intellectuals, painters), all victims of the State, which considers aesthetic achievements part of a false and useless reality. At the end we learn that Eros is not real, but the author's identification with the alienation suffered by those who live in a contradictory and dehumanized world seems real enough.

Pisadas de gaviotas sobre la arena consists of a series of ever-changing happenings, but it is difficult to discuss a frame of reference because the fictional reality is so chaotic. Men become women or vice-versa, characters die but are resurrected, and all of them, even a seagull, contribute their own version of reality. Urbina plays with the truth (for him not immutable), a series of alternating signs and a system of relationships which are mutually influencing.[8] This work is essentially a discourse on how to write a novel and the process of writing the one being read. The author expands and reshapes his relationship with the social and political problems of the day, the workers of the world, their role in society, and their treatment, but he treats the thematic material ironically and as if he were playing a game.

The characters are free to make choices that shape the direction of their lives, but their task in this novel is to write their version of temporal and spatial reality, and the novel itself becomes an expression of action and will in the formation of their essence. The author gives his interpretation of that reality, and the fellow character-writers agree: "... recibí el encargo, que es mi sentido, de escribir la historia ... vivir para vivir y no vivir por vivir."[9] The differing points of view promote Urbina's existential preoccupations and help underscore the characters' alienation. As the novel progresses, different narrative voices undertake the task: "... somos representativos de la vida; hacemos historia; por eso si escribimos de nosotros, escribimos la historia" (PG, p. 203). At the end the author-narrator realizes that life is absurd, without logic or meaning. He dies, and a final narrative voice, Matilde Cascalias, points out that life neither has nor lacks reason: "... la vida es vida y no se atiene a razones ... La vida nace y, por eso, renace. Y la vida no puede morir, si pudiera morir no sería la vida" (PG, p. 247).

Urbina's fiction involves a kind of destruction of narrative structure as we know it, including the plot and the novelistic text. In the process he also eliminates characters, as such, as they become the narrators who provide happenings, imaginary and real. Urbina's texts comprise a series of tension-filled situations involving spatial and temporal jumps, dream, reverie, and varied techniques involving word plays, repetitions, interior monologues, dialogue, and free association. Primarily, Urbina focuses the reader's attention on the act of writing the novel being read and the theory behind it as well as on the need for freedom in writing it. He makes of the novel an ironic, heuristic process, creating difficulties because of the way he orders the elements to challenge the reader's understanding. The events exist only from the perspective of the author-narrators, and the text becomes autotelic.

In several novels the author wonders if he even wants to write because of the difficulties involved in selling books. Even when works are marketed, they face an uncertain reception: "... esperando que harás algo para que te aplaudan ... y no te aplauden, te pegan ..." (Ca, p. 100). Furthermore, he is not even sure whether this is all-important: "No sé si eso era lo que escribí para mí o, todo lo más ..." (Ca, p. 101) and leaves unclear (since the whole process occurs in a dream) what his viewpoint is. The author receives paltry monetary rewards, and his novel may be rejected exclusively on commercial grounds: "... no es comercial, no tiene argumento ... no tiene garra, y entenderá por garra el sexo y la denuncia social" (UC, p. 109).

A novelist must take into consideration the contrast between the real and the make-believe, between literature and life in a world where oral recording may be as authentic as writing (PG, p. 110). But even if writing is supreme, one must be able to escape the limitations of self, to be free, to exhibit critical judgment: "¿Tú también saliste de ti? Sí, para escribir al mundo ... No es una crítica como un juicio de valor ... una realidad que no se juzga ..." (PG, pp. 167-69). Whatever the author's critical faculties, the novel has a life of its own, and he cannot really intervene or choose: "Yo no puedo intervenir en la historia mientras sucede, esta es una decisiva y necesaria ley de los que somos elegidos para escribir. Nuestra única intervención tiene que ser por escrito" (PG, p. 238).

Urbina constantly discusses with the public and with the characters how to write the novel he is creating in terms of structure, plotting, and language. The *tabula rasa* the author faces stirs his creative juices: "Me he encontrado un libro en blanco y me han entrado unas ganas tremendas" (UC, p. 10), but, ironically, the book may not be white at all but rather "tirando a crema clara. Hay que decir lo de crema clara, lo de clara, porque hay ahora unas hechas de polvos ... de sabor grumoso y escurridizo ..." (UC, p. 10). An author can never be satisfied with what he has produced, his "bobas líneas" (UC, p. 16), although he realizes that the responsibility must be his in spite of his belief that the text has a will of its own: "Acepto lo que escribí, lo acabo de leer" (UC, p. 168). Indeed, he is the only arbiter who matters: "... el mundo soy yo: me importa menos lo que los demás digan de mí que lo que yo diga de mí" (UC, p. 139), even though his narrative may not always be truthful in the accepted definition of reality: "Lo que he escrito hasta ahora no es mentira, pero no dice toda la verdad ni, tan siquiera, la que ciertamente importa" (UC, p. 51). He concedes also that he has to rewrite constantly and that even the tools of writing, for example, a typewriter, give him a great deal of trouble (UC, pp. 136-38).

In *Pisadas de gaviotas sobre la arena* the various narrators criticize the text being written. As Fermina dictates the plot, her son calls to her attention a number of errors. Bernardo insists: "Me da la sensación de que no sabes sintetizar lo esencial, y de que te decantas de lo principal cayendo en lo secundario ... sin llegar a conocer por medio de un adecuado análisis los principios o elementos de todo" (p. 64). She replies that his criticism is only words. Urbina pokes fun at so-called literary realism and admits that he deliberately changes perspectives and characters in order to complicate the work. He declares that it would be presumptuous to claim omniscience or to think in rational terms, since fictive reality and autobiographical reality are not easily distinguishable in a novel. The reader can never know which reality he is viewing. Fili, reincorporating herself into the novel as narrator, insists: "Sólo una cosa diré, pero muy en resumen, para facilitar la lectura de la historia. He hecho ver a mi hijo que nuestra participación actual en la historia ... podrá ser considerada por los siglos venideros como apócrifa, y con razón ..." (p. 98). Facts, then, may be apparent rather than real, and characters and their lives appear so faintly from time to time that the author has difficulty in incorporating the material into the text. The novel (or life) he is writing can be authenticated only through print, as in the case of Andrea: "¡Pobre Andrea! Su paso por la vida, me parece a mí, fue muy fugaz. Digo vida a este libro puesto que para nosotros no hay más datos de vida pasada que los escritos" (p. 134).

In any event, even though nobody can substitute for the author in his task of writing, some of the narrator-characters discuss whether they wish to continue participating in what later critics "van a calificar de apócrifo"; and Bernardo, even though he admits that living is a kind of writing, contends that one can live honorably "sin necesidad de llegar al extremo de sacrificio que mi obligación de escribir me iba exigiendo" (p. 108). Ultimately, the characters decide that one cannot substitute for oneself, and the author concurs: "... o se es o no se es; ¡ser suplente es ser nada y esto de escribir la historia es serio!" (p. 114).

In Urbina's novels the story line, but a tenuous frame to support his ideas about writing, is not essential in conventional terms. Indeed, in *Una de las cosas* he gives us almost all of the plot details, updated in one last page, though he acknowledges the deficiency of the method: "Es que no se pueden contar las cosas así, de prisa, a punto de partir el tren" (UC, p. 239). Plot is so unimportant in Urbina's heteroclitic structure that, as we have seen, he excerpts a good part of the text of *Una de las cosas* to create a book of short stories, *La otra gente*. He justifies, a priori, what he will later do with these little autobiographical sketches: "En realidad, la vida es pequeñas historias que se entrecruzan, y sin apenas verse el hilo conductor, el hilo gordo como cuerda o maroma ..." (UC, p. 75). For this reason he feels no guilt as he plagiarizes. Pages 19 through 22 become the short story "Muere con el sol" of *La otra gente*; pages 31 through 39, "Otro tiempo"; he excerpts, in this same way, 67 other pages to form thirteen additional stories. These stories deal with his family and have nothing to do with the boarding house frame he employs in *Una de las cosas*.

Pisadas de gaviotas sobre la arena unravels by bits and pieces through a series of happenings connected by various characters and the interjected footnotes of the author. Through these notes we learn a variety of details, that Andrea was formerly Andrés, that a number of the characters may be dead, that Filiberta, not originally in the plot, had been indirectly mentioned in a conversation and thus

175

belonged. A typical footnote, among many, is: "El avisado lector recordará que en las páginas 37 y 43 fue Severo quien condujo la expedición ... pero ahora es Jerónimo. ¿Quién lo hace? Jerónimo, un ser muerto. ¡Raro hacer es este!" (PG, p. 122).

Many of the sequences occur in dream or hallucinatory states involving characters trapped in carpets loaded with mayonnaise, adventures within adventures, conspiracies, the death and resurrection of a variety of characters, and a series of narrators who keep changing the narrative, including a flock of seagulls who refuse to accept the dream aspects of the plot and insist the story must be published. The author acknowledges himself to be ashamed of some of the fluctuating plot details offered by the previous narrators:

> Estoy avergonzado. Estoy avergonzado en nombre de todos mis antecesores: la señora gorda, el joven trabajador, Bernardo — cuando no era Cipriano — y Andrea. Todos ellos estaban confundidos. Todos ellos fueron engañados por las apariencias. Hicieron la historia como se hace un periódico, y nada es verdad ... todo es pura apariencia, engaño. Todas estas cosas son como representaciones teatrales, simulación ... Nada es verdad. Ninguna de esas cosas ocurre por algún motivo. (PG. p. 149)

As each narrator takes over, he or she asks for the help of other characters: "te pido que me ayudes a ver la verdad" (PG, p. 75), even though Fermina, in a final delirium, insists that she has written "facts." Even so, the author is unwilling to accept their plot details and at one point decides to rewrite the entire novel. But the author has difficulty in creating the indeterminate plot which is being written with proposed changes: "Doña Filiberta oprimió nerviosamente su pitillo contra el fondo del cenicero de cristal de Bohemia, y se levantó airada del cómodo sillón azul cobalto. ¡No! ... Lo que realmente pasó fue que Doña Fili se levantó ... Lo que sí es verdad: el azul cobalto del sillón" (PG, p. 116); "La joroba trasera es falsa: no es un camello sino un dromedario" (PG, p. 118). He struggles to write a revised, connected narrative but he cannot recall the exact procedure since the novel had already been written, and the details are all there: "Bueno, de acuerdo; pero como todo eso ya lo había escrito ..." (PG, p. 114).

The author realizes that perfect understanding cannot be achieved, that life must maintain certain secrets. So, even if he has lost "un buen trozo de historia" (PG, p. 92), it may be better leave certain things unresolved. An author need not tell everything he knows, and the public, in any event, will ultimately receive all possible plots: "... a medida que escribimos ... se ... reproduce en los miles y millones de cuadernos expectantes de todos los antecesores y predecesores ... siempre abiertos y en espera" (PG, p. 209).

Urbina constantly juxtaposes various planes of reality as characters undertake the narration, faced with the author's criticism of that very reality he is creating. This chaos seems to reflect, for Urbina, the characteristic state of contemporary society. In any event, the author indulges in a kind of self-destruction to be free, and his creative process causes a kind of schizoid divorce from the world and from himself. His creations rebel against what they perceive to be the tyranny of their creator and try to determine their own lives and their own future by participating in the writing of the novel, which will be similar to but different from that of the author, so that one cannot know where one begins and the other ends.

Given Urbina's experience in working in and writing for the theater, it is not surprising that his novels have a peculiar dramatic quality; naturally, then, he gives us a cast of characters at the beginning of some of his novels, which he repeats in whole or in part as characters appear and disappear during changing scenes.

In *Cena desnuda* Roger and the others seek their role and purpose in the every-changing play. Urbina gives us a complete set of characters in different parts of the novel, and selected members introduce the scene (chapter) in which they are going to participate. All of the characters have aliases and double identities, and they themselves ask constantly who they are. Feeling the need for communication, they seek to penetrate the others' masks, difficult in the unreal atmosphere of the Consulate. In their dialogues they ricochet off one another with their small angers, triumphs, loves, and hates, but they always fear change: "Roger me dijo que me llegaría el tiempo en que quisiera ser Catalina ... me dará miedo ser Catalina"(CD, p. 170). But they know also that ultimately they must assume a real identity. In *El carromato del circo* Condesito knows that he cannot be his father, nor does he wish to take the role of others:: "Tampoco he pensado nunca en ser mi hermana Vala ... Pero el hecho es que tampoco me acaba de convencer ser doña Pompa ..." (Ca, pp. 11-12). Urbina uses rapid appearances and disappearances together with temporal dislocations for effect and to create multiple viewpoints, and the characters change from selection to selection as they reveal their personalities. The author sometimes excuses the rapidity with which they disappear from the narrative: "Dijo su nombre, pero me sonó tan vulgar como él mismo y no lo retuve ... Y volvió a decir su nombre que no recuerdo" (UC, p. 135).

His most schizophrenic exercise, involving multiple personalities, appears to be *Pisadas de gaviotas en la arena* where characters die, are resurrected, change sex, become narrators, and critics of the novel in which they appear. From time to time they turn on the current narrator. When Cipriano insists on new notebooks and new liberties, the super author intervenes: "No sé si porque pensaba incumplir las condiciones que imponía Cipriano" (PG, p. 138). At times when characters disappear the temporary author advertises in a newspaper to recall them. Sometimes the new narrator is surprised as is Bernardo upon meeting some of the created characters, who turn out to be different from what he imagined: ". . . no te imaginé . . . pensaba que eras de otra manera" (PG, p. 107), and they debate truth and falsity and whether to continue participating in creating the narrative.

In his grotesque and absurd created universe, Urbina experiments constantly with fragmentary and intermittent realities which relate in diverse ways to each other and to time and space, especially in his treatment of subjective realities of imagined events, quite often based on dream, reverie, hypnagogic fantasy, or free association. The boundaries between absurd reality and fictional reality are difficult to discern. In *Cena desnuda* the reader cannot be sure whether what he is reading is real or an imagined dream. As one character exclaims: "No es verdad. Nada es verdad de lo que digo" (CD, p. 199). In *La página perdida*, the author opposes the reality of windows, stones, houses, and nature to one reflecting a fog-like dream during which the protagonist, on an endless river, encounters imaginary characters in an imaginary time. Barbara tries to pierce the veil of the past, for her a living entity, in an effort to recover a recalled reality: "Se abre la oscura cortina dentro de mí, y es oscuro y sombrío su descubrimiento. Saber . . . saber . . . Sí. Nada es peor que la angustiosa incertidumbre" (PP, p. 91). In her mind the thin line between reality and imagination disappears. On the one hand she wonders about her existence, Victoria, her relatives. On the other, she is content to escape into dream and fantasy where she can establish a more meaningful existence.

Una de las cosas resembles a Western movie where a six shooter emits countless bullets. Characters appear and vanish and talk to the narrators about their existence: "Si no lo hicierais vosotros lo haría el Dueño de los tiempos que está fuera de él, y estuvo en él y está en él y además fuera de él . . . Porque no nos dais un sitio en el mundo que vosotros habéis ocupado" (UC, p. 108). The characters discuss with the author the meaning of reality and their lack of understanding about its nature:

> . . . huir de la realidad; no es eso! no es eso señores críticos . . . ¡La realidad! Qué empeño en hablar de realidad refiriéndose a solamente lo tangible, lo audible, lo que se come . . . Yo vivo la realidad, la que se toca y se oye, y esta realidad me duele, por eso, porque la vivo, la vivo o vive en mí del todo . . . Y

> busco esa otra realidad, que es la que de verdad me
> debe de haber herido; la realidad del amor y de la
> muerte, la realidad de la vida suprema, la realidad de
> cuando la muerte muere . . . (UC, pp. 96-97)

Gorrión solitario en el tejado has multiple realities; indeed, we discover at the end that the entire novel is a letter written by Eros, who may or may not exist. Its details are problematical, including facts about other characters and conversations and events which, though described, never occurred. The only truth is that the poem which appears in Eros' letter, Psalm 102 of David, was, in fictive reality, written by Anteo.

In *Pisadas de gaviotas en la arena* the only actuality is the literary discourse created through a variety of narrative voices. Everything seems unreal, which does not bother the author: "No nos importa contradecirnos en los hechos, nombres, argumentos, cifras, fechas. Todos son apariencias" (PG, p. 201). Urbina demonstrates his penchant for obfuscation and opaque expression as he blurs any distinction between the visible and invisible worlds, between life and literature. The author and narrators exist, then, in a constantly fluctuating and changing universe, and the speaker always questions the assumptions of his literary analysis or particular reality, even as he is describing them. Urbina creates doubt in the reader's mind in his creation of a supposed coherent reality invaded by irrational elements. The reader must accept or reject the text as a new reality or illusion (together with the author) at every moment.[10]

The novelistic open structure is intensified by sudden geographical and spatial shifts, both natural and human. Place is important; thus the special names like Mar Embravecida, Ciudad Derruida, or Laguna Verde in *Gorrión solitario en el tejado*. In *Pisadas de gaviotas sobre la arena* the author himself comments on indeterminate space, "un lugar geográficamente desconocido" (PG, pp. 127-28). Suddenly the reader is transported from a mysterious mansion on a hill to a city apartment to a desert in the Middle East, as sites appear and disappear as rapidly as the characters. One moment the reader may be in a building with twelve balconies, the next in an automat, or a lecture hall.

Having created his fictive reality, Urbina questions the very idea of one individual having written the novel being read. Point of view problems lead inevitably to the question of authorship. According to Raúl Castagnino narrators should be identified "para ubicarse y ubicarlo como tal frente a lo relatado y en el relato para identificarlo o diferenciarlo del autor."[11] Since the author assumes various guises, in Urbina's novel it is difficult to differentiate fictitious narrators from an omniscient author who organizes the novelistic material inside or outside the fiction. The narrator(s) and the author are both disparate and single voices, and one must struggle to separate the story lines related by these voices, to isolate narrator and narrative, to determine which are subjective realities and which belong to the author. Indeed, Urbina plays games with the reader and deliberately obfuscates the narrator's place in the narrative frame and his or her relationship to the author, to spatial or temporal points, to what is real and what is fantasy; but, as we have seen, includes footnotes from time to time to allow the reader to decipher the text.

At times the author-protagonist becomes an aspect of objects lost in time, and they become author-narrators. In *El carromato del circo* the wagon itself takes a hand: "A pesar de que los geranios de mis ventanas han florecido, rojos ... A pesar de que empiezo a encoger mi madera con agradables crujidos ... tengo ganas de estar a oscuras ... No quiero que vuelvan y verlos sufrir ..." (Ca, p. 230). In *La página perdida* we find: "Las hojas dicen: Te reconozco. Yo también soy reloj" (PP, p. 154). In the same novel trees walk with people and the "mesa blanca de mantel" serves as a silent witness to the unfolding tragedy. In *Pisadas de gaviotas sobre la arena* a number of objects talk, and at one point a seagull becomes the narrator, discusses various scientific and philosophic subjects, but finally flies away, leaving his pen and notebooks to the next narrator: "al que le toque seguir la historia ..." (PG, p. 231). The author attempts, in the face of this irrational world, to maintain his identity as author by including it in the fiction he supposedly controls. Moreover, the author changes as the book is being written, and he analyzes himself through all kinds of Freudian techniques, moving the narrative along through recall, at times of someone we do not even know. It is only through this obviously biased viewpoint that we finally separate and determine the characters' essence. Indeed, in *Gorrión solitario en el tejado*, as we have seen, Eros is a narrative voice which may not even be real but one which has temporarily imposed its dream reality on the other characters and on the author. Only at the end do we learn that it is Urbina himself who is the "gorrión solitario."

In *Una de las cosas* Urbina states that he is writing for the reader, whoever he may be, and hopes that he will become involved in the narrative. To elicit the reader's interest he will rewrite arousing items and direct himself to "mi amado lector" or "mi amada lectora," but on no account should that reader (who may himself be unreal) doubt who is the author: "... bueno, pues yo soy yo, el que dice el libro, no estoy inventando ningún personaje ni nada. Escribo yo, yo soy el que dice: yo." As to what and for whom he is writing, he claims: "no escribo un libro de texto, escribo al viento de mi propia inestabilidad mareada" (UC, pp. 10-11). He reiterates constantly that he must be the author of his own life: "Yo soy yo, sí, el que escribe: yo soy el autor del libro y todo lo que digo lo digo de mí y

yo lo digo de mí. Yo estoy harto de ficción. De crear historias ..."
(UC, p. 24). Nevertheless, in spite of his insistence throughout that he
is the author, he must admit that one can never know for sure that
fictional characters may not take over, for an author is not always
able to control events: "Es que resulta que hay actores que se creen
autores, pero autores del papel de los demás. Nadie es suficiente-
mente libre para hacer papeles a los demás, escribirles para los
demás: esclavizarlos" (UC, p. 147). As the novel being written progresses he becomes less sure of anything and is prepared to admit
the possibility of other narrative voices:

> ... no hay nada determinado, predeterminado ... el
> actor va haciendo que su papel sea a medida que va
> viendo ... Yo creo que sí, que hay Autor. Lo que no
> sé bien es el papel del Autor. De qué es autor y en
> qué medida ... porque cada actor es también autor de
> su propio actuar, de su papel ... El autor es coautor
> con todos y cada uno de los actores ... (UC, p. 140)

As the given text develops, even less certain, he admits: "Mi autor es
el Autor, con el que soy coautor" (UC, p. 161). And finally, he implies
that both book and author are identical and the product of a dream.
He dreams that he once wrote a novel whose pages became scat-
tered by the wind. He tried to tell them that he was the author, but
some refused to be regathered. Nonetheless, though books may be
incomplete, they remain possible because the potential text remains
within the author who was the book before it was written and while it
was being written: "Yo soy mi libro, yo no he perdido en mí mi libro,
yo lo recuerdo entero y soy su título, soy su autor" (UC, pp. 168-
71).

Pisadas de gaviotas en la arena completely distorts the concept
of authorship, and we never know whether the author is inside or outside his fiction, a character created by the narrator who himself-
herself is also a character within the framework. The author has written a text which the narrator-author lives through as a story which
he himself may have created, a kind of structuralist exercise in which
"the text has meaning only with respect to a system of conventions
which the reader has assimilated."[12]

All of the characters, Fermina, Bernardo, Andrea, and others
alternate as narrators. Fermina, tired of writing, transfers her responsibility to her son, formerly a girl, and reenters the narrative as a
non-writer. Bernardo loses the notebook and has to invent new
characters. During the process he argues with his mother about
details and freedom: "... yo no puedo sustituir al joven trabajador si
él no me lo manda ... Cuéntame el final, si quieres; pero yo no
escribiré hasta que hable con él y me dé su permiso" (PG, p. 63). He
and Fermina quarrel constantly about the plot and, finally, the author

decides to remove Bernardo as narrator but relents. The author and Bernardo discuss the development and Fili, Bernardo's lover, decides to visit some of the characters written into the text. Meanwhile, the young worker, now a resurrected narrator, disobeys Andrea's request not to be written back into the narrative. The reader is exposed to a series of strange happenings (characters from a mural become characters in the narrative), as a new narrator, a tourist, claims the others are simply his sensory impressions. Brooding over all, an unseen narrative presence observes events, apologizes for lacunae in his story, "Siento dejar lagunas en mi relato, pero es que si no trabajo aún sería peor" (PG, pp. 87-88), and claims ultimate responsibility for the "solitaria tarea de escribir y contar la historia" (PG, p. 177). Finally the secretary to whom the author had dictated his work arrives with their child, the text, the result of his dictation. The son feels that the process seems to have no beginning, that everything is a continuation, and the author explains that life may be a figment of our imagination since all reality is appearance. Meanwhile, the secretary, Matilde, goes to school to acquire culture and decides to begin the story all over again.

Most of Urbina's novels depend heavily on a series of first-person monologues in which the characters reveal their feelings. In *Cena desnuda* the characters describe their need for love in this way in conjunction with a series of dialogues, interspersed with the monologues, at times independent, and often unfinished or unresolved. Many times the author signals the monologue and speaker; at others not: "Y yo, Roger, andando de un lado a otro del Consulado sin saber que hacer ... me encontré fijo junto a ella ..." (CD, p. 56); "... me paro a pensar y digo: soy el Cónsul y no necesito de toda esta caterva" (CD, p. 26). Quite often the author shifts from an interior monologue to a third-person description after a dialogue intervention: "No sé lo que me pasa ... Estoy cansado de sufrir pacientemente ... Por eso hago sufrir. —Bruja, Angela, bruja, ¿dónde estás? —Roger, ¡¡cállese!! ... Angela se quedó llorando ..." (CD, pp. 118-19).

Urbina concentrates on the insignificant details of everyday life which enable us to grasp, little by little, the solitude and pain of his characters. At times the characters talk with objects or a confessional wall instead of to themselves. He avoids conventional chapter divisions in many of his novels. In *Días en la playa*, for example, they consist of a series of two or three page entries, perhaps to emphasize more the series of retrospective flashbacks of the primary character involved in that segment: "Me acordé cómo no lo valoré entonces."[13] In this novel many times the name of a character signals a change of speaker. Quite often the "yo" shifts among a variety of persons as each one is named:

Parece como si Matt quisiera decirme: "Que conste que te dejo pasar porque me da la gana ..." Y cada vez que pasa Ralph, yo Matt, hago como si no lo viera ... Y así pasaba Ralph todos los días ... haciendo un esfuerzo por verle pasar ... Matt se sentía sin ánimo ... Cuándo me atreveré a decirle algo a Matt .... (DP, p. 64)

At times one goes from a dialogue to an interior monologue almost voiced and with some comment by the omniscient narrator:

Hans ya dentro del automóvil, abrió todas las ventanillas. Puso la radio ... Pero seguro que lo saben. No puedo caer bien ... Y a lo mejor si Ralph lo supiera no me invitaría ... Y le temblaba la voz que iba a salirle de la boca, aun dentro de la garganta. ¿Lo diría? No, no. Es imposible. (DP, p. 134)

More commonly Urbina has his characters shift from interior monologues involving a variety of associations to an acknowledged reality: "¡Esa luz! Siempre deja la cortina descorrida ... A ver si me duermo otra vez ... Hay que relajarse ... No pensar, calma, calma ... Pielito, ¿sabes qué hora es?" (Ca, p. 110). In other novels we go from a monologue to a mental and imaginary dialogue. The character, during a shower, recalls a pill he once took: "Señor vigorizante, le agradezco la alegría que me ha dado." "No hay de qué." "Una pregunta ... ¿puedo considerar este vigor, esta alegría, como algo propio mío ..." (GS, pp. 146-47). Urbina use a variety of other kinds of shifts, from one monologue to another without a linguistic sign post, from a monologue to a dialogue, to another person's interior monologue, or from one monologue to another, keyed by a name. These monologues and corresponding shifts help illustrate the plot, such as it is, and give us an additional viewpoint of reactions to the same event, or more insight into the character's place in the novel. Typical of such monologue to monologue shifts, with or without interspersed dialogue, we find: "¡Pobre yo! ¿Qué daré que valga? ¿Qué haré que sirva? Mis cuadros nieve-trigo, trigo-nieve, al derecho y al revés ... Luz, ¡Qué calor! Pobre Bestia,y papá, pobre ...," and we immediately enter the father's mind: "Pielito ... canta bien ... Me impide relajar los nervios ... Pielito, por favor, podrías dejar la guitarra?"; we then shift without transition to Pielito's mind: "¿Es que estorbo? No se puede hacer nada, esa casa es un asco" (Ca, pp. 30-34)

Urbina attempts constantly to free himself from the straitjacket of ordinary language. He engages in word play, includes foreign words (English, Italian, French, Latin), uses ironic footnotes to mock false erudition: "Sí, dijo clucando los ojos ... Clauder, cloure ... Numerus clausus. Ullclos, Oculus. Ocluir" (PG, p. 160), or combines several words without spacing: "estaprevisto ... clausulasoficialesinternacionales ..." (PG, p. 77). He indulges in ironic self correction or explanations: "... en su país no hay libertad, que ... los ... gobernantes tienen miedo a darla (pongo "darla" entre comillas porque la libertad no se da: se es)," (UC, p. 14). Behind the lexical universe there must be, as in the case of Belarmino, one word which explains the cosmos. Words are precious to Urbina, "esos raros dibujos que son las palabras escritas ... en mi dibujo, va plasmándose mi alma" (UC, p. 162); "Estoy elucidando todo perfectamente (esta palabra la acaba de aprender y quizá no la haya usado ahora con absoluta perfección" (PG, p. 129); "... no me sale la palabra" (PG, p. 61). And when he uses an inelegant word or a vulgarism, he regrets it: "amor ni de mierdas. ¡Oh! perdón" (PG, p. 95).

Urbina also concentrates mockingly on punctuation marks, exclamation points, conjunctions, stylistic, and grammatical principles: "Ah (Advertencia: esta admiración hay que saberla hacer muy bien ... No se debe leer o, ni ¡o! No puede ser ¡Ah! porque es demasiado asustada ... la a; tampoco la e, que es muy preguntante; la i no sirve aquí ..." (PG, p. 39); "Cipriano, y, (he aprendido que poniendo la y entre comas suena como un alfilerazo auditivo" (PG, p. 32). He begins one of his novels by stating: "Una de las cosas que me molesta de un libro es que empiece con lo que tiene que empezar (han salido cuatro "que" en una frase tan corta)," (UC, p. 9). He admits, though, that he is no grammarian: "Yo no sirvo para gramática ... Que cada uno diga lo que quiera con tal de que no sea demasiado incorrecto ..." (PG, pp. 120-21). This self-mocking tone occurs over and over: "Entre otras cosas, se puede escribir 'no eres el fleco que tamborilea del toldo' en vez de ser obligado a decir 'no eres el fleco del toldo que tamborilea.' Ya sería el colmo que tu ignorancia te obligara a decir 'no eres el fleco del toldo que atamborilea ...'" (PG, p. 196).

Urbina enjoys repetition and tautologies and shows his critical awareness of his text: "... se fue el sol de atardecida, que así se suele ir. Fíjense en la implícita redundancia" (PG, pp. 155-56). Urbina uses pleonasms and repetitive reinforcements to intensify his often echolalic, stochastic images. In *Cena desnuda* one finds a plethora of examples: "Por los días. La casa oscura de mi abuela. La casa oscura de mi abuela. Allí estaré, de allí me iré. Mi abuela es vieja. La casa oscura de mi abuela. Mi iré" (CD, p. 55). The author intervenes at the beginning of the novel and toward the end to synthesize the knowledge about protagonist and plot, repeating identical paragraphs: "... perdió ya la cuenta de las muchas cartas cursadas a Winthppàddia. Una y otra vez, sin fallar nunca ... Roger terminó hace dos años la carrera de Derecho ... Nada hacía suponer que ni su brillante carrera ni su fácil e inmediata entrada ... le produjeran el hastío . . ." (CD, pp. 11-12; 229). In *La página perdida* we find dozens of such repetitive phrases: "Les contó un cuento. A ellos les contó un cuento . . . mi amiga Leocadia les contó un cuento a ellos" (PP, p. 64). Sometimes these repetitions, as we have seen, appear on the same page; at other times they are repeated on different pages for special effect: "Hay hombres que son una agenda, un fichero, una horma, un código . . . hay hombres que son humo de apariencia" (UC, pp. 98; 107). At times, instead of exact repetitions, Urbina employs slight variations or nuances.

Urbina includes texts, films, and characters from literature, imitating and parodying; at times he quotes verbatim; at other times he changes the text slightly. In *Una de las cosas* he goes from the Cid through Jorge Manrique, Santa Teresa, San Juan de la Cruz, one of his favorites, Don Quijote, Calderón de la Barca, also cited as Calderón de la Mierda (UC, p. 148), and includes several pages of criticism on Clarín's *La regenta*. Among many other such references Urbina includes Grimm and Anderson, Ulysses, Euridice, Heraclitus, Giradoux, and James Joyce. From the movies he gives us Jean Harlow and Mae West.

In *Gorrión solitario en el tejado* Urbina includes Horace, Catullus, Virgil, Saint John of the Cross, and the Psalms. From the *romance* Abenámar he cites "Estaba la mar en calma, la luna estaba crecida" (GS, p. 141) but adds that in reality it was "Todo al revés." He quotes a stanza from "Canciones entre el alma y el esposo" of San Juan and then comments that in the original the text said "salí tras ti clamando," while in his character's text the version was "salí triste vagando" (GS, pp. 28, 70). His most extensive use of intertextual material, woven into the novel, includes a gloss, paraphrase of, and identification with Psalm 102 which Anteo, one of the characters, copies out of an old lost book (the Bible). He quotes at length: "No te escondas, porque estoy triste: óyeme cuando te llamo, date prisa en escucharme . . . Soy como pelícano del desierto . . . No duermo, y estoy llorando como un gorrión solitario en el tejado" (GS, p. 93). Urbina takes the title of his novel from this psalm and weaves it into the plot on two other occasions (GS, pp. 152, 233).

In *Pisadas de gaviotas sobre la arena* he includes Kierkegaard, another favorite, *El cantar de mío Cid*, Alfonso el Sabio, *Don Quijote*, and Bécquer, who becomes one of the narrative voices. He reads Góngora to learn how to write in a baroque manner and with metaphorical imagery. He quotes, without attribution, from San Juan's "No sé qué que queda," and attempts, in a paragraph on Juan Ramón Jiménez and Zenobia, to recreate the poetic prose of that famous poet.[14]

Urbina has always been fascinated with the temporal aspects of the existential equation, and he overloads his novels with references to time. *Cena desnuda* has its share of these time tags: "Son las once ... Las once ... Qué hora más incompleta ... Si fueran las doce" (CD, p. 53); "Y estoy así, de cinco a ocho, unas cinco a ocho de no-números, de no-reloj" (CD, p. 203). In a philosophical sense, characters comment constantly on the fleeting aspects of life, and the author willingly admits his preoccupation: "Me parece que eso que se llama perder el tiempo no lo es ... Esas ganas de abrazarse al tiempo ... de estar ocupados con tiempo justo, fijo ... son ganas de morir a solas. Perder el tiempo ... es estar muriendo juntos ... Juntos con el tiempo es morir con amor ..." (CD, p. 265).

For Urbina time serves as a matrix for the integration of the real and the poetic worlds. At times the omniscient narrator controls it; sometimes other characters dominate; occasionally time itself becomes an entity in control of completing a mosaic of fragmenting reality. Since the lives of characters in Urbina's novels do not follow a logical development, the only order which seems possible is that of fixed temporal points with which he can penetrate that particular reality and make it his. Although his characters to a large degree live only in the present, they view time in different periods and from different angles through recall, interior monologues, and free association.

In *El carromato del circo* the passing of time and its recall serve as a focal point for existential being. At times the clock moves too slowly: "Están pasando los días tan despacio ... Cada día es como una montaña que hay que subir" (Ca, p. 164); at others it passes much too rapidly: "Han pasado estos meses de invierno muy de prisa. Antes me fijaba tanto en las cosas ... Ahora todo me pasa de prisa, como si fuera en el tren ... Es primavera otra vez ... y que me llaman tanto, les digo: espera, espera, ya voy. Y luego no me da tiempo ..." (Ca, p. 215). Too often life passes as a dream, and the characters vainly attempt to make sense out of it through recall. Condesito reacts to Piel's questioning having to eat cheese again by reliving a similar incident many years before: "De repente cuando mi hermano ha protestado porque otra vez había queso, me he caído muchos años atrás. Ha sido la hora, la mañana fría ..." (Ca, p. 112), a recall repeated together with other elements involving classes and school. After a ten-page retrospective, Condesito returns to the present to the sound of Piel's guitar: "... y he vuelto. Acabo de volver de tanto tiempo atrás ..." (Ca, p. 121). In any event time is a mysterious and important aspect of life, difficult to grasp or understand: "¡Cómo pasa el tiempo!" Mira eso es una cosa que me da angustia: el tiempo ... como si me fuera a acabar el tiempo. Desearía asesinar mi tiempo para vivir más en paz" (Ca. p. 252); "El tiempo ha pasado. Ha pasado en mí. Y me ha hecho otra cosa que no conozco. Sólo conozco o recuerdo el que era antes de que el tiempo me pasara" (Ca, p. 48); "No sé cuanto tiempo ha pasado así. Ni sé, no puedo entenderlo, qué significa todo eso. No sé si es hoy o es ayer . . ." (Ca, p. 204).

In *Días en la playa* he continues to employ temporal dislocations through free association by his characters and their memory, shifting tenses to demonstrate his temporal leaps. The seasons change and time passes, so the protagonists attempt constantly to pinpoint and thus control time. The novel is loaded with phrases like: "Era de noche" or "por la mañana" (DP, p. 58), and "Eran ya casi las cuatro" (DP, p. 183), "al día siguiente, que era domingo . . ." (DP, p. 70).

The entire theme of *La página perdida* consists of the process of recall and the passing of time, since the past is never far away from us and is linked inextricably to the present. The novel abounds with expressions such as "sólo el tic-tac del reloj" (PP, p. 35) or "qué fuerte se oye el reloj" (PP, p. 98). Barbara's entire existence is marked by specific relationships to the clock, but she also has her own time sense: "No es el tiempo de fuera: es el tiempo de mi alma" (PP, p. 285). Throughout she attempts to maintain her self-contained temporal world immune from the external influence of time, living in an eternal present in which she awaits the immediate return of her father. She tries to understand the relationship between the two realities: "¿Por qué es nuevo si yo soy la misma ayer y hoy? Si no soy ni ayer ni hoy . . . Y mañana . . ." (PP, p. 122). For her, time is part of the natural flow of life: "El único ruido, mi ruido: el del reloj . . . Y nadie oye el reloj, y sin embargo marcha y suena y golpea. El reloj . . . caen al río los golpes — tiempo del reloj . . ." (PP, p. 154-55). Quite often the tense changes to signal the time travel. A noise of someone knocking at the door starts her journey:

> Como aquella vez. Voy a casa. Iba a casa. Es de noche casi . . . ¡qué insistencia! Por fin . . . Y el coche se alejó tanto que ya no sé para quien gritó . . . Son las nueve de la noche. No se oye a nadie en la casa . . . Siempre venías al mediodía, cuando el sol estaba en el centro . . . Veo que tenéis un reloj muy particular . . . ¡Qué sueño! están todos cenando . . . Y oigo el reloj que me lleva en cada latido . . . (PP, pp. 187-99)

In the above sequence when the knock at the door throws Barbara into the past, she recalls in a dream state an incident involving her mother. The insistent knocking in the present brings her back for a moment, but she returns to the past and the scene of her mother riding off. She returns to the present again to remark that nobody is around and then again, in another dream sequence, is in the past with an imaginary friend whom she met at different times, and she shifts back and forth among these times, to the intermittent sound of the striking clock.

As one of Barbara's aunts, Clementina, says: "Hay que dar tiempo al tiempo" (PP, p. 167), and Barbara tries: "Este ratito sí, voy más de prisa que el latir del reloj. Corro escaleras arriba . . . El tiempo. Ahora le puedo" (PP, p. 17). But time has a control of its own:

> el reloj del vestíbulo nos trae el tiempo que pasa . . . La cocina espera. Ahora está casi muerta. El reloj da golpes en las cosas . . . El reloj ahora dice: Pá-sa, pá-sa . . . El reloj del vestíbulo da la hora . . . El reloj de la Iglesia da también la hora. No dan el mismo tiempo. No dicen el mismo tiempo . . . La vida es un reloj grande. Si yo pudiera arrancar el péndulo y penetrar con él en las cosas como con una varita mágica . . . Sabría . . . (PP, pp. 119-21)

And so throughout the novel, we encounter similar passages in which time appears to stop, (PP, pp. 290, 324), moves too slowly, (PP, pp. 15, 24, 270), or moves but without a meaningful reality for her life, since nothing happens: "El reloj sigue haciendo que pase el tiempo y no sucede nada. ¿Qué hora es? Y el reloj no da hora . . ., todavía no hay hora, no hay tiempo aún, no hay nada" (PP, p. 344).

In *Una de las cosas* Urbina explores the past, present, and future and the changes brought about by time as well as the difference between exterior and interior duration: "Me decías que habían ocurrido muchas cosas desde el miércoles en que nos vimos. Qué buena memoria tienes. Yo pensaba que fue hace cinco siglos antes de Cristo . . . — No . . . Exactamente una semana y un día" (UC, p. 94). The passage of time is all-important, says Urbina, for it marks the passage from life to death, as each person takes its measure: "Un reloj en la muñeca . . . tu medida del universo . . . que para ti se mueve. Tu medida. Sí, eso es: la medida de tu muerte . . . Tú eres tu mismo reloj, tu misma muerte . . ." (UC, pp. 163-64). The plethora of time markers continues: "Es de noche," "Son las siete," "A fines de otoño," "domingo por la tarde," "Ayer, a eso de las tres de la madrugada . . ." (UC, pp. 13, 19, 132). But these and the many other time signals do not suffice for the author. Time is everywhere; its representative, the clock, is omnipresent. As the author reads his work, deciding it is already too long, he ends it with a six-page poem, "Tiempo": "¡Tiempo, tiempo! Tiempo encerrado / en la esfera redonda, / cerrada; / en la esfera redonda / de un reloj . . ." (UC, pp. 231-37).

Similarly, in *Gorrión solitario en el tejado*, inner reality and outer reality contend, and life moves to death: "qué de prisa corre la vida. ¡Más que mi pluma! Hemos empezado el tiempo a pesar de haber empezado ya el tiempo, por ella. Eso es, porque no hay nada imposible para la vida" (GS, p. 252). As usual, Urbina includes a series of time phrases like "al día siguiente," "ayer noche," "aquel día," on almost every page. On many pages he strings them together: "Es la noche. Esta tarde he ido a un entierro; ... Esta mañana he estado en un monte ..." (GS, p. 54); "Ya es hoy mañana respecto a ayer. Por la noche, acostado ... me acordé ..." (GS, p. 74); "Sólo al anochecher, y ya de noche ... Esta mañana se han ido todos ..." (GS, p. 79).

In *Pisadas de gaviotas sobre la arena* the ever-changing narrative voice controls the flow of time. The author links the historical past to present time, fluctuates in his writing between the real temporal and the fictional temporal, and through his writing obtains a reasonably exact measurement which has nothing to do with clock time: "Nunca en mi vida he tenido tan clara y penetrante noción del tiempo ... No digo del reloj, sino del tiempo" (PG, p. 212). Although time markers, as usual, abound in this novel, for the most part the author relates the inexorable tick tock of the clock to a diminishing life force. He seeks to exist outside of it in a fictional universe by keeping to his task of "escribir la historia" but without real success because time always passes: "Hay atardecer, y luego se hace de noche, y viene un día tras otro: uno, y luego otro ... la tarde es roja y la noche negra, y hay un tiempo y otro, y lo dice el calendario y tantos relojes" (PG, pp. 234-36).

Urbina sees and interprets nature as a double reality both inside and outside himself, and he is deeply moved by the mysterious natural forces. Urbina, almost obsessively, depicts the sun, an integral part of his geographical and biological reality. Quite often he opposes light to the forces of darkness with corresponding colors which affect emotions and the spirit. The surrounding nature, in its allegorical aspects, seems beholden especially to the sun, the centrality of the vault of heaven. And so Urbina fills his novels with that heavenly body in all of its guises, rising, setting, shining, hot, filtered, or obscured, and relates its presence to that of human presence and moods.

Cena desnuda is filled with such sun references: "El sol era muy fuerte ..." (CD, p. 41); "El sol me brilló en los ojos ..." (CD, p. 73); "¡Qué sol tan fuerte! A mí este calor me mata ... No soy la misma ... El sol, tan fuerte. ¡Ojalá todo fuera sol! Nada más que sol ... Que todo se quemara y yo en él" (CD, p. 92). We find this same obsession in novels which would seem to have little to do with the sun: "Y el sol; ¡qué sol!" (Ca, p. 25). *La página perdida* relates the sun, present on almost every page, to happiness, time, and life: "Hoy he amanecido muy despacio y con sol" (PP, p. 108); "La luz del sol muriente, rojizo, me da en los ojos" (PP, p. 81); "Yo sé que el sol está fuera ... Estaba ya casi acostumbrada a que vinierais de día

. . . con el sol . . ." (PP, p. 226). *Días en la playa,* as the title suggests, concentrates heavily on that heavenly body and its effect on people on the beach: "Pues tomaré baños de sol . . ." (DP, p. 24); ". . . y nos perdíamos en el sol" (DP, p. 138); "Era la hora del sol. Siempre es la hora del sol . . . pero después del mediodía lo era más" (DP, p. 136). In *Una de las cosas* and its extracted *La otra gente,* the sun constantly reflects human states, as the sun shines through the trees, on windowpanes, or reddens the water: "El sol, como en el último grito de su diaria muerte dejó el campo abierto y claro" (LO, p. 46); ". . . luce el sol sobre buenos y malos . . ." (LO, p. 54); "La cuesta del sol . . . de luz caliza . . . Y un calor denso . . . sobre la cuesta del sol. El sol, bien alto . . . caliente; en él el sol" (LO, p. 64).

In his later novels the sun continues to determine inanimate states: "el sol durante el día carga su peso sobre todas las cosas"; "La persiana paraba al sol . . . Donde no lo detenía, amarillaba en paralelas la pared" (GS, pp. 59, 220). More importantly, the sun determines human activities: "Tanto me gusta el sol que no me importa tenerme que bañar en las aguas podridas . . ." (GS, p. 74); "Sestear al sol, hundirme en su caliente luz hasta casi desaparecer . . . el sol me lleva y todo mi ser se desvanece en su horno de cal viva . . . es que quiero estar solo, y el sol" (GS, p. 189). As a matter of fact, the sun determines the author's ability to create the novel he is writing, and he points out the relationship over and over: "Escribo . . . al sol desnudo" (GS, p. 23); "Escribo a pleno sol (GS, p. 41); "El sol me llega desde un hueco azul . . . Así escribo . . ." (GS, p. 53); "Como se queda ahí escribiendo al sol" (GS, p. 106). In *Pisadas de gaviotas sobre la arena* the sun continues to light up the world and determine human emotion and activity: "Y el sol me envuelve picante . . . Sol cobija y cobertor" (PG, p. 46).

Perhaps the most noticeable stylistic aspect in Urbina's writing is his concentration on color to evolve, aside from descriptive qualities, specific relationships to life and nature (yellowing trees, red and white flowers, blue sky and sea). He matches emotion with color and adds depth to the objects he describes, almost all of which are accompanied by some color additive. In *La página perdida* Barbara underlines the author's use of color, as, after describing a nature setting of "monte blanco, hierba verde, girones blancos, flores malva, violeta, grana," she insists: "Me importa el color de las cosas. El color entiende. Y el malva también se duele . . . tengo los ojos fijos, quietos, llenos solamente de colores . . ." (PP, p. 248). Similar statements may be found in several of his other novels: "eso de colores debe ser revisado" (GS, p. 200).

Colors and color contrasts form an important part of *Cena desnuda,* and the narrator also notes color and the lack of color: "Victoria . . . no te habíamos visto . . . como lleva el vestido del mismo color que la butaca" (CD, p. 167); "La señora del Cónsul sacó unas muestras de tela de distintas calidades y colores ... Sí, pero ahora ya apenas se llevan estos colores" (CD, p. 269). Colors and color contrasts occur throughout: "... la habitación era blanca y llena de luz ... los muebles casi blancos ... los visillos ... más que blancos ... El pijama ... es rojo. Detrás de la ventana ... se extiende, gris oscura, una muralla ..." (CD, p. 13). His novels contain dozens, in some cases hundreds, of these color references: "flores amarillas ... vestido rojo" (Ca, p. 54); "de blanco con lunares rojos ... tu vestido blanco de lunares rojos ... la sala blanca ... llena de luz y azul ... es tan blanca " (UC, p. 201); "atardecía en sombras largas de distintos azules, de distintos violeta; y un contraste amarillo que se iba durmiendo hacia el naranja pálido, hacia el carmín claro" (GS, p. 120).

In *Días en la playa* Urbina's various uses of color symbolism may serve as typical examples. He uses color counterpoints of gray and red to match the human emotions of solitude and love. The light reflects from objects in terms of brightness and hue to give each object its distinctive quality: "Aun las cosas se veían con sus colores propios ..." (DP, p. 77). Urbina makes a special use of the sun, to be expected, in its relationship to colors: "El sol estaba ya detrás de las montañas ... La arena oscurecía, ocre y rojo, con sombras azules ..." (DP, p. 47). And, as we have seen, fascinated by the passage of time in his created universe, he mixes temporal and chromatic elements with his chiaroscuro: "Aún no eran las cuatro de la tarde ... Pero el día estaba oscuro. Y las casas ennegrecían con la oscuridad. Pero la luz y los colores estaban dentro ..." (DP, p. 180). Urbina also constantly contrasts human feelings and emotional states with colors: "Llevaba su pelo negro ... jugaba con un clavel en la boca ... Durante la canción, soltó la mitad de su pelo cubriéndole parte de la cara, en el lado liso y tirante hería en rojo su clavel, sobre el negro" (DP, pp. 127-30). In this novel the predominant color is red, "habichuelas rojas ... se ponía y quitaba unos trapos rojos" (DP, pp. 32-34); "una fábrica de humo rojo ... y se respiraba el humo rojo ... o el líquido rojo" (DP, p. 85); but blacks, grays, and blues also abound, contrasting with other shades: "... es azul y blanca ... La franja azul de la barca ... gafas negras con montura blanca" (DP, p.63).

In his fiction Urbina gives the impression of wishing to extend the limits of the possible through a series of stylistic experimentations, but he offers us a definitive fictional crystallization of not unusual but extremely perceptive narrative experiments. At times he tries, metaphorically, to free himself from temporal and spatial constructs. His insistence on the text as its own discourse does not obscure his existential concerns about life and death, though his heavy use of point of view involved in his story-telling detracts from potentially dramatic themes and obscures his concern for the poor and the victims of political tyranny. Nonetheless, neither his reliance on point of view nor his humor and ironly fully disguise his human passions nor his dislike of cruelty and those who would inhibit human freedom. He lavishes great attention on twentieth-century applications of critical theory to his novels, plays games with the reader about authorship, obfuscates points of view and the narrator's place in the narrative frame, his relationship to the author, and to what is exterior and interior; and he writes literary criticism in novelistic form, inflated, stochastic and reiterative at times. Essentially, together with his anonymous beings, Urbina ultimately seeks authenticity in an absurd world, and he criticizes in such a way that his reader is able to become involved with the interpretation of the creative process and to experience vicariously that moment when reality and art sometimes meet and fuse.

NOTES

[1]Ernesto Sábato, *El escritor y sus fantasmas* (Buenos Aires: Aguilar, 1963), p. 126.

[2]Pedro Antonio Urbina, *Cena desnuda* (Madrid: Editorial Eucar, 1967), p. 226. Further references in the text are to this edition, hereafter cited as CD.

[3]Pedro Antonio Urbina, *El carromato del circo* (Madrid: Ed. La Muralla, 1968), p. 188. Further references in the text are to this edition, hereafter cited as Ca.

[4]Pedro Antonio Urbina, *La página perdida* (Madrid: Editorial La Muralla, 1969), p. 118. Further references in the text are to this edition, hereafter cited as PP.

[5]Pedro Antonio Urbina, *Una de las cosas* (Madrid: Editorial Nacional, 1973), p. 167. Further references in the text are to this edition, hereafter cited as UC.

[6]Pedro Antonio Urbina, *La otra gente* (Madrid: Sociedad General Española de Librería, 1976), p. 4. Further references in the text are to this edition, hereafter cited as LO.

[7]Pedro Antonio Urbina, *Gorrión solitario en el tejado* (Madrid: Colección Novelas y Cuentos, 1972), p. 60. Further references in the text are to this edition, hereafter cited as GS.

[8]See Umberto Eco, *A Theory of Semiotics* (Bloomington: Indiana Univ. Press, 1979), p. 69. Many of Urbina's statements reveal that he is familiar with the theory, and his ideas are similar to those found in Eco's work.

[9]Pedro Antonio Urbina, *Pisadas de gaviotas sobre la arena* (Barcelona: Editorial Eucar, 1979), p. 191. Further references in the text are to this edition, hereafter cited as PG.

[10]See Tzvetan Todorov, *The Fantastic: A Structural Approach to a Literary Genre*, trans. Richard Howard (New York: Cornell Univ. Press, 1975) for a discussion and elucidation of this point.

[11]Raúl Castagnino, *Introducción metodológica a una estilística integral* (Buenos Aires: Nova, 1967), p. 158.

[12]See Jonathan Culler, *Structuralist Poetics* (New York: Cornell Univ. Press, 1975), p. 116.

[13]Pedro Antonio Urbina, *Días en la playa* (Madrid: Editorial Eucar, 1969), p. 34. Further references in the text are to this edition, hereafter cited as DP.

[14]Jonathan Culler, *Structuralist poetics*, p. 154, points out that dramatic irony in literature involves the contrast between a protagonist's vision of the world and the contrary order which the reader, armed with foreknowledge, can grasp.

JUAN JOSÉ MILLÁS, FABULADOR DE LA EXTRAÑEZA

Gonzalo Sobejano
Columbia University

El hijo adolescente de una familia perseguida descubre un día el cadáver de su demente hermano encerrado en un armario, con la boca taponada por algodones impregnados en colonia que la madre le ha puesto para que el hedor de la putrefacción no se difunda (*Cerbero son las sombras*, 1975). Un malhechor obsesivo, buscado por la policía, yerra febril a través de las calles de la capital hasta refugiarse en el cuarto de calderas de un inmueble en cuyo tercer piso su mujer pasa la mañana haciendo el amor con un sádico amigo de ambos ante la mirada de su hija, criatura de muy pocos años (*Visión del ahogado*, 1977). Un solitario que envía a otros o a sí mismo minuciosos encargos de exterminio, agoniza —o mata en sueños a su madre y a su hermana— al final de una exploración intermitente de su ayer hacia su hoy (*El jardín vacío*, 1981). Un escritor fracasado destina a un amigo, periodista mediocre, el manuscrito de cierta novela en la que, adoptando como narrador a este amigo, cuenta las complicaciones ocasionadas por su propia muerte y la averiguación de ésta como resultado del crimen perpetrado en él por ese amigo, el cual «parece como si» hiciera verdad la novela, robándole el texto y asesinando al autor (*Papel mojado*, 1983). Un resentido funcionario ministerial es captado por una organización terrorista para, convertido en lego de una orden religiosa, utilizar el enorme poder de ésta o socavarla, pero con el tiempo la organización suspende sus contactos con él, quien, adaptado a los hábitos del convento, describe para sí aquel abandono, esta acomodación y su descubrimiento último: la organización no era sino un grupo de la propia Iglesia dedicado a conquistar para su provecho a los resentidos sociales (*Letra muerta*, 1984).

Las anécdotas de estas cinco novelas de Juan José Millás, que acabo de señalar en abreviatura, llenas de situaciones y alusiones de índole anormal siempre, perversa a menudo, macabra más de una vez (aunque ello no impida que aflore con frecuencia un humor exquisitamente paródico) se distinguen por una cualidad: la *extrañeza*. Se trata de «acontecimientos que pueden explicarse perfectamente por las leyes de la razón, pero que son, de una u otra manera, increíbles, extraordinarios, chocantes, singulares, inquietantes, insólitos y que, por esta razón, provocan en el personaje y el lector una reacción semejante a la que los textos fantásticos nos volvió familiar» (en palabras de Tzvetan Todorov, quien nota además la íntima relación de esta categoría de «lo extraño puro» con «la literatura de horror» y con «la descripción de ciertas reacciones, en particular, el miedo» [Todorov 1972, 59-60]).

A la extrañeza argumental y temática conviene agregar, para definir con precisión la novelística de JJM, otros dos conceptos: extrañación y extrañamiento. Si la extrañeza es una cualidad de la materia tematizada, la extrañación sería el efecto enajenador del mundo descrito sobre la conciencia que vive o describe ese mundo, y el extrañamiento el modo de expresar — por la estructuración y por el lenguaje — la extrañación y la extrañeza.

Extrañación. El adolescente que huye de la familia (ella misma en fuga) dirige a su padre la carta confidencial más compasiva, pero en la soledad del sótano donde está componiéndolo, su mensaje de identificación apiadada se le transforma en monólogo abismal (*Cerbero*). En el piso de las violentas entregas eróticas lo que se resuelve en último término es la separación de esos amantes fraudulentos: la mujer ayudará a la policía a hacer salir del sótano al acosado, y el amigo — que nunca fue amigo de él ni enamorado de ella, sino compañero ocasional del uno y amante por apuesta de la otra — se desentiende de ambos al calcular los riesgos y medir la pequeñez de sus sentimientos; entretanto, el malhechor padece la *visión del ahogado*: tres ejemplares de una misma generación extrañada, alejada de cualquier vínculo social constructivo. El fantasmal exterminador que ronda en torno al *jardín vacío* alterna sus recuerdos del pasado y sus inspecciones del presente en un estado de delirio, viendo obstruida al fin su única vía de aproximación a los otros (esas «circulares» que escribe, normando venganzas, a unos prosélitos ilusorios). El *papel mojado* de la novela compuesta por el fracasado escritor y usurpada por el gacetillero mediocre atestigua a la vez el triunfo póstumo de aquél como novelista y el ánimo mutuamente celoso y vengativo de que se nutre la falsa amistad y el odio real de ambos: uno extrañó de otro a una mujer, y la esposa del uno, casada con éste por extravagancia, desvía al otro de la mujer primera que él decía amar: el uno muere y el otro permanece solo y soltero en su irreal condición de ente fingido por el uno. La *letra muerta*, en fin, que el presunto terrorista escribe para sí o para nadie, puntualiza la metamorfosis del rebelde en adaptado a aquello mismo que pretendía combatir, y por tanto, la entrega del individuo a una comunidad avasalladora.

El *extrañamiento* es el método constructivo y expresivo que JJM emplea para dar a sentir la extrañeza y dar a conocer la extrañación. No se trata sólo de esa «desfamiliarización», exaltada por los formalistas, que todo artífice aspira a lograr respecto a sus modelos (aunque también se trata de ello), sino que, en el extrañamiento que JJM intenta, hay una perfecta correspondencia con la extrañeza de los temas y la extrañación de las conciencias.

De antemano conviene indicar que estas novelas, si guardan relación con aquellas novelas españolas recientes que aspiran a alumbrar la condición enigmática del mundo y de la vida como ensayos de penetración en el misterio a través de la imaginación creadora (las últimas novelas de Juan Benet, de Juan García Hortelano, de Luis Goytisolo, de Juan Goytisolo), se hermanan más estrechamente con otras (de Alvaro Pombo, José María Guelbenzu o Javier Marías, compañeros de edad de Millás) que se distinguen por implantar lo representado — lo inventado — en una atmósfera de sueño.

Podría definirse el sueño como la visión que el inconsciente, en el estado de dormición de la persona o cuando ésta se inclina a olvidar pasivamente los nexos que impone la vigilia, tiene de un mundo en el que las relaciones de espacio, tiempo y movimiento se producen fuera de aquellas que determinan la realidad compartida. Estas ensoñaciones pueden impregnar todo el texto, como ocurre en *Cerbero* y en *Jardín*, o producirse junto a otras partes del texto en que esa calidad sómnica no se da, como ocurre en las otras novelas de JJM, en *El hijo adoptivo* (1984) de Alvaro Pombo, o en *El esperado* (1984) de Guelbenzu. En todo caso, si los enigmas (de Benet, por ejemplo) nos llevan, dentro de una referencia intertextual más amplia, a los orbes de Proust, Joyce o Faulkner, las ensoñaciones nos conducirían más propiamente a los de Kafka, Borges, Rulfo, Beckett o Robbe-Grillet. Hay en los enigmas una potenciación imaginativa que ahonda y dilata las dimensiones de lo representable; hay en las ensoñaciones un extrañamiento visionario que las reduce y adensa.

Pero no es sólo que las novelas de Millás ofrezcan una consistencia onírica. Hay sueños serenos, sueños placenteros y sueños angustiosos. A estos últimos llamamos «pesadillas». Las novelas de JJM se configuran primordialmente como pesadillas, en contraste con la indagadora lucidez descriptiva del narrador, sea éste homodiegético (en *Cerbero, Papel* y *Letra*), sea heterodiegético (en *Visión* y en la mayor parte de *Jardín*).

La palabra castellana «pesadilla» (como «letrilla» o «peladilla») resulta trivializada o empequeñecedora, pero lo que designa nada tiene de trivial ni de menudo (como tampoco «guerrilla»), y la definición del *Diccionario de Autoridades* vendría aquí muy a propósito: «Opression del corazón por las especies melanchólicas del sueño, que aflige y contrista al que la padece, pareciéndole que no puede hablar, u dar voces, aunque quiera. Llamanla así porque se aprehende tener sobre sí un gran peso, que no le dexa resollar, ò mover. Lat. *Incubus. Suppressio nocturna*». La «mampesada» (mano pesada), «mampesadilla» o «pesadilla» es una presión, una pesadez sufrida en el sueño, y alude a un espíritu, genio o demonio que toma posesión del durmiente gravitando sobre él. Así lo atestiguan la voz latina «incubus» (en *Cerbero* aparece un íncubo) y las equivalencias

197

en otros idiomas: «Alptraum», «nightmare», «cauchemar». El paciente de la pesadilla resulta ser un poseso mientras contempla escenas angustiosas generadas por figuraciones inconscientes y residuos diurnos.

Juan José Millás parece marcadamente propenso a transfigurar en sus novelas sus pesadillas. Aunque pudieran establecerse muy varios enlaces entre sus cinco novelas, creo que, si reconocemos la pesadilla como la experiencia-modelo de sus fábulas, cabe distinguir tres motivos capitales de angustia: la soledad, la convivencia y la pertenencia.

En *Cerbero* y *Jardín* queda plasmada la pesadilla de la *soledad* del individuo por referencia al núcleo interpersonal consanguíneo: la familia.

En *Visión* y *Papel* amplía JJM el alcance de la pesadilla a un horizonte menos inmediato: la *convivencia* del individuo con otros que, no consanguíneos, le son próximos por edad y trato (amantes, amigos, personas de una generación).

La quinta novela, *Letra muerta*, da forma a la pesadilla de la *pertenencia*: el individuo inconforme que actúa al servicio de un grupo «asocial» para minar a un grupo social aborrecido termina asimilado por éste y despersonalizado bajo la opresión de su jerarquía.

En el único estudio amplio que conozco sobre JJM, advertía Constantino Bértolo Cadenas (1983, pp. 212-13):

> En cierto modo la totalidad, hasta el momento, de su obra, incluyendo la todavía inédita *Letra muerta*, parece responder a un programa sin duda inconsciente, pero no por ello falto de coherencia, pues cada una de sus obras representa una toma de posición con respecto a las figuras primigenias. En *Cerbero son las sombras* sería el padre, en *Visión del ahogado* el amor o la pareja, en *El jardín vacío* la madre, en *Letra muerta* la imagen propia y en *Papel mojado* la amistad. Considerada así, su obra podría entenderse como un proceso de ruptura con aquellos elementos que, disfrazados de realidad, acaso impiden alcanzar lo real.

1. Las pesadillas de la soledad

Cerbero son las sombras, novela-corta relativamente larga («Premio Sésamo 1974») constituye en gran medida una sensitiva sublimación del cuento de horror.

Tanto el sótano invadido de roedores donde el adolescente escribe la carta a su padre como el piso familiar decrépito y destartalado de donde ha huido son variaciones del *espacio lóbrego*, y la cámara mortuoria del hermano en cuya oscura puerta adivina el relator a Cerbero lleva las imágenes de encierro a un extremo infernal. Los elementos temporales se ordenarían desde el pasado próximo (huida desde una comarca mediterránea a la capital, instalación en el piso, esfuerzos vanos del padre por encontrar ayuda para emigrar, encierro del hermano demente en el cuarto donde morirá y donde le ocultará la madre para no complicar el problema de la fuga, llegada de un socorro único inutilizado por las pesquisas policíacas que conducen a los padres a la cárcel) a través siempre del angosto presente del que rememora y escribe, hacia las evasiones del mismo en ensueños sensuales y sentimentales o en indirectas evocaciones de un pasado familiar remoto, hasta algunas anticipaciones fatalistas del futuro. Lo vivido y lo soñado integran un *tiempo caótico suspendido*, aunque el móvil de los agentes de la historia no sea otro que la *huida*.

Entre todos los personajes de esta narración confesional se destaca *el padre acosado*, con quien el hijo se identifica. La soledad ante el peligro, que el acoso presupone, es una forma aguda de extrañación, intensificada por la hostilidad del ambiente y también por el azar adverso (una amiga a quien el padre pide auxilio a través del hijo muere atropellada por un coche ante los ojos de éste). El padre es la figura del vencido, y en la asunción de su dolor por el hijo se descubre un movimiento de compasión del nacido después de la Guerra Civil (Millás nació en Valencia en 1946) hacia quien padeció la derrota, actitud infrecuente en otros novelistas de parecida edad que se desentienden de la lucha sufrida por sus mayores.

El narrador aparece como un miembro de la familia demasiado cerca de su padre y sus hermanos (Jacinto, Rosa), distante de la madre y envuelto siempre en una emoción desesperada que todo lo ensombrece. Aunque el narratario es el padre, el narrador, a partir de la noticia que lee sobre el encarcelamiento de la familia, se va haciendo cada vez más consciente de que su carta nunca llegará a manos de quien él persiste en llamar «padre», «querido padre» casi hasta el final en prueba de la compenetración que busca. El documento, no obstante, se hace *monologal*: la carta al padre se transforma en carta a sí mismo o a nadie. Como «diálogo entre mi memoria y yo» (p. 48) la considera el que la escribe, y aun admitiendo que «estas confesiones no hacen en definitiva más que confirmar mi triste dependencia de ti» (p. 49), no tardará en percibir que «lo que quiso ser un ardid para recuperarte de manera distinta a como nos tuvimos, ya no es más que un monólogo sin pudor» (p. 78). Llama el narrador a sus papeles «refugio de mi identididad», «espiral, que palabra a palabra me vomita» (p. 115) y se avergüenza del dulce escepticismo de sus páginas tan intempestivo frente a las torturas a que supone sometidos a sus progenitores. Si esta escritura para nadie preludia el «papel mojado» y la «letra muerta», una frase penúltima del texto anticipa la «visión del ahogado»: «no quiero sufrir esa horrible sed de recuerdos que acomete a los hombres en sus últimos instantes» (p. 125).

Como una alegoría de la índole extrañadora de la pesadilla puede mirarse la relación que el narrador sostiene con el *incubo*. Es una figura de mujer desnuda, consoladora de la soledad sexual del adolescente, que reaparece en momentos de depresión nombrándole, sonriéndole, besándole, entregándosele, cambiando de apariencia para que él se sienta «libre otra vez de comenzar ahora por su espalda solitaria con la promesa entera de su cuerpo desnudo sentado para mí sobre mi cuerpo, que acaba de aprender en qué consiste ser libre ante otro cuerpo» (p. 21).

El símbolo que centra la novela es la imagen del guardián del infierno: «Sobrepasado el comedor, a mano derecha y precedido de medio metro de oscuridad ilógica (...), adivinamos la puerta del cuarto de Jacinto. Cerbero descansaba vigilando con una de sus cabezas (las otras dos dormían y tú te desangrabas) al visitante hostil, o al forastero desprovisto de los venenos convencionales. Cerbero, padre, son siempre las sombras» (p. 40). El *infierno* de la vida en la tierra, sentido como el infierno que puede vivirse *dentro de la familia*, constituye probablemente el significado trascendental de esta primera novela: la ruina de una familia vencida, el acoso de la negatividad, la obsesión de las sombras, la conciencia del fracaso del padre y del pre-fracaso del adolescente, una confesión en agonía, el descenso al reino de la muerte. Y, aunque la parábola encubre el testimonio, no lo anula: se trata de un tiempo de escasez, de vigilancia y de persecución de *los vencidos*; el hijo habla del «tardío compromiso político» del padre (p. 81), interpretado por la madre como una prueba de la debilidad congénita de aquél y de su ineptitud para la vida, y refiere cómo una hoja atrasada de periódico «me habla de vosotros y cuenta con palabras de orgullo de qué manera habéis sido capturados en virtud de las leyes de la selva» (p. 115).

La pauta espitolar de *Cerbero son las sombras* permitiría interpretar esta carta al padre como una inversión del «Brief an den Vater» de Kafka. Inversión porque la carta de éste es un terrible testimonio de distancia entre el débil y el poderoso («Liebster Vater, Du hast mich letzthin einmal gefragt, warum ich behaupte, ich hätte Furcht vor Dir»: 'Queridísimo padre, no hace mucho me preguntaste por qué digo que tengo miedo de ti' [Kafka 1953, 162]) mientras la carta del narrador de Millás significa la más emocionante prueba de aproximación y comprensión: «Querido padre: Es posible que en el fondo tu problema, como el mío, no sea más que un problema de soledad. Y, sobre todo, de no haber encontrado el punto medio entre la soledad y los otros» (p. 9). Así comienza el mensaje, en el que se hallan declaraciones como ésta: «Entonces te sentía como un desprendimiento de mi ser, convirtiéndome de esta forma en tu causa y a ti en mi resultado. Y si vieras con qué facilidad elaboraba las malintencionadas palabras de mamá para recuperar tu verdadera imagen, comprenderías tal vez cómo mi amor te ha perseguido siempre» (p. 80).

La «carta al padre» es, en consecuencia, un *poema de amor*, y dentro de él se inscribe el *cuento de horror*. Si un afecto tan patético al padre por parte de un adolescente puede resultar extraño (¡tan antiedípico!), extraños resultan igualmente los ingredientes terroríficos al modo de Poe, singularmente el caso del cadáver en el armario. Aquí la negatividad (tristeza, miedo, abatimiento) viene contrabalanceada por la casi fría descripción de los pormenores y por una ironía que, cuando lo macabro se extrema, bordea la parodia. Pero se trata sólo de toques de humor más situacional que buscado. La función primaria del cuento es describir la angustia; la de la carta, configurar el desamparo.

Después de *Visión del ahogado*, que no tiene un protagonista singular preocupado por su familia, JJM da en su tercera novela, *El jardín vacío*, una nueva versión de la problemática familiar ofrecida en *Cerbero*.

En una comprensiva reseña de esta tercera novela, reconocía Francisco Solano «la persistencia de la pesadilla», observando que su autor, a riesgo de parecer reiterativo, había preferido la profundidad a la expansión: «*El jardín vacío* es una novela soñada, o mejor estructurada como un sueño que fuera una pesadilla» (Solano 1982, p. 15).

En efecto, la pesadilla persiste en *El jardín vacío* y se intensifica. Pero no es pesadilla generada como en *Visión del ahogado* por la fatiga del convivir, ya que aquí apenas puede hablarse de convivencia, sino engendrada como en *Cerbero* por la soledad. Por una soledad absoluta.

«Jardín vacío» es un curioso oxímoron por cuanto «jardín» significa un terreno delimitado donde se cultivan plantas, pero «vacío» despoja de vegetación a ese cercado. El jardín vacío es el de «la Moñitos» (pp. 88, 125), donde se enterraron cadáveres clandestinamente y que fue por tanto un cementerio bien abonado que ahora Román y su hermana Juana, entre añoranzas de niñez y de mocedad, visitan y encuentran desierto y ruinoso, como ruinoso y desierto aparece el barrio de la capital adonde, años atrás, emigró la familia de Román el Carfólogo en busca de una seguridad y una mejoría nunca logradas. Pero «jardín vacío» es también el de la casa que la familia alquiló, después llamado «patio», y en el que los escombros acumulados permitieron conservar tan sólo «lo que ya había resistido a la ruina anterior: el laurel, las lilas y las tres acacias» (p. 156). Y «jardín vacío» es, por extensión, la infancia y adolescencia de Román exploradas a su edad adulta en una sonámbula búsqueda del pasado. La casa, las calles, el barrio que el municipio está demoliendo, todo asoma a través de esta novela-sueño en forma laberíntica y subterránea, como un mundo de ruinas y espectros, infierno de la desolación o cementerio entreabierto para quien, moribundo, padece visiones de ahogo en última soledad.

El texto, protagonizado por este actor de su psicodrama, lo integran cinco cartas suyas y unos segmentos en los que la instancia narrativa puramente presentadora describe, refiere y hace dialogar o monologar a las sombras de aquella conciencia, casi siempre acompañando la perspectiva de Román por adherencia y a veces cediéndole la palabra.

Se entretejen en una atemporalidad sómnica el pasado (emigración a la ciudad, niñez, colegio, adolescencia) y el presente (visita de Román a la casa, después de larga ausencia, para recuperar la enciclopedia que el padre guardara en el desván y para indagar en su oscuro pretérito). De los nueve capítulos en que el texto se divide, los impares son los más ligados al presente, y en ellos se transcriben los mensajes que Román dirige a los miembros de «El Muelle Real» difundiendo planes de exterminio inspirados en el odio y consagrados a la venganza. En los capítulos pares, en cambio, domina la excavación del pasado. Observa Constantino Bértolo que entre estos dos bloques narrativos, el del «regreso a la infancia» y el que contiene las «cartas clandestinas», se establece una «tensión dialéctica» (Bértolo 1983, p. 203). Esa tensión sería, a mi parecer, la que conduce del sufrimiento del muchacho a la imaginaria agresividad del adulto, y reconduce al solitario agresor desde su proyecto de venganza universal a la búsqueda del objeto amado (la enciclopedia: el mundo en un libro de ordenados saberes que conjure el caos) y a la comprobación de sus raíces familiares.

La familia se compone de los mismos miembros que en *Cerbero*: el padre (perseguido), la madre (arisca y quejumbrosa), el hijo que todo lo mira y lo soporta (el sufriente), el hermano alejado (aquí Luis), la hermana graciosa o atractiva (Juana), más el fantasma de un hermano menor, Gabrielín, muerto muy niño por un golpe no intencionado del padre. Se diría como si el Jacinto de *Cerbero* se hubiese desdoblado en Luis y Gabrielín: un mísero conserje de una casa de baños públicos (Luis, con «el rostro deformado por numerosas vesículas blancas y traslúcidas que disminuían de tamaño en dirección al cuello», p. 42) y un niño muerto, enterrado en el *jardín vacío*, del que sólo queda el cochecito, la aprensión de unos leves pasos por la escalera, y el dolor de la madre, a quien el narrador compenetrado con Román llama siempre «la vieja».

Los objetos en que obsesivamente se condensa ese mundo de desolación visitado por el adulto son ciertas *cosas de la casa* investidas de un sentido ominoso: el cochecito del niño muerto, la silla de ruedas que el helero cedió a Jerobita y en la que ahora se desplaza la madre torpemente, el gancho de la lumbre con que el padre mató sin saberlo al niño y con el que la madre hiere a Román, el balaustre donde «la vieja» encerró el revólver que el padre guardaba peligrosamente, los mazos de sobres que Román lleva en el bolsillo para enviarlos a sus invisibles cómplices, y el laurel del patio a cuya inconsciencia aspira el siempre insomne: «¿En qué consiste, en qué puede estribar ser yo y que yo sufra miedo? ¿Por qué no estar presente sin sentir? Ser otro que no sufre y ve las cosas, como el laurel, como el laurel» (p. 19).

Si los tiempos alternantes pueden distinguirse en los dos bloques indicados (la *pesadilla actual* y sus *sustratos en el pretérito*), el movimiento que guía la combinación de tiempos en el seno de una atemporalidad onírica podría definirse como *la persecución*, pero ahora no padecida (como en *Cerbero*), sino movilizada desde el sujeto hacia los otros o hacia lo otro. Y persecución en doble sentido: el sujeto persigue a otros para darles muerte, y persigue los rastros de su propia identidad a través del pasado que, desde su sueño de agonía, exhuma.

Román vive vida mínima para vengar en otros seres (palomas envenenadas primero, hombres exterminables después) el odio absorbido. Cargado con la dudosa culpa de haber motivado la huida de su padre en una forzada confesión de colegial, parece ser además el instigador de la aversión de la madre que le agrede, el torpe enamorado de su hermana a la que acompaña en un viaje al ayer que es descenso a los subterráneos de la libido reprimida, y es el propagandista de una campaña, supuestamente cursada por correo, de aniquilamiento del prójimo, campaña que termina o se interrumpe porque la policía se infiltró en la asociación. Al final de esta pesadilla, Román bien puede ser el asesino de su madre y de su hermana, por asfixia preparada en el brasero con que aliviaba los fríos de la anciana, o el agonizante contemplado por ambas. Habitante del barrio, apenas poblado, de la capital devoradora, en un tiempo confuso (aunque posterior a la Guerra Civil: ciertos indicios datarían el caso en los primeros años 70), el sujeto recuerda, delira o expira en sueños, y entremata y entreama en sus sueños a la madre y a la hermana, a la vieja y a la joven, asediado por la muerte propia.

La extrañación es total en el protagonista, hasta el punto de que el mundo (familiar y social) sólo se le hace perceptible como objeto de persecución. Pero el persecutor tiene aquí también quien le persiga: la madre. Si en *Cerbero* el adolescente se identificaba con el padre acosado, en *Jardín* el adulto (que bien podría ser aquel mismo adolescente reiterando de otro modo su angustia) se enfrenta a cada paso con *la madre acosadora*: ella le acusa y le hiere y le subyuga, y es la persona odiada de quien él depende y a quien sueña acariciar, confundiéndola con la hermana, como en un acto de benevolencia previo al asesinato.

Acerca de la familia y de los vecinos del barrio el narrador da siempre la visión que el protagonista concibe, de suerte que aunque la voz sea mayormente del narrador, la perspectiva es unitariamente la del protagonista, *el visitante de su soledad*. Las situaciones así enfocadas son siempre las mismas y repetidas: el hijo ante la anciana madre, saliendo, volviendo, siguiendo a la hermana; las «circulares» enviadas por el maniático (o paranoico) a su organización en último término unipersonal (tales circulares son variaciones burocráticas, o programas de acción regulada, del *monólogo* solipsista); murmurantes reminiscencias de una mocedad torturada; soledad sepulcral.

Evoca de algún modo el siniestro espectrograma de JJM, sin perjuicio de su originalidad, las «postrimerías» de Beckett, y no parece atestiguar nada que no sea la silenciosa aproximación del espanto. Algo recuerda también esta novela a Rulfo y a Onetti, por la desolación. Y la extraña humanidad que la puebla pudiera relacionarse con la de las últimas novelas de Juan Goytisolo, particularmente *Paisajes después de la batalla*: metrópolis como necrópolis, epistolografía autista, dispersión, pesadilla de la hecatombe, mundo monstruo.

El extrañamiento presentativo quizá se advierta más en esta novela que en ninguna otra de Millás, por ser ésta la menos referida a un aquí y un ahora. Siguiendo la pauta de las operaciones del sueño estudiada por Freud, podría verse la condensación llevada a grado superlativo en *las circulares sin destinatario*, el desplazamiento extremo en *la confusión de los personajes* (Román padre y Román hijo, los hermanos Luis y Gabrielín, la madre y la hermana) y la transformación de ideas en imágenes visuales encarnada en cuantos objetos ominosos quedan indicados pero sobre todo (porque es el objeto que guía la pesquisa) en *la enciclopedia*.

El infierno de *Cerbero* se ha convertido aquí en *cementerio* (el dolor en muerte, la resquebrajadura en devastación). Los vencidos de la primera novela son ahora *los expulsados*. Y, literariamente, el cuento de horror que allí se alojaba en la carta de amor filial, ha dejado paso al *poema sómnico* en el que se inscribe (no sin algunas vetas paródicas) la espeluznante fantasmagoría.

2. Las pesadillas de la convivencia

Los solitarios de *Cerbero* y *Jardín* experimentaban sus soledades entre la familia o frente a ella. Los protagonistas de *Visión del ahogado* y de *Papel mojado*, aunque padezcan también la soledad, se mueven en relaciones (aunque mendaces) de amor y de amistad pasajeros.

Visión del ahogado, la novela que abrió en 1977 la tan brillante colección «Literatura Alfaguara», podría considerarse la novela más realista de JJM, si por realismo se permite entender convencionalmente la referencia a un mundo históricosocial concreto perceptible por el lector sin mayores esfuerzos. El lema de John Le Carré («Fue de nosotros de quienes aprendieron el secreto de la vida: hacerse viejo sin hacerse mejor») revela ya la intención de mostrar un proceso: unos seres que eran débiles o pequeños no mejoran con el paso del tiempo.

Horas lluviosas de una mañana de abril, en Madrid, cerca de la estación de metro de Pueblo Nuevo, en las alturas de Alcalá. Protagonizan la historia Jorge, amancebado con Julia; ésta, separada de su marido hace casi un año; el marido, llamado Luis, apodado «el Vitaminas»; y, al fondo, un tal Jesús Villar, esposo de Rosario, antigua compañera de Luis y de Jorge en una academia de bachillerato de la calle de Fuencarral. Son personas de alrededor de los 30 años, de quienes conocemos también, gracias a frecuentes rememoraciones suyas y a capítulos analépticos del narrador insertos entre los que exponen el presente, sus tiempos de estudiantes (tardíos) de enseñanza media. Jorge se había prometido años atrás ver a Julia desnuda y poseerla, y cumplió lo prometido el verano anterior a esta lluviosa mañana, al saber que Luis la había abandonado a ella y a una niña de muy poca edad, fruto del matrimonio. Vive Luis de atracos en farmacias, un modo cualquiera de manifestar su afán de singularidad y su odio al mundo. Julia y Jorge se entregan a un erotismo ansioso en un medio moral y económicamente tan sórdido como aquel en que vivieron Jorge, Luis y los compañeros y compañeras de la academia.

La narración primaria abarca sólo esa mañana, desde que Luis, seguido por un policía, le hirió a la salida del metro, hasta que otros policías vienen a buscarlo donde se ha refugiado: en el sótano de la casa donde su mujer y Jorge copulan, riñen, temen, sospechan y se apartan. Al saber a Luis en el sótano, el amante abandona a la amante, y ésta ayudará a la policía a que el fugitivo capitule. Tiene entonces Luis, cortada toda relación a la realidad, una visión global de su vida y de su miedo: «Ya han abierto la puerta del cuarto de calderas. Los oídos oyen lo que no escuchan, los ojos miran algo que no ven (...). Julia, desde la puerta, insiste y ruega, pero el Vitaminas responde sin despegar los labios: cállate, cállate, ¿no ves que estoy sufriendo la visión del ahogado?» (p. 237).

Constituiría, por tanto, la trama de la novela el paso de una relación entre amantes desde el desgaste a la ruptura, a través de un breve y violento proceso terminal. Y la visión del ahogado, aunque enunciada sólo al final desde la imposible voz del delincuente, afecta a todos los personajes y satura el clima asfixiante de la historia.

Predomina en esta novela el *espacio cerrado* sobre el abierto. El piso de Julia (en especial el cuarto de baño donde ella ensaya escenas sensuales y el amante se encierra para aislarse) y el cuarto de calderas (nuevamente otro sótano) donde el malhechor se esconde como quien para morir anhela el retorno a una entraña, preponderan sobre la presencia de las calles que, a causa de la lluvia pertinaz, semejan también ámbitos cerrados, por la lluvia y por el acoso del perseguido, pero también porque la puntualización nominal que el narrador hace de ellas (nombres siempre de Vírgenes) reduce la ciudad a un plano celosamente atendido por los perseguidores. Algo parecido cabe decir del espacio principal en las retrospecciones: la academia estudiantil es casi sólo un cuarto de baño donde chicos y chicas se masturban, y en derredor de este vertedero de represiones, sólo aparecen nombres de calles o locales (Fuencarral, Malasaña, Café Comercial).

Incrementan la impresión de encierro ciertos objetos que, magnificados por la lupa del «nouveau roman», ostentan poderes obsesivos. Son *señales espías*, signos que alcanzan volumen simbólico por el espesor con que se sienten. Tales son el desconchado del espejo de Julia en forma de cerradura (que tantas fascinaciones autocontemplativas le inspira); el abrigo rojo con cuatro grandes botones, de la misma Julia, que imanta el afán posesivo de Jorge; o, sobre todo, los objetos en que el delincuente concentra su atención desviándola del acoso: la navaja automática en su bolsillo, los «optalidones» que ávidamente ingiere, la barra de pan, los enseres del sótano entre los que intenta acomodar su agónico sueño.

Los *estratos temporales* enfocados son tres: la mañana de la acción primaria; el mes de julio del año anterior, cuando los amantes empezaron sus relaciones; y un tiempo que se remonta diez o doce años atrás (hacia 1963) cuyo enclave principal es la academia de Fuencarral. De los 41 capítulos, no numerados, de que consta la novela, cuatro se refieren al pasado próximo y seis al lejano.

El uso mayoritario del presente verbal en lugar del perfecto simple en los marcos donde ocurre la acción primaria (el piso, las calles y el sótano) imprime a las escenas una inmediatez cinematográfica. Pero abundan los motivos repetidos, y en los capítulos del tiempo lejano aparece a menudo el tiempo iterativo, el de las costumbres. Una gran facilidad para sumergirse en sueños e hipótesis distingue a Luis el Vitaminas, a Villar y al portero del inmueble, denominado «el ratón» por su actitud husmeante. Y el mayor alarde de ruptura de la secuencia temporal se da en los capítulos en que se evoca una misma coyuntura desde perspectivas varias: pasa el coche-cisterna alarmando a los transeúntes, se detiene el autobús que al interponerse entre los observadores del bar y la puerta del inmueble impide el acecho de los vigilantes, entra el fugitivo en el sótano aprovechando la ocasión, y la atención de Villar enfoca aquella puerta en ese preciso lapso de tiempo.

El narrador emplea siempre la tercera persona con una circunspección neutralmente distanciada, pero asume la locución de los personajes con la frecuencia necesaria a un texto que resulta monologal incluso en las frecuentes conversaciones, o plurimonologal, ya que *los amantes extrañados*, mientras dialogan, se apartan hacia memorias y recelos, y el errabundo Luis monologa durante todo su furtivo callejeo. Aunque el narrador ceda la palabra a cada uno cuando conviene, imprime al decir de todos una tonalidad sombría de miedo, de fracaso y de tristeza estéril. Dentro de la conciencia del que lee, vendría a configurarse el narrador como un *ubicuo testigo presencial* cuyo atestado consistiera en describir sin inmutarse una acusación general.

Narrador de esta índole no necesita sentir piedad ni crueldad, y no parece sentirlas. La fábula, casi más malvada que mezquina, arranca de la extrañación para acabar en ella: ruptura de los amantes, captura del facineroso que ni siquiera muere («un médico ha dicho que se va a joder, que un lavado de estómago y listo», cuenta el ratón a los curiosos tras haberles notificado que el delincuente parecía estar a punto de ahogarse por haber ingerido todo un tubo de pastillas); y una paliza de la policía es lo que logra Jesús Villar por haberse entretenido en comunicar pistas falsas.

La frustración y la malignidad del trío protagónico se condensa, como caricatura, en Jesús Villar, que se enardece proyectando hacer llamadas anónimas, mandar telegramas amenazadores, rayar coches, pinchar ruedas, envenenar al perro del vecino, incendiar buzones, etc. Luis en su delincuencia gratuita y Villar en su agresividad por venir, son tipos intermedios entre el gamberro y el terrorista que quisieran vengar un día el falseamiento contraído en la adolescencia haciendo saltar el mundo en pedazos.

Convergen hacia la extrañante frialdad discursiva del narrador los *monólogos dialogados* de la pareja amante y los *soliloquios* del perseguido y del aspirante a terrorista, y ellos y sus compañeros de generación atestiguan el *desplazamiento* en el mundo: lo que viven y sueñan son *visiones de ahogados*.

El significado simbólico de *Visión* no sería otro que el fracaso de las relaciones amorosas y amistosas: *la angustia de un convivir* inauténtico.

Aunque el narrador soslaya los informes de época, alude a los primeros años 60 (asesinato de Kennedy) para la adolescencia de sus personajes, en la página 193, subrayando la falta de conciencia cronológica de éstos. Son *los desplazados del 60*, con su vaivén de la apatía a la anarquía, los que atestiguan el franquismo avanzado, ya marchito y extenuante, en que se formaron o deformaron. Y la novela capta muy eficazmente ese *ritmo de angustia* de una juventud incapaz de mejorar: «Pasan los años — dice Jorge — sin que nada, bueno o malo, madure en mí. No soy peor ni mejor que aquel adolescente insoportable. Ni siquiera soy distinto. Me parece que no tengo acceso a nada. Me parece que todo esto ya estaba previsto» (pp. 211-12).

En medio de su bajeza, Jorge es el personaje que conserva suficiente clarividencia para reflexionar, y a menudo se refiere a la falsedad y al vacío suyo y de sus compañeros. Particularmente sarcástica es su postura ante el efecto mentiroso de las canciones y del cine.

A Julia le gustan las canciones y tiene siempre abierto el tocadiscos («Guardo tan bellos recuerdos que no olvidaré», p. 140; «no pudo ser aún después de haberte amado tanto», p. 143, etc.). Jorge aborrece este contagio: «no me obligues a aceptar que es imposible vivir fuera del repertorio emocional de las canciones y películas de nuestra adolescencia» (p. 149); «El cine y las canciones nos han proporcionado unos modelos de comportamiento que no guardaban ninguna relación con nuestras circunstancias. Y nosotros hemos ido por ahí, como idiotas, inventando un pasado intenso y doloroso, porque no sabemos disfrutar de nada, excepto del dolor, siempre y cuando nos llegue convenientemente aderezado» (pp. 210-11).

Un factor sobresaliente en esta segunda novela de JJM es el cine, como materia de frecuentación y como procedimiento óptimo para definir situaciones y percepciones, y es la explicitud de la referencia al cine lo que aquí me parece nuevo (no el influjo de la técnica cinematográfica en la novelística, fenómeno archiconocido).

Para aquellos adolescentes de los años 60 el cine es un hábito: Jorge bebía un trago de cerveza «mientras la gente que salía de los cines invadía el ambiente con los brazos morenos y las sonrisas del verano» (p. 59); Luis, hablando con Jorge, alude a otros compañeros atentos a «la atractiva imagen aprendida en las historias de amor y guerra de las películas americanas» (p. 186); y el narrador cuenta de las salidas dominicales de Luis y Julia: «Entonces conocieron los cines de estreno, en donde las manos y las bocas se movían con más dificultad a cambio de un ambiente seguro en el que no se olía otro sudor que el segregado por Luis» (p. 191).

Pero el cine es también un modo de mirar. Julia tiene la visión de una niña, que es ella misma en su pasado y su hija en el futuro, la cual corre por un bojedal entre arbustos difuminados por una luz marina: «la escena recuerda demasiado a algunas secuencias habituales ya en algunos anuncios encargados de promocionar un suavizante para el cabello o un abrillantador de dientes», y ahí mismo, va contemplando Julia en su imaginación, como en una pantalla, «escenas» diversas: con Luis por la calle, con Jorge en el guateque en que se conocieron (pp. 38-41). El ratón «con gestos aprendidos en las películas americanas y repetidos hasta el aburrimiento en su garita de portero, husmea la casa» (p. 95). Jorge se desnuda y penetra en la cama de Julia, «quien en seguida le ofreció de su propio cigarro, como suelen hacer en algunas películas quienes acaban de someterse a una intensa sesión amatoria» (p. 209). Pero es en las secuencias protagonizadas por el acechante Jesús Villar donde más se exhibe la percepción cinematográfica: «Influido probablemente por la experiencia del cine, piensa [Villar] que los ojos, más que recibirlos, emiten los espectros que se ordenan en el espacio» (p. 196), o, mientras observa al fugitivo, «rememora — utilizando una técnica cinematográfica — algunos instantes de su vida amorosa envenenados por el espectro del Vitaminas» (p. 198).

En cierta manera *Visión del ahogado* parece una *narración policíaca* filmable, con su delito al principio, su delincuente, la celada, la comisaría, el inspector, los delatores. Sólo que tal esquema se subordina al *cuadro de una generación* frustrada que mira hacia atrás para comprobar su inerte prolongación en un presente sin esperanza.

A seis años de distancia de *Visión* y a dos de *Jardín* publica JJM en 1983 *Papel mojado*, novela escrita al mismo tiempo que *Letra muerta* según advierte Constantino Bértolo, autor de un muy cuidadoso estudio de *Papel mojado* que me exime de una consideración más amplia.

Papel mojado, que se ocupa también de una generación y no de una familia, es cabalmente una novela policíaca de las que en estos años han ensayado escritores tan exigentes como Juan Benet, Eduardo Mendoza o Manuel Vázquez Montalbán (María-Elena Bravo 1986). Difiere de *Visión del ahogado* en el hecho (común a las restantes novelas de Millás) de estar protagonizada por un escritor, lo cual trae consigo las reflexiones autocríticas o metafictivas y la presencia, más o menos tenue, de un narratario. Pero justifica la agrupación de *Papel* junto a *Visión* la circunstancia de que ambas novelas sean trasuntos de la pesadilla de la convivencia. No se me oculta que soledad y convivencia son estados inconcebibles el uno sin el otro: la soledad se hace angustiosa por la falta de una convivencia auténtica, y la convivencia puede experimentarse como pesadilla cuando imposibilita una soledad fecunda. En todo caso, si el adolescente de *Cerbero* y el adulto de *Jardín* padecen sus soledades frente a una familia, los adultos de *Visión* y de *Papel* sufren inmersos en una convivencia desasosegante.

Como bien dice Constantino Bértolo (1983, p. 211) el protagonista de *Papel mojado* no es Manolo G. Urbina, quien hasta el último capítulo parece estar escribiendo el texto, primero para sí y luego para dárselo a leer al inspector Cárdenas, pero tampoco Luis Mary, amigo de aquél y asesinado por aquél, quien en el capítulo final resulta ser el autor de la novela acerca de su propia muerte, ya que en el relato Luis «no funciona como presencia individual»: el protagonista es «el amor–odio hacia Luis Mary (y su viceversa) al que Manolo está encadenado». En otras palabras: el vengativo Manuel suplantaría como autor al vengativo Luis; Manuel-Caín es previsto por Luis-Abel, que con su triunfo póstumo como escritor vendría a matar a su matador, si en una ficción pura cabe hablar de que alguien mate a alguien o uno suplante a otro. Admitida, sin embargo, esta ficción que en su propia textura aniquila cualquier atisbo de realidad, la primera lectura del texto permite creer en una realidad referencial imaginada por Manuel, y la lectura segunda puede conservar tal imaginaria referencialidad si el intérprete así lo desea, pues en la novela hay datos «reales» incorporados: las calles de Madrid, un ambiente actual, ciertas canciones, los manejos de las multinacionales, el tema de la ecología, etc.

Como en las novelas anteriores de JJM, el espacio es aquí la capital de España, agitadamente recorrida por el asesino-detective, el cual termina siempre las jornadas en su *piso de soltero*, celda más confortable donde no hay roedores pero sí hormigas. Y entre los objetos que cobran realce sintomático el más destacado son los *papeles*: los del texto mecanografiado, los de la víctima guardados en una cartera muy codiciada, los destinados a falsificar billetes. La «pesadilla» (menos grávida que en las otras fábulas de Millás) gira en torno a los papeles.

Determina la articulación del relato *la semana de las averiguaciones*, y el movimiento en el tiempo consiste en *la investigación del propio crimen* repartida en parciales y precipitadas diligencias que ponen al sujeto en contacto frecuente con Teresa (antiguo amor de Manuel, relacionada después con Luis) y Carolina Orúe (esposa de Luis, relacionada luego con Manuel e implicada en el asunto de los monederos falsos). Viene a ser, por consecuencia, el narrador *el detective de su propio asesinato* ficcionalizado antes de su muerte por *el novelista póstumo*.

La revelación tardía de la «verdad» (por llamarla así) reduce todo a *ficción*, y la *usurpación del yo por el otro* (de neto sello unamuniano) remite también, como apunta Bértolo, a las ficciones de Borges y a *Los adioses* de Onetti, sin menoscabo de la gracia humorística que aflora en cada página.

«Esto es papel mojado, amigo, letra muerta, y más vale que sea así, pues de tener alguna utilidad, ésta no sería otra que la de llevarle a usted a la cárcel», dice el inspector al asesino desenmascarado, al final del texto. Gracias a que la literatura es *papel mojado* no habrá castigo para el criminal ni siquiera dentro de la ficción, menos aún en una realidad hipotética a la que correspondiera esa ficción («To create fiction is, in fact, a way to abolish reality, and especially to abolish the notion that reality is truth», Raymond Federman [citado por Gerald Graff 1979, p. 171].)

Papel mojado puede considerarse una *parodia* posmoderna de la novela policíaca llevada al *vértigo fictivo*: a la vez burla y homenaje, «repetition with critical difference» (Linda Hutcheon, 1985, p. 114). Pero el sentido históricosocial concuerda con el de *Visión del ahogado*: «La nuestra fue una generación de indeseables que habrán de sufrir quienes nos sigan. ¡Qué distancia insalvable entre lo que quisimos ser y lo que éramos! Lo grave, con todo, es que no carecimos de inteligencia, pero nos sobró orgullo o pereza» (p. 117).

3. La pesadilla de la pertenencia

El protagonista-narrador de la última novela de Millás, *Letra muerta*, es un tipo de 33 años que a los 18, debido a cierta humillación inolvidable, se reconoció pobre, a los 16 se había sabido feo, y ahora además comprende que no es inteligente. Este ahora desde el que escribe se encuentra a bastante distancia del año en que Franco murió (p. 45). Convertido en lego de un convento bajo el nombre de «Hermano Turis», escribe en unos cuadernos escolares un documento privado en el que se manifiesta escindido entre su originario terrorismo y su paulatina habituación a las costumbres de la comunidad religiosa que intentaba minar.

Aunque Turis acusa indudables semejanzas con el solitario de *Cerbero*, con el aún más solitario Román de *El jardín vacío*, y con el maniático enemigo público Jesús Villar de *Visión*, su pesadilla no es de soledad en la familia ni de convivencia en la sociedad (en el cabal sentido de este término), sino la angustia del individuo intentando determinar a qué comunidad (organización, partido) pertenece: si al grupo terrorista empeñado en destruir la tradición o al grupo estabilizante obstinado en preservarla. Y el resultado es el desvanecimiento del individuo entre uno y otro extremo (el uno era el otro) y su conversión en juguete de la jerarquía. Turis va sintiendo esta metamorfosis y va escribiéndola en esas páginas que él llama «letra muerta» porque no van a nadie, pero su ayudante más práctico (Seisdedos) le explica el caso al final muy nítidamente:

> Usted ha querido siempre tener una experiencia de lo no permitido, a condición de que el precio que hubiera de pagar no fuera demasiado alto. Su cobardía, pues, le trajo aquí y su cobardía también le va a permitir en el futuro, cuando goce de cierto adiestramiento, tener esa experiencia de lo prohibido bajo la protección de la Iglesia. Actuará usted en sentido contrario al que pretendía actuar como terrorista, pero actuará, que es lo único importante. Mire usted, hermano, el Papa no existe; tampoco existo yo ni usted ni el superior de esta comunidad. Lo que existe son todos esos lugares que ocupamos, pero las personas son intercambiables. Acepte eso y aceptará también que usted ha encontrado entre nosotros su lugar. (pp. 131-32)

El principal enclave espacial de *Letra muerta* es la *celda* desde donde escribe el Hermano Turis, y cuando no se trata de la suya se trata de la del Padre Superior (visto con atributos demoníacos) o las de otros religiosos. Turis escribe, reflexiona y se mira al espejo comprobando en él su aspecto cada vez más craso, blando, pálido y sedentario. Y, entre los *fantasmas del convento* con los que al principio convive y a quienes al final pertenece es el postergado humanista Padre Beniopa el que le dice palabras de mayor elevación y el adolescente Jesús quien acaba ejerciendo sobre él la fascinación homoerótica que le encadena.

Reflejan los cuadernos de Turis su vida y su pensamiento desde *el otoño de la confusión* (primera parte, siete capítulos) hasta *la primavera de la aclaración* (segunda parte, cinco capítulos), y de una a otra estación se va cumpliendo la *metamorfosis* del sujeto: de la rebeldía a la sumisión.

Si ya antes de acometer su ensayo de terrorismo disimulado, vivía Turis como funcionario ministerial extrañado del mundo y ansioso de descargar contra él su rencor, cuando percibe en el convento que la Organización le ha olvidado oscila entre su inquina inicial contra la comunidad que le rodea y la presión que ésta, entre suavidades y asperezas, va ejerciendo sobre él hasta doblegarlo. Así antes como después, se ve dominado por *socios tentadores*. Primero se trata de su compañero de oficina, José, que le dibuja planes muy semejantes a los de Villar y Román en las otras novelas: cambiar el mundo, liquidar «esta nueva forma de barbarie y de opresión que llaman democracia», poner bombas, multiplicar amenazas, etc. «Todos los sueños de dedicar mi vida al servicio de la venganza quedaron colmados», confiesa el mismo que, tiempo después, tendrá que admitir haber perdido, tras la muerte de su madre y bajo los efectos narcóticos de la vida conventual, «una suerte de odio o rencor que hasta entonces había sido la justificación de mi vida» (pp. 91, 131). Durante su enfermedad (símbolo de su crisis) ha recordado la alternativa que el Padre Provincial, en Madrid, le había planteado: o integrarse en la vida religiosa como uno más, o colgar la sotana; y la costumbre y el miedo le incitan a someterse: «Evoqué el seminario, sus pasillos, sus sombras, Jesús, la letra muerta ... Me parecía todo tan protector, tan adecuado a mis intereses más profundos que tuve un movimiento de terror al pensar que pudieran arrojarme de allí a las tinieblas exteriores» (p. 116).

El narrador funciona a lo largo de su escritura como *el observador de su propio envolvimiento*, como el actuario de su involución. Y él es también el narratario puesto que sus cuadernos no van destinados a nadie que no sea él mismo y constituyen un *diario* privado y oculto: *letra muerta*. «Este papel mojado, esta letra muerta, este texto sin futuro, parece destinado a recoger los desperdicios de mis fluctuantes estados de ánimo» (p. 81). Si en un punto considera los cuadernos «a modo de certificado o fe de vida» (p. 76), la lectura del «sumario» que ellos componen le ilumina más adelante con cierta lentitud «una serie de conclusiones a las que un hipotético lector, algo más inteligente y menos implicado que yo en estos sucesos, habría llegado con la lectura de la primera parte» (p. 129). Pues *Letra muerta* erige en la misma figura del escritor la figura del lector que llega a comprender la consumación del proceso intuido al principio: «mi apariencia no remitía a otra realidad que no fuera la apariencia misma. Realidad y aspecto comenzaban a confundirse; empezaban a ser la misma cosa» (p. 54).

La *acomodación* del individuo al grupo compendia el significado de la novela: a fuerza de aparentar, se viene a ser aquello que se aparenta. El individuo se transforma en *autómata*: una apariencia de individuo manejado o conducido realmente por una instancia superior cuyos fines permanecen ocultos al obediente muñeco.

Letra muerta vendría a ser el ejemplar más denso de *metaficción* conseguido por su autor, que ya tendía hacia ella desde el primer relato. Junto al proceso de transformación de la apariencia en ser (proceso signado por la ignorancia y el olvido, como en *El castillo* de Kafka) se da, en superior realce, el proceso de rivalidad entre la vida y la escritura, con la victoria última de ésta:

> (...) intentaré ser práctico durante las siguientes hojas, que coinciden con el fin del último cuaderno, para agotar de forma eficaz esta clase de muerte atenuada que es mi letra y con la que ya no pretendo tanto contar lo inenarrable como cerrarla al ritmo de la

forma que a mi modo de ver ha ido adquiriendo en estos meses de agonía. Con esta precisión quiero decir que una cosa es mi vida y otra es esta letra muerta (...). Y puesto que parece que tengo que elegir entre ser fiel a mi vida o ser fiel a esta letra, elijo la segunda de ambas lealtades, ya que estos cuadernos, leídos desde la placidez de la convalecencia, han mostrado también una mayor capacidad de respuesta a los estímulos bajo los que fueron escritos. (p. 128)

No es usual, hoy en día, emitir juicios de valor sobre las obras literarias, pero no quiero terminar estas páginas sin declarar que, para mí (el lector que tengo más al alcance), cada una de las cinco novelas de Juan José Millás representa una composición imaginativa de singular lucidez, de apurada nobleza y de extraña hermosura. Las pesadillas configuradas, aunque traduzcan obsesiones de la persona o porque las traducen, alcanzan una virtud cognoscitiva actual y universal. Los personajes que habitan esos sueños de angustia, aunque reconozcan el rencor que les mueve o porque tienen la franqueza de confesar su anhelo de venganza contra el mundo, realizan una búsqueda de sentidos y de valores tan arriesgada que de ellos mana algo como una perversa aureola de santidad. Y el verbo puntual, contenido, nunca hiperbólico, siempre exacto y conciso, de los textos de Juan José Millás, levanta desde el horror edificios poemáticos destinados a memorable supervivencia.

REFERENCIAS

Bértolo Cadenas, Constantino. «Apéndice» a J.J. Millás, *Papel mojado*. Madrid: Anaya, 1983, pp. 185-213.

Bravo, María-Elena. «Literatura de la distensión: el elemento policíaco», *Insula*, 472 (Marzo 1986), 1 y 12-13.

Graff, Gerald. *Literature Against Itself. Literary Ideas in Modern Society*. Chicago: The University of Chicago Press, 1979.

Hutcheon, Linda. *A Theory of Parody. The Teachings of Twentieth-Century Art Forms*. Nueva York y Londres: Methuen, 1985.

Kafka, Franz. «Brief an den Vater», en *Hochzeitsvorbereitungen auf dem Lande und andere Prosa aus dem Nachlaß*. Frankfurt a.M.: S. Fischer, 1953, pp. 162-223.

Millás, Juan José:

Cerbero son las sombras. Madrid: Las Ediciones del Espejo, 1975. 143 págs.

Visión del ahogado. Madrid: Ediciones Alfaguara, 1977. 238 págs.

El jardín vacío. Madrid: Legasa Literaria, 1981. 172 págs.

Papel mojado. Madrid: Ediciones Generales Anaya, 1983. 181 págs.

Letra muerta. Madrid: Ediciones Alfaguara, 1984. 132 págs.

Solano, Francisco. «La persistencia de la pesadilla», *Libros*, 4 (Febrero-Marzo, 1982), p. 15.

Todorov, Tzvetan. *Introducción a la literatura fantástica.* Traducción por Silvia Delpy. Buenos Aires: Editorial Tiempo Contemporáneo, 1972.

ANA MARÍA MOIX AND THE "GENERATION OF 1968"; *JULIA* AS (ANTI-)GENERATIONAL (ANTI-)MANIFESTO

C. Christopher Soufas, Jr.
Louisiana State University

Perhaps the most powerful Spanish literary-critical concept to emerge in this century is that of the literary generation. The study of the literature before the Spanish Civil War, largely unified under the concepts "Generation of 98" and "Generation of 27," has been dominated by an idea that, on the surface at least, seems as compelling as it is simple. A number of post-Civil War "generations" have also been identified, the latest having been called the "Generation of 1968," in which Ana María Moix has been counted.[1] Although the term "generation" was first loosely applied to the members of the "Generation of 98" to describe a type of writing that concerned itself with the spiritual consequences of Spain's war with the United States, it is not until Pedro Salinas' 1935 essay in *Literatura española: siglo veinte,* in which he gives specific criteria for membership in a literary generation, that such a term acquires rigorousness as a literary-critical concept. Since the Spanish Civil War, the presence and power of the literary generation has become an important aspect of mainstream Peninsular literary-critical consciousness. In sharp contradistinction to these developments is Moix's critique in her first novel, *Julia,* of the concept "generation" as a social, political, and literary phenomenon.[2] Indeed, the novel demonstrates the insufficiency of a social system which uses the idea of the generation as an organizing principle. The novel's protagonist, Julia, is an exemplary legacy of such a national ideology.

Unlike other names that have been applied to literary generations in Spain — "98" in reference to the year of the Spanish-American War, "27" to commemorate the tercentenary of the death of Góngora — the "Generation of 68" marks the first time that a Spanish group of writers has been associated with a date that also marks the emergence of a truly international generation, of students, the post-World War II generation that in 1968 (the same year in which the then twenty-one-year-old Moix writes *Julia*) was making its rebellious presence felt in most of the capitals of the Western world. The year that witnesses the near collapse of the Fifth Republic (and the eventual departure of De Gaulle) because of French student protests, the Tet Offensive in Vietnam and the massive protest against continued American involvement, and the Soviet invasion of Czechoslovakia also marks an increase in agitation for political reforms by Spanish university students vividly recounted in the novel.[3]

The rebelliousness of this generation, however, manifests itself primarily against the moral and existential values of the adult generation. The consciousness of a "generation gap" is expressed concretely as a rejection of the values of one's parents, dressing and grooming oneself in such a way as to demonstrate one's differentness physically, and identifying oneself with a counter-culture characterized by its unconventional behavior, sexual conduct, and music.[4] To a surprising degree *Julia* recreates in Spanish, and female, terms just such an attitude of mind in its protagonist. In the context of an international "Generation of 68," the novel can be read as Moix's response to the issue of being young within an oppressive tradition in which hopes for personal transcendence and autonomy remain secondary to "generational" aspirations. *Julia* examines the contradictions of Spanish life, whose oppressiveness is not manifested by overt governmental repression but rather by the institutionalization of a repressive way of life and its conflation with the acquiescing values of the older generations, epitomized in the members of Julia's family, that together provide the existential models around which she patterns her life.

Among the various criteria that Pedro Salinas cites in his essay enumerating the characteristics of the literary generation — similar ages, common social and educational circumstances, personal availability to other members of the group, a common generational experience — is the presence of a strong leadership — *Führertur*, to use Salinas' unfortunate rhetoric of 1935 — around whose guidance the members of the group would coalesce ideologically.[5] Whether or not the members of the "Generation of 98" ever recognized any such *führer*, there is no question that the *caudillaje* concept becomes much more important in Spanish literary criticism with the advent of Franquism, a theoretically weak ideology whose only real requirement is loyalty to a concept of one-man rule.[6] The need to have a strong leader at the helm of state is accompanied by revisionist literary criticism after the Civil War in which a pro-Spanish point of view becomes highly desirable.[7]

The parallel emergence and institutionalization of Franquism as a political doctrine and social reality and the literary generation as a powerful critical concept is no accident. Like Franquism, literary criticism in Spain after the Civil War also depends upon a concept of *caudillaje* that is most fully realized in the notion of the literary generation and the ideological conformity that such a concept invariably suggests. At a number of levels — formal, ideological, and epistemological — *Julia* is strongly imbued with the idea that the primary Spanish reality is a generational one that leaves little or no room for self-development. Julia's painful insertion into such a milieu also becomes an occasion for Moix to reflect indirectly upon such issues in relation to the writing of novels in Spain by a new generation.

The most notable aspect of the physical form of *Julia* is the substitution of the traditional methods by which dialogue between characters is represented in the text. Instead of quotation marks to frame a sentence set apart spatially in its own paragraph, both narration and direct speech are contained within the same unvarying block paragraph arrangement, endowing the novel physically with a form — an interminable succession of long paragraphs — that resembles nonfictional genres such as the essay, the deposition, or the manifesto. *Julia*'s physical affinities with such nonfictional modes underscores the novel's desire to speak about real events at a time when the Franquist state is still at the height of its power but also its impotence in this regard, since the narration proceeds totally without the characteristic physical conventions that indicate directness and presence. While denying the characters, in effect, the conventional representational space even to say the words that they spontaneously utter, the novel's physical form emphasizes the central authority of the narrator as the reader's only source of information as it also underscores its characters' lack of social and phychological autonomy. The narrator denies the reader the illusion that he or she is witnessing the unfolding of a fully present narration. Indeed, the novel proceeds as an intimate remembrance of the events that have constituted Julia's personality.

The narrator possesses the ability to recall for the reader what Julia herself has forgotten or repressed, which has the effect of conflating Julia's memory and the narrator's depiction of events, emphasizing again that Julia is not the autonomous protagonist of her story. Only near the end of the novel when Julia acknowledges the presence of her younger self, Julita, in the events that occasion her suicide attempt, does she emerge as a more direct presence in the novel. Narrator and protagonist define and proscribe each other's limits in a progessively inward trajectory that leads Julia to the rediscovery of Julita, the ground from which all experience and memory have proceeded. The conflation of the outside narrative presence and Julia's inner life provides the prototype for all relationships in the novel, as well as for the social grid in which Julia's drama unfolds, Franco's Spain of the fifties and sixties. Julia's story also chronicles the pervasive influence of the state and its conflation in every aspect of life. Like the narrator, it is both an external and an internal presence dedicated to limitation and control as it is in turn controlled and limited by the very constraints it places upon its subjects. Franco's government, like the narrator's story, ultimately depends upon the knowledge and power that is the past to which Julia and her generation do not have direct access.

The novel's principal characters are evident stereotypes of Spanish post-Civil War society and exemplify both generational attitudes and the accommodations with the new social order that each has made or has refused to make: the anarchist grandfather Julio (Papá's father), who recounts his Civil War murders daily for his *tertulia*; Lucía, the *beata* grandmother, equally rigid and inflexible in her unforgiving interpretation of past and present; Papá, who has consciously embraced the post-Civil War economic ideology in order to achieve an unsatisfying material prosperity; and Mamá, a self-centered woman whose hypocritical obsession with the societal scandal of marital separation does not prevent her from openly-undertaken extramarital affairs. Julio is the most suggestive of how the present society functions. In the mountain village where he now lives in effective internal exile, he is "free," in his *tertulia*, to relive the Civil War and even to recount his considerable personal violence without fear of retribution since, like nearly everybody in Spanish society, every member of his *tertulia* has long since made up his mind about the war. Julio's only lasting impression is upon Julia — placed in his daughter Elena's care as a consequence of Julia's deteriorating family situation — who also becomes the beneficiary of her grandfather's diatribes on freedom.

Once Julia must return to Barcelona to live with her family and start school, Julio's scenarios of freedom become transferred to her imagination. More pervasive than mere external censorship of public mediums of expression, political repression in Spanish society expresses itself more powerfully in the characters' inability — or unwillingness — to ground their ideas in reality, thus causing them to become as obsessive as they are unfulfilled. Represented by the narrator "incapaz de detener sus pensamientos," Julia as she matures is often confronted by acquaintances like Andrés (and Carlos), romantically interested in her, with the question "en qué estás pensando" (p. 24). Her reply is always "No pensaba en nada" (p. 28), largely motivated by her progressive awareness that free and open communication is futile in a society where the weight of the unarticulated aspirations of the past remain with her. Julia's *pensamientos* are the remembrances of her involvement with a past that threatens to superimpose itself upon the present. The freedom to imagine and realize new possibilities remains a very remote possibility in a social order incapable of confronting its problems, only of transferring them to the succeeding generation. Julia becomes obsessed by the unresolved conflicts of her parents' generation — embodied in those with whom she becomes intimately involved — which eventually become too great a burden.

From her earliest years, Julia, as Julita, invariably places her faith in what the narrator calls *presencias*, other human beings who at decisive moments in her life fulfill an almost godlike role and in whose physical presence Julia feels secure. Beginning with her mother, "un extraño y peculiar universo llamado Mamá" (p. 53),

Julia's life becomes a series of attractions to and obsessions with such forces which seem to give her life purpose and direction. Each new friendship becomes a replacement for one that ends — beginning with her mother, her father's sister Elena, her schoolteacher "la señorita Mabel," and finally Eva. Each, in her own way, disappoints Julia, who invariably feels abandoned and directionless after the relationship can no longer continue. The radical insecurity and disorientation that each loss brings are negated only by the discovery of a replacement presence who gives Julia an immediate purpose and to whom she in turn becomes totally dedicated as the new relationship develops.

These female friends culminate in Eva, who could have well become her father's wife had he not decided to take charge of the shirt factory belonging to Mamá's family. Although sympathetic in certain respects, Eva is essentially no different than Mamá. Aloof and cold at times to Julia, at others warm, their relationship parallels somewhat Julia's with her mother. Eva, however, shows signs of a lingering interest in Papá, perhaps a slightly perverse and vengeful one, as she reminds him at one point in Julia's presence of what the future might have held had he not married Mamá.[8] Julia's pathetic hopes for and in the present, therefore, are intimately bound up in the unresolved affairs of her parents' generation. Like everything else she confronts, Julia's *presencias* prove to be anything but pure presences. Indeed, Eva is attractive to Julia precisely because she is so clearly a part of the past. Mamá's forbidding Julia to see Eva after she discovers their secret relationship — which provokes Julia's suicide attempt — is thus as psychologically complex as it is devastating emotionally to Julia, who has become enmeshed in relationships in which she is ultimately insignificant. In seeking consolation in such "outside" presences, Julia sadly discovers that inside/outside distinctions do not righlty exist in her world. Her "outside" has been usurped by an older generation under whose unsettling agenda she seems compelled to function.

A key to a fuller understanding of this novel in terms of its own ideological premises is the narrator's attitude toward Julia's experiences in epistemological terms. In a novel whose physical constitution underscores that there is no "outside" space even to visualize dialogue among the characters and which principally concerns itself with examining a young woman's progressive neurosis, it should not be suprising to discover that it makes specific reference to the cognitive models Julia embraces during her development. Initially, the reader is presented with a most traditional, even "Catholic," mind model to explain the inner mechanisms at work in Julia. Such a model explains cognition by means of imprinting: the sensory organs perceive phenomena which are then "engraved" in the memory for later recall by the intellect which, in conjunction with the will, allows an individual to function freely in his or her society. There are numerous allusions to this particular epistemological system in *Julia*, as, for example, in the description of Julio's words of counsel and their effect upon Julia: "se le gravaron para siempre en la memoria" (p. 97).

Long advocated by the Catholic Church, this traditional explanation of mental health and illness is consciously alluded to throughout the novel because in Franco's Catholic Spain it necessarily forms the basis of official judgments about how an individual functions, or fails to function, in society. Julia's thoughts and memories have no place to go except to a potentially dangerous region of the mind, the imagination. As Julia constantly reaffirms to herself immediately preceeding her suicide attempt about her obsessions and phobias that acquire physical form in the darkness of her room at night: "No tengo miedo, Eva está conmigo, no pasa nada, demasiada imaginación, eso es, demasiada imaginación" (p. 12). Any state-sanctioned explanation of Julia's neurotic behavior must emphasize that weakness of will has allowed her intellectual activity to become exclusively centered in her imagination rather than in the "outer" world. In official terms, Julia denies herself, through the false images of reality conjured by her imaginative obsessions, the space to function as a constructive member of this society. To the extent that Julia's problem centers exclusively in herself, such an analysis is conceivably valid, according to its own outdated premises.

Julia is a victim of her imagination in the sense that, by default, it becomes the only place where the contradictions in her life and those of her family can be so ordered as to make sense in the desperate manner in which she conceives it. She is doubly victimized by the unresolved conflicts of previous generations whose weight she must bear as she also struggles to find her own "outside" space in a society that offers few possibilities. To think and to imagine in *Julia* is, again, to conflate present and past. Paradoxically, the only place where the present can be realized in this society is as part of a context of remembrance. And as the narrator explains about Julia's memory in Franco's Spain: "La aparición de aquel singular vehículo, la memoria, había convertido en ficticia la realidad" (p. 54). Julia's neurosis is the perfect corelative for the problems of the larger society in which the present is incapable of becoming itself because it is continually forced to live with the impasse that is the past.

The Franquist state and its "generational" legacy deny Julia the "outside" space necessary to bring her fully into the present. Her dependency upon female *presencias* for a feeling of well-being is simply confirmation of her effective absence in the present. Julia the desperate imaginer is incapable of transferring the received images of her experiences or her thoughts to an outer realm and thus must

222

experience the emptiness and absence of life. Her sickness, therefore, is also the sickness of a regime, the ultimate and exclusive "outside" that denies its citizens the physical space to express their political ideas and the psychic space to establish themselves as strong and independent personalities. In spite of Julia's insignificance in the social context that threatens to destroy her spirit, the novel evinces, nevertheless, an after-the-fact transcendence originating in the "aberrant" epistemology that constitutes Julia's neurosis. Julia's suicide attempt has the dual effect of resurrecting in her imagination the vision of her younger self, Julita, that she had hoped was long dead ("había intentado matar a Julita, y sólo permanecía," p. 218) but also of momentarily erasing the past "sin pensamientos, sin recuerdos, ... desterrado a un lugar sin nombre, desconocido, fuera del tiempo y del espacio de los demás" (p. 216). Given the epistemological context in which the narrative proceeds, the presence of these unwelcome absences may herald a more hopeful ending to this novel than is at first apparent. The conclusion also serves to underscore Moix's aversion to an association with a literary generation alleged to have emerged at the very moment of the writing of her novel.

If the physical form of the novel disrupts the illusion that the characters are making direct utterances and that the narration is the representation of the autonomous presence of an unfolding story, it also undermines traditional reading conventions by making it difficult for the reader to visualize the interaction among characters as presences in his or her imagination. At the phenomenological level, the narrator — whose peculiar omniscience parallels the type of surveillance prevalent in the larger society — makes it difficut for the reader to form clear and distinct images of Julia and her milieu. The narrator rarely represents a full-blown landscape in which events take place. The reader must constantly fill in the missing spaces as the narration shifts from one rememberd incident to another, the only apparent order being that of the associations that occur in the mind. To a great degree the novel succeeds in recreating Julia's story in terms similar to those in which Julia herself is likely to perceive the past. Julia's problem, therefore, also becomes the reader's problem. Phenomenologically, the effect is that the reader experiences disorientation as a consequence of not being able to visualize fully an imaginary representational space where events transpire.[9] The conflation of inner and outer realities, past and present, etc. that afflicts Julia is paralleled by the reader's conflation with a text whose physical form constantly reinforces the idea that there is no freedom or psychological space.

This is why the image of young Julita that reappears to Julia is central to a profound reading of this novel. Although Julia consciously voices the hope to have destroyed this lingering image of her past self, her suicide attempt achieves exactly the opposite. She forgets everything only to confront Julita's image that "[h]abitó durante años un mundo inalterable, inmóvil, sin tiempo ... para recordarle que no murió" (p. 218). It becomes yet another of her *presencias*, an ironic "absent presence" that, similar to the others, provides her a listless and reluctant "direction" ("Julita le ordenaría no, no te levantes, no te levantes de la cama nunca más, estás enferma; o, levántate, empieza un nuevo día para ti, un día monótono, absurdo, irreal," (p. 220) in the aftermath of her failed suicide. Although it may seem to indicate a totally pessimistic conclusion — the image of Julita is a continuation of the progressive disintegration of Julia's personality and an emblem of defeat — there is greater justification for a more optimistic interpretation. For the first time in her life Julia is ascribing control for the direction of her life, however unpleasant and pathetic that may be, to an "otherness" that is herself. Julita's image is a feeble confirmation that the desperate cycle of dependency upon her *presencias* can no longer continue. In robbing Julia of the last shred of "outside" space, Julita also confirms, to the reader at least, the delusion under which Julia's self-destructive neurosis has proceeded. Her longing to be associated intimately with an outside presence, therefore, leads her more deeply into her own psychic inside.

As terrible as the image of Julita seems to Julia, it also signals the possibility of beginning a healthier phase of her life. Julia's image is the unconscious acknowledgment of the continuing power of the unresolved frustrations and insecurities of the past. It is thus an emblem of Julia's weakness but also of an unrecognized strength. Julia's suicide attempt brings her closer toward the possibility of severe and permanent mental imbalance but also toward the potential for greater understanding of the forces that have shaped her life. To become healthier, however, Julia must achieve a greater solidarity with this unwanted part of herself, of which she seems presently incapable. Among all the forced and unfulfilling relationships in the Spanish police state of the sixties, none is more forced or of more potential benefit to Julia than the reappearance of Julita. As a member of a "new generation," Julia's hope lies paradoxically, in rejecting such a notion altogether in favor of understanding how she has become estranged from the most fundamental aspects of her own humanity.

Julia's story is not about a "generation gap" at all but rather about the conflation of generations. In the Franquist state, no generational faction is able to achieve its goals. The novel can thus also be profitably read as a rejection of a state ideology that maintains itself by eliciting from its citizens allegiances similar to those which Julia pathetically demonstrates to her female *presencias*. The larger society faces similar disappointments and frustrations as a consequence of the Spanish dictatorship's equal failure to provide a sense of direction and continuity. Each generation confronts the same unresolved problems, the only difference being that the burden of these conflicts becomes progressively greater with each new generation. It is significant to note that nearly all identifiable temporal references in *Julia* are those which approximate a general time, a range of years, in which a certain group of songs or films is popular, in short, references which define experience as a generational, rather than individual, phenomenon. The past is equated temporally with vogues of popular entertainment and other experiences shared by all regardless of social or political background. Julia's time is no different, and there are specific references to the then-novel "píldora ... anti-baby" (p. 49), her brother Ernesto's long hair, Carlos' familiar opinions about "burgueses podridos de dinero" (p. 198), the Vietnam War and "imperialismo norteamericano" (p. 190), and the student protests in the sixties by Spanish university students in which Julia also becomes involved at one point.

Continually reinforced in the novel is the notion that the primary social consciousness in Spain is that of belonging to a generation, that is, of conforming to a set of ideological assumptions provided by — to use the narrator's concept — a guiding *presencia*. On the surface, it seems that Julia's story is about her discovery of a generational reality, that her rebellion against her parents should be viewed as connected with the aspirations of her generation. This, however, is an unsupportable conclusion. While Julia is aware of a certain rebelliousness and that she does certain things (such as major in literature rather than law at the university [p. 192]) as a consequence of her unwillingness to become like her parents, she finds no solace in and does not identify with the "new generation." The student protest leader Carlos romantically interested in Julia is represented unflatteringly as a patronizing male supremacist with whom Julia could likely never be happy or fulfilled in a relationship. The same is true for the soon-to-be university professor Andrés who is also interested in her and toward whom Julia acknowledges a certain attraction as the novel concludes. Julia's real despair, however, is the realization that her female friendships have fared no better, that there is literally nowhere in this society she can go to capture the sense of security and protection for which she had longed so intensely in her childhood as Julita.

The reemergence of the image of Julita in Julia's imagination is confirmation of her inability to function in a society in which its generations are stifling each other. The same tensions and hatreds that sparked the Spanish Civil War remain as a direct consequence of the failure of Spanish society to satisfy the aspirations of the generations that comprise it. Julia's neurosis is an exemplary consequence of the untenability of such a social arrangement. She is a victim of an insecurity and instability whose roots lie both in her family and the impoverished psychic possibilities for citizens whose primary consciousness is that of generational, rather than individual, belonging. In those with whom she is closest, Julia discovers that people are merely variations on a generational theme, that human possibilities are extremely limited, and that personal growth is an illusion in a society in which everything seems to conspire to reproduce continually the same conditions and frustrations. In the image of Julita, Julia discovers the end of her connection to any generation, the end to the illusions that she is vitally connected to anything more than her own insecurities and phobias. Her attempted suicide is merely the physical representation of a course of behavior she had been pursuing all along and which culminates in the realization of her essential separation from everyone and everything.

Given the context of this sad realization, Spain of the 1960's, Julia's case is not quite as sad as it seems. The image of Julita drives Julia further into herself, yet also closer to the realization that the only *presencia* upon whom she can now depend is an image of herself. Julia's unwillingness to re-enter the struggle that brought her to near self-destruction has the potential to become a positive development in the sense that to become neurotic in a society that refuses to recognize its own psychic distress is also a form of rebellion against its ideological premises. Such a reading also calls into question the validity of associating Moix's writing with the term "Generation of 1968." The possibility of Julia's recovery — or her continued weakness — depends upon how she interprets the meaning of Julita's image for herself. For Julia, the conclusions are not very clear. As the novel concludes, it is uncertain whether she will rebound. For Moix — and her readers — the inferences to be drawn from Julia's experiences are much clearer: neurosis is not necessarily a negative thing in the present police-state context, identification with one's generation is an evil to be avoided, and marriage (Julia's to Carlos or Andrés) is an invitation to further involvement in the morass of previous generations.[10] *Julia*, therefore, should be viewed as the strong counterstatement of a writer for whom the concept "generation" holds the key to most individual and national problems. *Julia* adopts its peculiar narrative form because, as much as a novel, it also serves as a manifesto against the very idea of belonging to a generation. To classify Moix as a member of a "Generation of 68" is to miss completely the thrust and direction of her early writing which, if anything, demonstrates strong overtones of an incipient feminism that is clearly anathema to any notion of belonging to a literary generation. *Julia* is the story of a generation that never was.

NOTES

[1]Perhaps the most important critical pronouncement on the emergence of a "Generation of 1968" is by Santos Sanz Villanueva in *Historia de la literatura española. El siglo XX. Literatura actual* (Madrid: Editorial Ariel, 1985). Two other post-Civil War literary generations have also been identified by contemporary critics, the most frequent designations being the "Generation of 1936" and the "Generation of 1950."

[2]*Julia* (Barcelona: Seix Barral, 1968) has been poorly understood by the few critics who have commented upon it to any extent. Ignacio Soldevila's remarks in *La novela desde 1936*, II (Madrid: Alhambra, 1980), p. 411, are typical: "Moix no parece todavía, en esa primera novela, estar en plena posesión de sus medios expresivos," a judgment also usually expressed about the second novel, *Ese chico pelirrojo a quien veo cada día.* Of her early writing, only the third novel, *Walter, ¿por qué te fuiste?* has been well received, which has had the unintended effect of drawing attention further away from *Julia.*

[3]1968 not only marks the most turbulent year in Europe and the United States since World War II, but it also witnesses the large-scale emergence of alternatives to bourgeois life that prove perhaps more unsettling than political protest. Although singular in many respects, Moix's novel is also influenced by the nonconformism that characterizes the late sixties.

[4]Such a "revolutionary" way of life – which disappeared by the mid-seventies – has been extensively examined by Theodore Roszak, *The Making of a Counter Culture: Reflections on the Technocratic Society and Its Youthful Opposition* (Garden City, NY: Doubleday, 1969) and Charles Reich, *The Greening of America* (New York: Random House, 1970).

[5]Salinas posits Nietzsche as the "*führer*" of the "Generation of 98," an erroneous idea that likely arises from Salinas' personal experience in his own literary group – of which he is an acknowledged "*führer*" since its inception – and thus the idea that a common ideology, or philosophical father, must necessarily unify a given historical literary production. The generational concept as Salinas defines it seems clearly influenced by ideas prevalent in the thirties which encouraged the adoption of theoretical/ideological positions. This is true of both left-wing European literary movements (Surrealism) and right-wing movements (Futurism and Vorticism). While less openly dogmatic than other European schools, Salinas' ideas seem aimed at making the literary generation the Spanish equivalent (or counter-equivalent) to the waves of writing sweeping Europe at this time.

[6]The ideological homogeneity so central to the idea of the literary generation as it develops historically is very compatible with the guiding tenet of the Spanish dictatorship under Franco, namely, loyalty to the *caudillo.*

[7]With regard to the "Generation of 1927," for example, Salinas and Dámaso Alonso become its spokesmen as "Spanish," as opposed to "European," literary values become the standard. As a consequence, some reputations within the group suffer greatly, especially that of Luis Cernuda, whose open advocacy of French Surrealism diminishes his standing for decades. Lorca's poetry is also reinterpreted by conservatives who largely overlook his

avant-garde sympathies in order to stress the "Spanishness" of his work. One of the first of these revisions is Alonso's "Federico García Lorca y la expresión de lo español," written during the Civil War (reprinted in *Obras completas*, IV ([Madrid: Gredos, 1975], pp. 758-766), a position Cernuda bitterly attacks in his poem "Otra vez, con sentimiento," in which he accuses Alonso of domesticating Lorca's *oeuvre* in order to make it palatable for the new regime.

[8]The paradoxical fact is that had Eva married Papá (who would then presumably have avoided an unhappy marriage undertaken for the sake of economic gain), Julia would not have been born at all, which underscores what any change in the status quo seems to require: Julia's disappearance from the scene.

[9]That such "spaces" in the imagination from which the reader, in effect, actualizes the text are fundamental to the act of reading is a major tenet of the reader-response school, especially Stanley Fish, "Literature in the Reader: Affective Stylistics," in *Reader-Response Criticism*, ed. Jane P. Tompkins (Baltimore: Johns Hopkins Univ. Press, 1980), pp. 70-100; Wolfgang Iser, *The Act of Reading* (Baltimore: Johns Hopkins Press, 1980); and Roman Ingarden, *The Congnition of the Literary Work*, tr. G.C. Grabowicz (Evanston, Ill.: Northwestern Univ. Press, 1973).

[10]Marriage is, indeed, one of the few possibilities available to Julia to change her immediate physical surroundings. As the novel unmistakeably suggests, however, marriage offers no solution to any of Julia's problems, only the conditions for a repetition of her parents' mistakes.

3 5282 00373 2461

aCV-5863